COURS & ENTRAÎNEMENT

prépabac

1re GÉNÉRALE

W0311770

Numérique et sciences informatiques

SPÉCIALITÉ

- **Céline Adobet**
  Professeur agrégée de mathématiques
  Docteur en mathématiques
  Enseignante en Informatique à l'IUT d'Orléans
  Formatrice au DIU « Enseigner l'Informatique au Lycée »
- **Guillaume Connan**
  Professeur agrégé de mathématiques
  Enseignant en informatique au lycée Notre-Dame de Rezé
  et à l'Université catholique de l'Ouest
  Formateur au DIU « Enseigner l'Informatique au Lycée »
- **Gérard Rozsavolgyi**
  Professeur agrégé de mathématiques
  Responsable de la Licence professionnelle métiers de l'informatique
  à l'IUT d'Orléans
  Formateur au DIU « Enseigner l'Informatique au Lycée »
- **Laurent Signac**
  Docteur en informatique
  Enseignant en informatique à l'École
  nationale supérieure d'ingénieurs de Poitiers
  Formateur au DIU « Enseigner l'Informatique au Lycée »

Hatier

Le site de vos révisions

L'achat de ce Prépabac vous permet de bénéficier d'un **ACCÈS GRATUIT*** à toutes les **ressources** d'annabac.com (fiches, quiz, sujets corrigés…) et à ses **parcours de révision** personnalisés.

Pour profiter de cette offre, rendez-vous sur **www.annabac.com** dans la rubrique « Je profite de mon avantage client ».

* Selon les conditions précisées sur le site.

Maquette de principe : Frédéric Jély
Mise en pages : STDI
Schémas : STDI
Iconographie : Hatier Illustration
Édition : Jean-Marc Cheminée

ISBN 978-2-401-05230-7

AVANT-PROPOS

VOUS ÊTES EN PREMIÈRE générale, vous avez choisi la spécialité NSI et vous savez que la réussite dans cette matière demande un travail régulier tout au long de l'année ? Alors ce Prépabac est pour vous !

Cet ouvrage va vous permettre en effet de mémoriser les connaissances essentielles sur chacun des thèmes du nouveau programme, et d'acquérir progressivement des méthodes clés pour gagner en efficacité !

Cet objectif est rendu possible grâce à un ensemble de ressources très complet : des fiches de cours et de méthode – synthétiques et visuelles –, des schémas bilans, des exercices progressifs et des sujets guidés pour vous préparer à l'épreuve finale du bac.

Nous vous recommandons de les utiliser régulièrement, en fonction de vos besoins. Ainsi vous pourrez aborder vos contrôles et vos projets de NSI en toute sérénité et acquérir les compétences nécessaires en Terminale.

Bonnes révisions !

Les auteurs

Céline Adobet

Guillaume Connan

Gérard Rozsavolgyi

Laurent Signac

SOMMAIRE

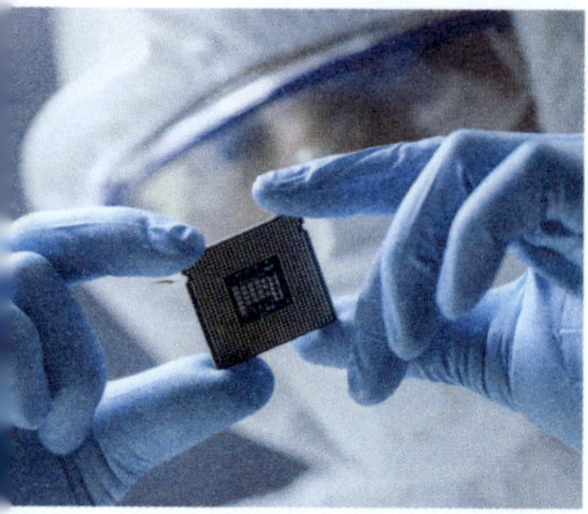

Représentation des données : types et valeurs de base

COURS & MÉTHODES

Langages et programmation

COURS & MÉTHODES

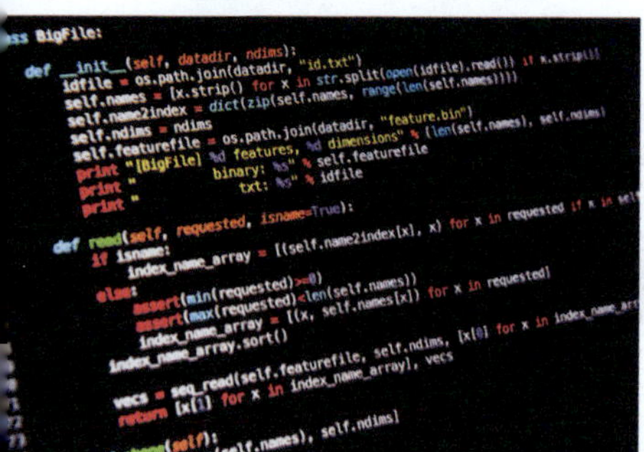

Représentation des données, types construits

Données en tables

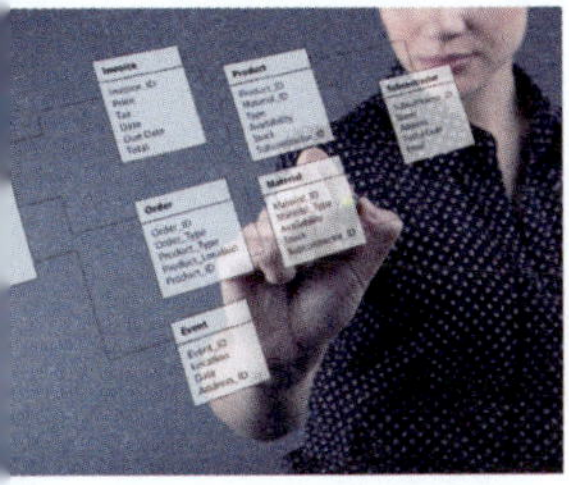

Interface homme-machine et Web

SOMMAIRE

Architectures matérielles et systèmes d'exploitation

Algorithmes fondamentaux

Quelques algorithmes avancés

COURS & MÉTHODES

Projets informatiques

MÉTHODES

EXEMPLES DE PROJETS

Annexes

Représentation des données : types et valeurs de base

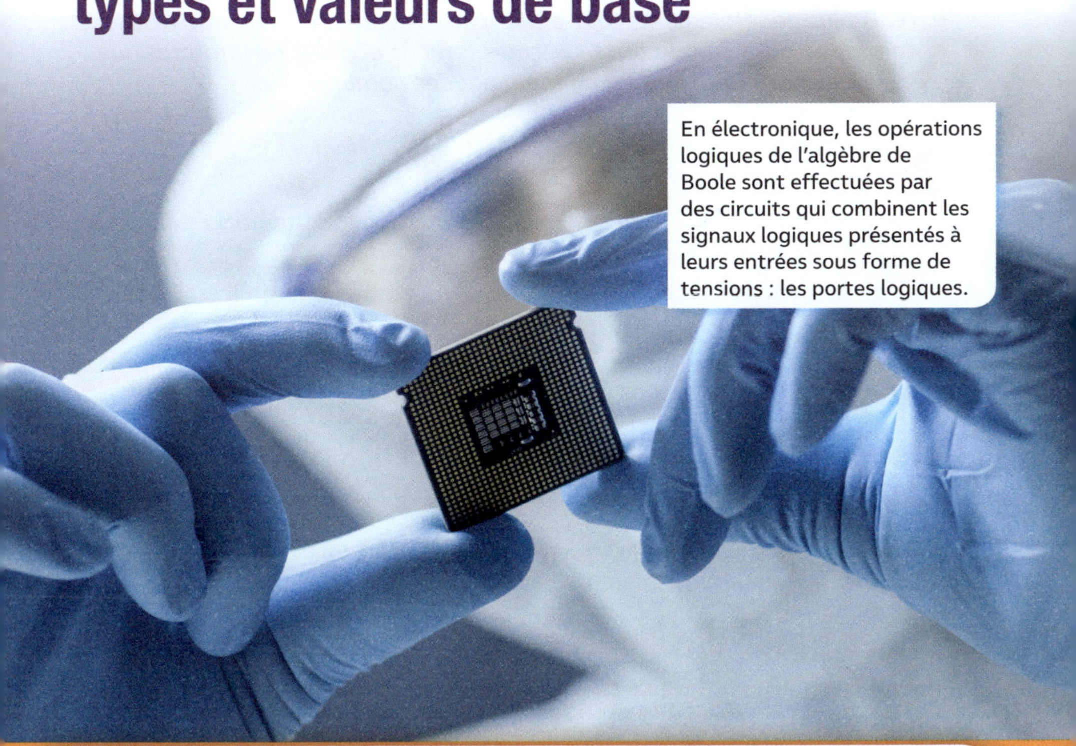

En électronique, les opérations logiques de l'algèbre de Boole sont effectuées par des circuits qui combinent les signaux logiques présentés à leurs entrées sous forme de tensions : les portes logiques.

1 Représentations des entiers naturels en binaire

En bref *Nous sommes habitués à utiliser l'écriture en base 10 des entiers. Mais plus généralement, tout entier peut s'écrire dans une autre base, comme la base 2 ou la base 16, couramment utilisées en informatique car plus adaptées à la mise en mémoire des nombres.*

I Écriture d'un entier en base β

■ **Définition :** Une **base** d'un **système de numération positionnel** est un entier naturel β supérieur ou égal à deux.

Dire qu'un nombre s'écrit $a_n a_{n-1} a_{n-2} \ldots a_1 a_{0\beta}$ en base β signifie qu'il est égal à :

$$a_n \times \beta^n + a_{n-1} \times \beta^{n-1} + a_{n-2} \times \beta^{n-2} + \cdots + a_1 \times \beta + a_0$$

où les entiers naturels a_i sont strictement inférieurs à β.

■ *Exemple* : 237_{10} est égal à $2 \times 10^2 + 3 \times 10 + 7$ et $237_8 = 2 \times 8^2 + 3 \times 8 + 7 = 159_{10}$.

À NOTER
Dans l'écriture 237_{10}, le 10 en indice indique que le nombre est écrit en base 10.

II Les bases privilégiées en informatique

En informatique, on travaille en base 2 (les bits), en base 16 (adresses mémoire, couleurs HTML) et parfois en base 8 (droits des fichiers UNIX).

1 Écriture en base 16

Pour écrire un nombre en base 16, il faut disposer d'un caractère pour chacun des entiers de 0 à 15. Or, on ne dispose pas d'assez de chiffres pour écrire les 16 chiffres de la base 16. On complète donc les chiffres de 0 à 9 par les six premières lettres de l'alphabet : A, B, C, D, E et F.

Base 10	0	1	2	3	4	5	6	7	8	9	10	11	12	13	14	15	16	17
Base 16	0	1	2	3	4	5	6	7	8	9	A	B	C	D	E	F	10	11

2 Écriture en base 2

En base 2, tous les nombres sont représentés avec les deux symboles 0 et 1.

Base 10	0	1	2	3	4	5	6	7	8	9	10
Base 2	0	1	10	11	100	101	110	111	1000	1001	1010

■ *Exemple* : 1101_2 est égal à $1 \times 2^3 + 1 \times 2^2 + 0 \times 2^1 + 1 \times 2^0 = 13_{10}$.

III Conversions de la base 10 vers la base 2

1 Algorithme de soustraction

Pour convertir un nombre de la base 10 vers la base 2, on retranche du nombre la plus grande puissance de 2 possible.

Exemple :

$58_{10} - 1 \times 2^5 = 58_{10} - 32_{10} = 26_{10}$ 1
$26_{10} - 1 \times 2^4 = 10_{10}$ 1
$10_{10} - 1 \times 2^3 = 2_{10}$ 1
$2_{10} - 0 \times 2^2 = 2_{10}$ 0
$2_{10} - 1 \times 2^1 = 0$ 1
$0_{10} - 0 \times 2^0 = 0$ 0

Donc **$58_{10} = 111010_2$.**

À NOTER
En Python, on utilise des préfixes pour indiquer dans quelle base les nombres sont donnés.
`0x` pour la base 16, `0b` pour la base 2 et `0o` pour la base 8.

2 Algorithme de divisions

Pour convertir un nombre de la base 10 vers la base 2, on effectue des divisions successives de ce nombre par 2. En lisant les restes de bas en haut on obtient le résultat.

Exemple : $58_{10} = 111010_2$.

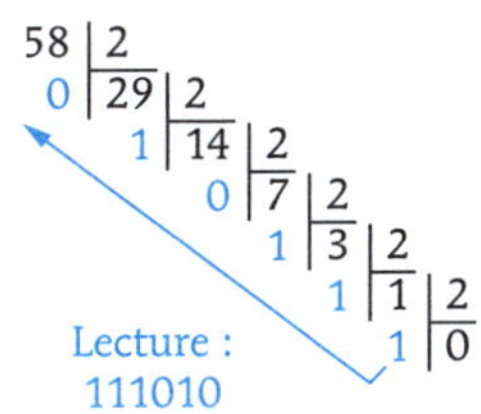

À NOTER
On utilise ce même algorithme de la division pour la conversion de la base 10 en n'importe quelle autre base.

IV Autres conversions

- De la base 2 vers la base 16, on groupe les bits par paquets de 4, quitte à rajouter des 0 à gauche.

Exemple : $10101000011_2 = \underbrace{0101}_{5}\,\underbrace{0100}_{4}\,\underbrace{0011}_{3} = 543_{16}$.

- De la base 16 vers la base 2, on transforme chaque caractère par un groupe de 4 bits.

Exemple : $A3C_{16} = \underbrace{1010}_{A_{16}=10_{10}}\ \underbrace{0011}_{3}\ \underbrace{1100}_{C_{16}=12_{10}} = 101000111100_2$.

- De la base 16 à la base 10, on écrit les caractères en base 10 et on utilise la définition avec les puissances de la base de départ, ici 16.

Exemple :

$$\begin{aligned} A3C_{16} &= 10_{10} \times 16^2 + 3_{10} \times 16^1 + 12_{10} \times 16^0 \\ &= 10_{10} \times 256_{10} + 3_{10} \times 16_{10} + 12_{10} \\ &= 2\,620_{10}. \end{aligned}$$

À NOTER
On obtient par le même algorithme la conversion de n'importe quelle base vers la base 10.

2 Représentation des entiers relatifs

En bref *Le signe d'un nombre peut prendre deux valeurs (positif ou négatif), il suffit donc d'un bit pour le représenter. Mais les ordinateurs représentent les entiers négatifs à l'aide d'un codage plus approprié qui facilite les opérations arithmétiques : le complément à 2^n.*

I Représentation des nombres entiers – convention

1 Le binaire non signé

- Les entiers naturels sont codés sur machine en base 2 sur un nombre arbitraire de bits. Pour simplifier nos illustrations, nous considérerons des entiers codés sur **8 bits**.

À NOTER
On peut travailler sur 8 bits en Python grâce à la fonction int8 de la bibliothèque numpy.

- Dans la représentation binaire non signée, les nombres entiers naturels sont écrits en base 2.

Exemple : Le nombre « dix » en base 10, s'écrit 1010 en base 2. Dans la mémoire, sur 8 bits, il est codé 00001010.

- Pour une mémoire à 8 bits, tous les entiers naturels de 0 à 255 peuvent donc être représentés de cette façon.

2 Le binaire signé

- Dans la représentation en binaire signé, le bit de poids fort (le plus à gauche) sert à représenter le signe : 0 pour un entier positif et 1 pour un entier négatif.
- Utiliser les n autres bits pour représenter la valeur absolue du nombre en binaire non signé pose problème : on se retrouverait avec deux zéros et l'addition ne fonctionnerait plus.

Exemple : Sur quatre bits, si on utilise l'algorithme d'addition habituel, 3 + (−2) serait égal à −5 :

```
  0 0 1 1  →   3
+ 1 0 1 0  →  -2
―――――――――
  1 1 0 1  →  -5
```

- On code les nombres signés avec le complément à 2^n.

II Le complément à 2^n

Ce codage permet de représenter les entiers relatifs tout en ne changeant pas d'algorithme d'addition.

1 Définitions

- Prendre le **complément à 1** d'un nombre consiste à inverser les 0 et les 1 de son écriture binaire. Par la suite on notera $\overline{b}$ (on dit « *b* barre ») le complément à 1 du bit *b*.

Exemples : Le complément à 1 de 1001 est 0110 ; $\overline{1} = 0$ et $\overline{0} = 1$.

- L'**opposé** d'un nombre x est le nombre y vérifiant $x + y = 0$.

Exemple : L'opposé de 3 est −3 car 3 + (−3) = 0.

- Le **complément à 2^n** d'un nombre, c'est le nombre qu'il faut lui ajouter pour obtenir 2^n.

2 Opposé d'un nombre en 8 bits

- On remarque astucieusement qu'un nombre d'un octet plus son complément à 1 s'écrit 1111 1111.

Par exemple sur 8 bits : 1001 1010 + 0110 0101 = 1111 1111.

On note $\overline{b}$ le complément à 1 du bit *b* (ainsi $\overline{1} = 0$ et $\overline{0} = 1$).

Alors, pour un nombre sur 8 bits :

$(b_7b_6b_5b_4b_3b_2b_1b_0 + \overline{b_7}\,\overline{b_6}\,\overline{b_5}\,\overline{b_4}\,\overline{b_3}\,\overline{b_2}\,\overline{b_1}\,\overline{b_0}) + 1 = 11111111 + 1 = (1)00000000$

donc $b_7b_6b_5b_4b_3b_2b_1b_0 + \overline{b_7}\,\overline{b_6}\,\overline{b_5}\,\overline{b_4}\,\overline{b_3}\,\overline{b_2}\,\overline{b_1}\,\overline{b_0} + 1 = 0$.

- Par convention l'**opposé d'un nombre positif** est son complément à $2^{\text{taille des entiers}}$ c'est-à-dire son complément à 1, plus 1.

Exemple : On cherche l'opposé du nombre positif 3.

3 s'écrit 0000 0011 sur 8 bits. Le complément à 1 est donc 1111 1100.

L'opposé (−3) s'écrit alors 1111 1100 + 1 = **1111 1101.**

- Pour connaître le nombre que représente un entier négatif, on effectue la démarche inverse : on lui retranche 1 puis on prend son complément à 1.

Exemple : On cherche à quel entier relatif correspond 1011 0101. C'est un nombre négatif car son premier bit vaut 1.

On lui retranche 1 : 1011 0101 − 1 = 1011 0100.

On prend le complément à 1 de ce dernier nombre : 0100 1011.

On convertit en base 10 (en lisant de droite à gauche) : $2^0 + 2^1 + 2^3 + 2^6 = 75$.

1011 0101 est donc l'écriture sur 8 bits de **−75**.

3 Codage des nombres à virgule

En bref *Tout comme les nombres entiers relatifs, les nombres à virgule peuvent aussi être représentés en base 2.*

I Conversion de la base 2 à la base 10

Les chiffres à gauche de la virgule correspondent à des puissances de 2 positives, ceux situés à droite correspondent à des puissances de 2 négatives.

Exemple :

On a donc $110{,}1011_2 = 2^2 + 2^1 + 2^{-1} + 2^{-3} + 2^{-4}$
$= 6{,}6875_{10}$.

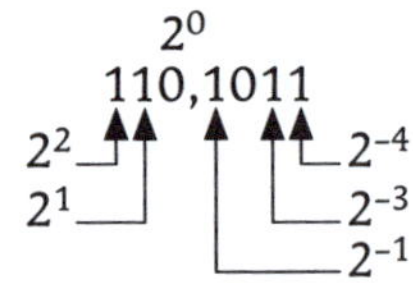

II Conversion de la base 10 vers la base 2

- Commencer par convertir la partie entière → FICHE 1.
- Pour convertir la partie décimale, procéder par multiplications par 2 successives. Après chaque multiplication le résultat est reporté sans sa partie entière. Le calcul se poursuit jusqu'à ce qu'on obtienne 1.

Exemple :

$0{,}6875 \times 2 = \mathbf{1}{,}375$
$0{,}375 \times 2 = \mathbf{0}{,}75$
$0{,}75 \times 2 = \mathbf{1}{,}5$
$0{,}5 \times 2 = \mathbf{1}$

Les parties entières (0 ou 1) des quatre résultats donnent les chiffres après la virgule de l'écriture binaire de 0,6875, à lire de haut en bas :
$0{,}6875_{10} = 0{,}1011_2$.

III Écritures infinies

Certains nombres ont une écriture décimale infinie périodique (par exemple $\frac{7}{11} = 0{,}636363\ldots$). Et certains ont une écriture binaire infinie périodique, alors même que leur écriture décimale est finie.

Exemple :

$0{,}2 \times 2 = 0{,}4$
$0{,}4 \times 2 = 0{,}8$
$0{,}8 \times 2 = 1{,}6$
$0{,}6 \times 2 = 1{,}2$
$0{,}2 \times 2 = 0{,}4$
...

Ici, la ligne $0{,}2 \times 2 = 0{,}4$ a été obtenue deux fois. Aussi, les chiffres 0011 situés après la virgule vont se répéter indéfiniment. L'écriture en binaire de 0,2 est donc infinie et périodique : $0{,}2_{10} = 0{,}00110011\ldots_2$

À NOTER

De tous les nombres ne comportant qu'un seul chiffre après la virgule en base 10, seul 0,5 a une écriture binaire finie.

IV Codage des nombres à virgule

1 Virgule fixe et virgule flottante

- Il existe deux codages des nombres à virgule en machine : le codage en virgule fixe, et le codage en virgule flottante (norme IEEE-754, existant en simple, double ou quadruple précision).

Le codage en virgule fixe est encore utilisé dans certains microcontrôleurs. Le codage en virgule flottante est utilisé partout ailleurs : ordinateurs, smartphones...

- L'idée du codage en virgule fixe est de retenir un **nombre fixe de chiffres après la virgule**.

- Dans le cas du codage en virgule flottante, on retient un **nombre fixe de chiffres significatifs** (beaucoup de chiffres après la virgule pour les petits nombres, et beaucoup de chiffres avant la virgule pour les grands nombres).

2 Les nombres à virgule sont approchés

- Quel que soit le codage choisi, le problème est le même : si le nombre a une écriture infinie en base 2, il ne peut pas être représenté dans un ordinateur qui ne stocke qu'**un nombre fini de chiffres** et utilise la base 2. Le nombre manipulé sur machine n'est alors qu'une **valeur approchée** du nombre réel.

- C'est le cas avec tous les langages qui utilisent les nombres à virgule flottante (c'est-à-dire à peu près tous les langages qui ne sont pas spécialisés dans le calcul exact).

Exemple : Le calcul 0,5 – 0,2 – 0,2 – 0,1 ne donne généralement pas 0.

```
>>> 0.5 - 0.2 - 0.2 - 0.1
-2.7755575615628914e-17
```

- Ajouter un petit nombre à un grand donne des résultats surprenants :

Exemple :

```
>>>9007199254740992.0+1.0==9007199254740992.0
True
```

- L'addition avec des flottants n'est plus commutative :

Exemples :

```
>>> 9007199254740992.0 + 1.0 + 1.0
9007199254740992.0
>>>  1.0 + 1.0 + 9007199254740992.0
9007199254740994.0
```

4 Les enjeux du codage des nombres

En bref *L'utilisation d'un nombre limité de chiffres binaires, que ce soit pour les nombres à virgules ou les nombres entiers est la source de bugs conséquents.*

I Troncature et accumulation d'arrondis

1 Erreur d'arrondi

Une erreur d'arrondi est la différence entre la valeur approchée calculée d'un nombre et sa valeur mathématique exacte. Des erreurs d'arrondi naissent lorsque des nombres exacts sont représentés dans un système incapable de les exprimer exactement, par exemple, si un certain nombre de décimales ne sont pas prises en considération, comme cela se produit lors d'une **troncature**.

À NOTER
Les erreurs d'arrondi sont très fréquentes, mais ne conduisent pas toujours à l'amplification des erreurs… sauf si elles sont toujours réalisées dans le même sens (**troncature**).

Exemple : On veut calculer $\sum_{k=1}^{10^4} \frac{1}{10}$. Un calcul en Python avec une boucle `for` donne `1000.0000000001588`, alors que la valeur exacte est 10^3.

2 À la bourse de Vancouver

- L'indice boursier est un nombre qui mesure la « santé » d'un marché boursier. Il est calculé plusieurs fois par jour et sa valeur de clôture à la fin de journée indique si la bourse est en hausse ou en baisse.
- En 1982, la bourse de Vancouver a créé son propre indice, initialisé à 1 000, et recalculé à chaque modification du prix de vente d'une action, presque 3 000 fois par jour, à partir de l'indice précédent.
- Après chaque calcul, seules les trois premières décimales du résultat étaient conservées et réinjectées dans le calcul suivant. Cet arrondi par défaut systématique a conduit, en deux ans, à un indice avoisinant 500 alors qu'un calcul exact, réalisé plus tard, a montré que l'indice valait en réalité un peu plus de 1 000.

II Représentation approchée des nombres à virgule

1 Valeur effective en machine

La plupart des réels sont approchés sur un ordinateur. Ceux qui possèdent une infinité de décimales ne peuvent pas avoir de représentation exacte en machine. Le plus simple des calculs devient alors approché, avec des résultats parfois lourds de conséquences.

2 Antimissile *Patriot*

■ Lors du premier conflit États-Unis/Irak, en 1991, les américains disposaient d'antimissiles (*Patriot*) pour intercepter les missiles irakiens (*Scud*). Les *Patriot* disposaient d'une horloge interne émettant un signal toutes les 0,1 seconde. Le temps écoulé était obtenu en multipliant 0,1 par le nombre de signaux d'horloge reçus.

■ Or, la représentation en virgule fixe de 0,1 est inexacte : 0,1 dans le système décimal s'écrit 0,000110011001100110011... dans le système binaire. La valeur effective en machine est très légèrement inférieure.

3 Propagation de l'erreur

■ Cette petite erreur, multipliée par le nombre conséquent de signaux d'horloge reçus en 100 heures de fonctionnement conduit à un décalage d'horloge interne de 0,34 seconde. À la vitesse d'un missile, ce décalage correspond à un déplacement de plus de 550 m. Ainsi un *Patriot* est passé à plus de 500 m du *Scud* qu'il devait intercepter provoquant indirectement la mort de 28 personnes.

■ Certains nombres (comme ici 0,1) ne sont pas exacts en virgule fixe ni en virgule flottante. Cette erreur, même très faible, si elle est **amplifiée** (ici par la multiplication) peut avoir des conséquences désastreuses.

III Dépassement de capacité

1 *Overflow*

On ne peut coder qu'un nombre fini d'entiers. Si on travaille avec une machine manipulant des mots codés sur un octet, on peut coder les nombres entiers allant de -2^7 à $2^7 - 1$. Un simple calcul comme 53 + 100 par exemple donne un résultat (153) qui ne fait pas partir de cette liste !

On parle alors de **dépassement de capacité**, *overflow* en anglais.

2 Vol 501 d'Ariane V

■ Le 4 juin 1996, la fusée Ariane V a été détruite en vol 37 secondes après son lancement, suite à un problème dans la centrale inertielle. Déjà utilisé sur Ariane IV, le système a eu un comportement inattendu avec Ariane V. Initialement codée comme nombre flottant double précision (sur 64 bits), la valeur de l'accélération horizontale était convertie, durant le processus de contrôle de la fusée, en un nombre entier signé codé sur 16 bits.

■ La valeur de l'accélération étant trop grande, la conversion du nombre en entier a échoué, provoquant une réaction en chaîne dans le pilote automatique qui a abouti à l'autodestruction de la fusée.

■ Dans ce cas, c'est la représentation des nombres entiers qui est en cause.

5 Opérations fondamentales de l'algèbre booléenne

En bref *La traduction des raisonnements logiques par des opérations algébriques proposée par le mathématicien George Boole est un des fondements de l'informatique.*

I L'algèbre de Boole

1 Rappels historiques

■ À partir de 1847, le Britannique George Boole propose un mode de calcul permettant de traduire des raisonnements logiques par des opérations algébriques.

Il crée ainsi une branche des mathématiques qui définit des opérations dans un ensemble qui ne contient que **deux éléments** notés 0 et 1, ou bien Faux et Vrai (lien avec la logique), ou bien Ouvert et Fermé (lien avec l'électronique) ou encore en Python `False` et `True`.

■ En 1938, l'Américain Claude Shannon prouve que des circuits électriques peuvent résoudre tous les problèmes que l'algèbre de Boole peut résoudre. Avec les travaux d'Alan Turing de 1936, cela constitue les fondements de ce qui deviendra l'informatique.

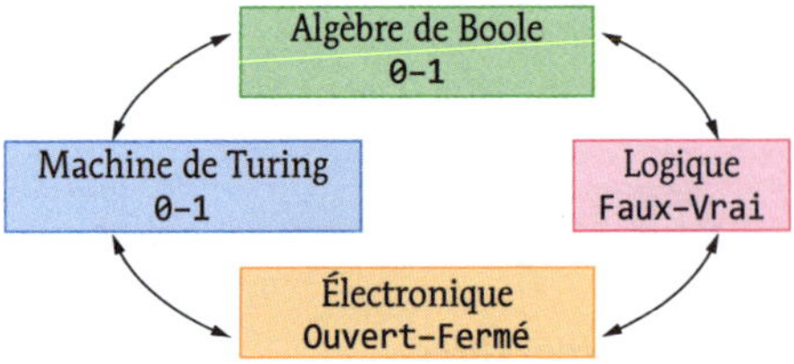

2 Les opérations fondamentales

■ Les opérations fondamentales de l'**algèbre de Boole** ne sont plus l'addition et la multiplication des entiers mais :
- la **conjonction**, notée &, $\wedge$ ou $\cdot$ et lue « et » ;
- la **disjonction**, notée |, $\vee$ ou + et lue « ou » ;
- la **négation**, notée ~, $\neg$ ou – et lue « non ».

Ces opérations fondamentales sont des exemples de **fonctions logiques**.

■ Puisque l'algèbre de Boole ne contient que deux éléments, pour chacune de ces fonctions, on peut étudier tous les cas possibles et les regrouper dans un tableau appelé **table de vérité**.

MOT CLÉ
Une **table de vérité** récapitule dans un tableau les valeurs de vérité de la sortie en fonction des valeurs de vérité des entrées.

■ On représente souvent les opérateurs booléens à l'aide de **portes logiques** qui représentent à la fois la fonction logique qui lui est associée et le circuit électronique de la machine qui laisse passer le courant (Vrai) ou non (Faux) selon que le courant y entre ou non. Le calcul booléen permet donc d'utiliser la puissance du calcul algébrique pour régler des problèmes de logique et se traduit sur machine par des composants électroniques.

- Dans toute la suite, *x* et *y* dénoteront des booléens (ou valeurs de vérité d'une algèbre de Boole) quelconques, F désignera Faux et V désignera Vrai.
- La **conjonction** (et, and) est l'opération définie par : `x & F = F` et `x & V = x`.

Table de vérité

x	y	x & y
F	F	F
F	V	F
V	F	F
V	V	V

Porte logique

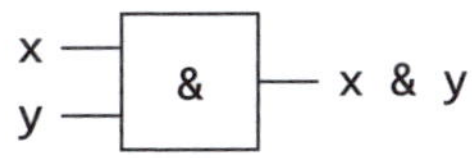

- La **disjonction** est l'opération définie par : `x | V = V` et `x | F = x`.

Table de vérité

x	y	x | y
F	F	F
F	V	V
V	F	V
V	V	V

Porte logique

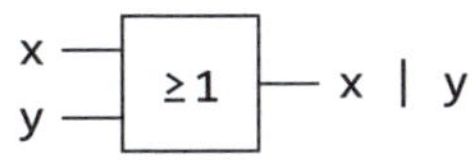

- La **négation** est l'opération définie par :
`~V = F` et
`~F = V`.

Table de vérité

x	~x
F	V
V	F

Porte logique

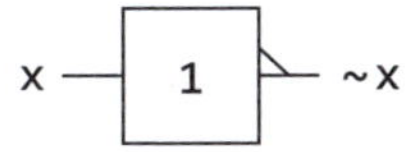

II En Python

- Les booléens V et F se notent `True` et `False` mais aussi `1` et `0`.
- Les opérateurs sont `or` (disjonction), `and` (conjonction) et `not` (négation) :

```
>>> not(True or False) == (not True) and (not False)
True
>>> not(1 or 0) == (not 1) and (not 0)
True
```

- L'opérateur == permet de tester si deux références contiennent les mêmes valeurs en renvoyant un booléen.

6 Fonctions logiques composées et lois de l'algèbre booléenne

En bref *Les propriétés et les lois de l'algèbre de Boole sont utiles pour travailler sur des fonctions plus complexes combinant les opérations fondamentales de l'algèbre booléenne.*

I Les lois de l'algèbre de Boole

Les lois suivantes sont facilement démontrables à l'aide de tables de vérités → FICHE 5.

<table>
<tr><th>Propriété</th><th>Signification</th></tr>
<tr><td>Commutativité</td><td>x | y = y | x   et   x & y = y & x</td></tr>
<tr><td>Associativité</td><td>x | (y | z) = (x | y) | z   et   x & (y & z) = x & (y & z)</td></tr>
<tr><td>Distributivité</td><td>x & (y | z) = (x & y) | (x & z)
et   x | (y & z) = (x | y) & (x | z)</td></tr>
<tr><td>Élément neutre</td><td>x | F = x   et   x & V = x</td></tr>
<tr><td>Élément absorbant</td><td>x & F = F</td></tr>
<tr><td>Involution</td><td>~(~x) = x</td></tr>
<tr><td>Tiers-exclus</td><td>~x | x = V</td></tr>
<tr><td>Non-contradiction</td><td>~x & x = F</td></tr>
<tr><td>Idempotence</td><td>x & x = x   et   x | x = x</td></tr>
<tr><td>Lois de De Morgan</td><td>~(x | y) = ~x & ~y   et   ~(x & y) = ~x | ~y</td></tr>
</table>

II Les fonctions composées

Toutes les opérations booléennes peuvent s'écrire en n'utilisant que les trois opérateurs &, | et ~. Mais en pratique on utilise aussi d'autres fonctions logiques, qui s'obtiennent à partir des opérations fondamentales → FICHE 5.

1 Disjonction exclusive (ou exclusif, xor)

```
x ^ y = (x & ~y) | (~x & y)
```

x	y	x ^ y
F	F	F
F	V	V
V	F	V
V	V	F

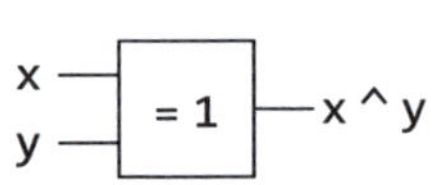

2 Non Et (nand)

x ↑ y = ~(x & y)

x	y	x ↑ y
F	F	V
F	V	V
V	F	V
V	V	F

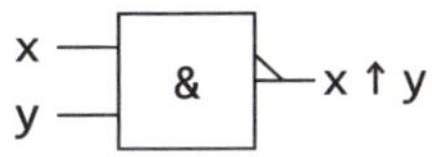

3 Non Ou (nor)

x ↓ y = ~(x | y)

x	y	x ↓ y
F	F	V
F	V	F
V	F	F
V	V	F

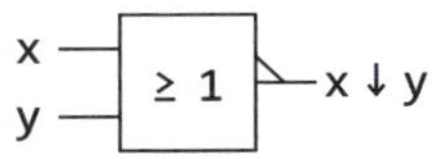

À NOTER

On peut montrer que toutes les fonctions logiques précédentes peuvent s'obtenir à partir de la seule fonction Nand.

III Opérations bit à bit

- On peut généraliser les opérations précédentes à des chaînes de bits.

Exemples :

<table>
<tr><th>Addition posée</th><th>Avec Python</th></tr>
<tr><td> 1011011
& 1010101
―――――
  1010001</td><td>>>> bin(0b1011011 & 0b1010101)
'0b1010001'</td></tr>
<tr><td> 1011011
| 1010101
―――――
  1011111</td><td>>>> bin(0b1011011 | 0b1010101)
'0b1011111'</td></tr>
<tr><td> 1011011
^ 1010101
―――――
  0001110</td><td>>>> bin(0b1011011 ^ 0b1010101)
'0b1110'</td></tr>
</table>

7 Codage du texte

En bref *Un fichier informatique n'est finalement qu'une suite d'octets. Utiliser tel encodage plutôt que tel autre revient à interpréter la même séquence d'octets comme deux textes différents.*

I L'ancêtre ASCII

■ Pour échanger du texte entre ordinateurs, le choix d'une convention de codage standardisée est nécessaire. C'est ainsi qu'est né le code ASCII (American Standard Code for Information Interchange) dans les années 1960.

■ C'est une table de 128 caractères numérotés de 0 à 127 (sur 7 bits → FICHE 1) dont voici un extrait.

Code	48	49	50	51	52	53	54	55	56	57	58	59
Car.	0	1	2	3	4	5	6	7	8	9	:	;

Code	60	61	62	63	64	65	66	67	68	69	70	71
Car.	<	=	>	?	@	A	B	C	D	E	F	G

■ La table complète contient les lettres majuscules et minuscules, les chiffres, plusieurs caractères de ponctuation, et des caractères invisibles comme l'espace, la tabulation ou le retour à la ligne.

■ Suffisante pour rédiger un texte en anglais, ou un programme informatique, la table ASCII ne contient aucun caractère accentué.

II ASCII étendu et échanges de fichiers

1 Tables ASCII étendues

■ Les tables ASCII étendues contiennent 256 caractères. Il existe une multitude de telles tables : latin 1, latin 9, windows-1252...

■ Elles contiennent toutes les 128 premiers caractères de l'ASCII, ainsi que 128 caractères spécifiques, différents selon la table utilisée : caractères latins, grecs, cyrilliques...

2 Le problème d'échange des fichiers

■ Lorsqu'un fichier texte est enregistré en utilisant une table de caractères (un *charset*) particulière, il faut le lire en utilisant la même table, sans quoi certains caractères ne seront pas corrects.

■ Ce phénomène est parfois observé sur des pages web, si le navigateur n'utilise pas le bon *charset*.

> # Codage de l'information
>
> Le **codage de l'information** concerne les moyens de formaliser l'information afin de pouvoir la manipuler, la stocker ou la transmettre. Il ne s'intιresse pas au contenu mais seulement ΰ la forme et ΰ la taille des informations ΰ coder.
>
> **Sommaire** [masquer]
>
> 1 Alphabet, mot, langages
> 1.1 Dιfinitions
> 1.2 Opιrations
> 2 Codages et codes
> 2.1 Codage
> 2.2 Codes
> 3 Applications, exemples
> 4 Articles connexes

Fausse page Wikipédia

Dans cette fausse page Wikipédia, encodée en latin 1 et affichée en iso-8859-7 (caractères grecs), les caractères accentués sont incorrects.

III Unicode à la rescousse

1 Une table universelle

■ Afin de régler définitivement le problème d'encodage des caractères, une norme est apparue au début des années 1990 : Unicode. Cette table de caractères contient actuellement plus de 135 000 symboles, l'objectif étant qu'elle couvre tous les besoins imaginables.

■ Unicode ne peut toutefois pas être utilisé directement. Chaque caractère étant actuellement codé sur 21 bits, utiliser le code Unicode à la place d'une table ASCII étendue multiplierait par 3 la taille des fichiers pour un même contenu !

2 Le codage UTF-8

■ Il existe plusieurs encodages parcimonieux dont UTF-8. Dans ce cas, les 128 caractères du code ASCII sont codés sur 1 seul octet, et une séquence particulière permet d'accéder aux autres caractères de la table, qui sont codés sur 2 à 4 octets.

■ Unicode et l'encodage UTF-8 sont la solution actuelle aux problèmes d'encodage de texte. Depuis la version 3, Python représente ses chaînes de caractères en Unicode.

MÉMO VISUEL

Différentes interprétations d'une suite d'octets

La même donnée, ici les 4 octets 195, 180, 80 et 89, que l'on peut écrire en décimal, binaire ou hexadécimal peut représenter de nombreuses informations différentes : un nombre entier positif ; un nombre relatif ; un nombre à virgule ; une couleur ; différentes chaînes de caractère.

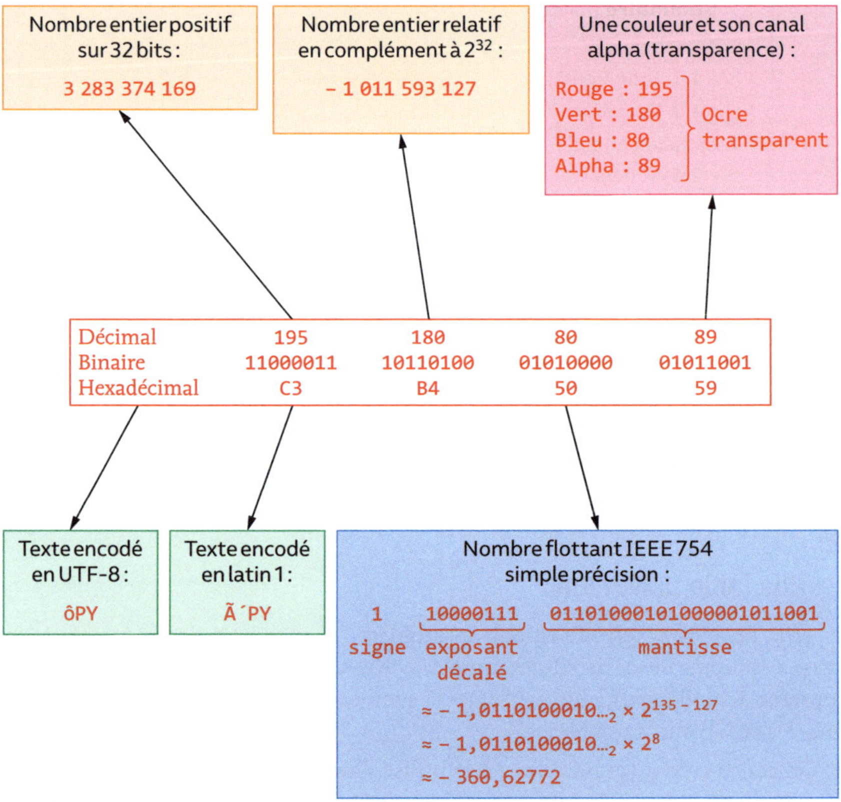

Algèbre de Boole

Conjonction

x	y	x & y
F	F	F
F	V	F
V	F	F
V	V	V

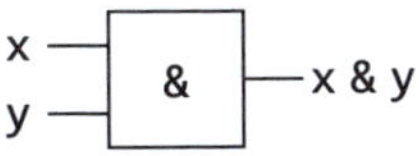

Disjonction

x	y	x | y
F	F	F
F	V	V
V	F	V
V	V	V

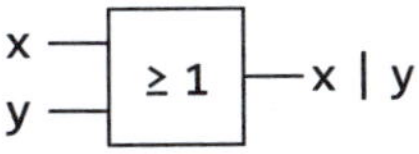

Négation

x	~x
F	V
V	F

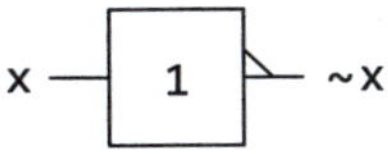

Disjonction exclusive (xor)

x	y	x ^ y
F	F	F
F	V	V
V	F	V
V	V	F

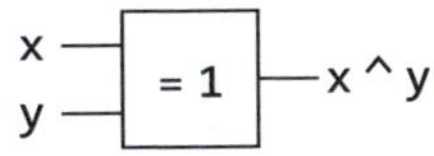

Non Et (nand)

x	y	x ↑ y
F	F	V
F	V	V
V	F	V
V	V	F

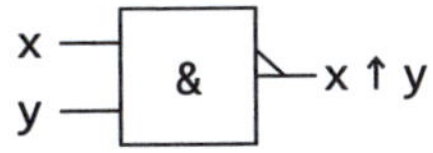

Non Ou (nor)

x	y	x ↓ y
F	F	V
F	V	F
V	F	F
V	V	F

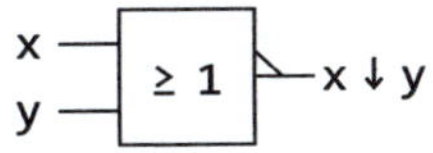

SE TESTER QUIZ

Vérifiez que vous avez bien compris les points clés des **fiches 1 à 7**.

1 Écriture dans plusieurs bases

→ FICHE 1

1. Parmi ces nombres, lesquels sont potentiellement écrits en base 2 ?

☐ **a.** 10 ☐ **b.** 10011 ☐ **c.** C02KF
☐ **d.** 10911 ☐ **e.** 102AF

2. Parmi ces nombres, lesquels sont potentiellement écrits en base 16 ?

☐ **a.** 10 ☐ **b.** 10011 ☐ **c.** C02KF
☐ **d.** 10911 ☐ **e.** 102AF

3. Avec Python, les nombres peuvent être écrits dans plusieurs bases. Parmi les écritures suivantes, lesquelles sont correctes ?

☐ **a.** 0x11010 ☐ **b.** 0xaf9
☐ **c.** 110 ☐ **d.** 0b110

2 Changement de base des entiers positifs

→ FICHE 1

À quel nombre écrit en base 2 correspond le nombre décimal 16 ?

☐ **a.** 10000000 ☐ **b.** 10000 ☐ **c.** 10001

3 Codage en complément à 2^8

→ FICHE 2

1. Parmi les entiers suivant, écrits en utilisant le codage en complément à 2^8, lequel ou lesquels sont négatifs ?

☐ **a.** 0110 1001 ☐ **b.** 1010 1001 ☐ **c.** 101001

2. Comment –5 s'écrit-il sur 8 bits ?

☐ **a.** 1111 1010 ☐ **b.** 1000 0101 ☐ **c.** 1111 1011

4 Écriture en base 2 des nombres à virgule

→ FICHE 3

1. Parmi les nombres à virgule binaires suivants, lesquels sont strictement supérieurs à $\frac{1}{2}$?

☐ **a.** 0,011111 ☐ **b.** 0,100001
☐ **c.** 1,000001 ☐ **d.** 0,11

2. L'écriture binaire de $6{,}625_{10}$ est :

☐ **a.** 110,101 ☐ **b.** 0,101 ☐ **c.** 110,101101...

3. Parmi les nombres suivants, écrits en base 10, quels sont ceux qui ont une écriture infinie en base 2 ?

☐ **a.** 1,25 ☐ **b.** 0,75 ☐ **c.** 1,7

5 Bugs célèbres

→ FICHE 4

Pour éviter le bug qui a touché les antimissiles *Patriot*, quelle solution aurait été la plus efficace ?

☐ **a.** Avoir un signal d'horloge émis toutes le 0,125 s plutôt que toutes les 0,1 s.
☐ **b.** Avoir une représentation en virgule fixe de 36 bits au lieu de 24 bits.
☐ **c.** Redémarrer régulièrement le système de l'anti-missile pour qu'il recale son horloge interne sur l'horloge réelle.

6 Tables de vérité

→ FICHES 5 et 6

1. Toutes les opérations booléennes peuvent s'écrire en n'utilisant que les trois opérateurs ou, et et non.

☐ **a.** Vrai ☐ **b.** Faux

2. L'expression a | (~a & b) | ~b vaut toujours Vrai.

☐ **a.** Vrai ☐ **b.** Faux

3. Calculez la table de vérité de l'expression suivante :

a	b	c	(a ou b) et c
0	0	0	
0	0	1	
0	1	0	
0	1	1	
1	0	0	
1	0	1	
1	1	0	
1	1	1	

7 Codage des caractères

→ FICHE 7

Parmi ces affirmations, lesquelles sont vraies ?

☐ **a.** Le code ASCII contient tous les caractères imprimables : lettres minuscules, majuscules, accentuées, ponctuations, chiffres…
☐ **b.** En UTF-8, tous les caractères sont codés sur 1 octet.
☐ **c.** Un texte codé en UTF-8 permet de spécifier n'importe quel caractère de la table Unicode.
☐ **d.** En UTF-8, tous les caractères sont codés sur le même nombre d'octets.

S'ENTRAÎNER

8 Effectuer des conversions entre plusieurs bases

→ FICHE 1

Compléter le tableau suivant :

Base 2	Base 10	Base 16
100010		
110010		
	37	
	1023	
		1E
		FF0

9 Déterminer la taille des nombres entiers positifs en bases 2 et 16

→ FICHE 1

Si on utilise n chiffres binaires, on peut représenter tous les nombres de 0 à $2^n - 1$. Vérifier cette affirmation pour quelques valeurs de n : 2, 3 et 8.

Inversement, combien faut-il de chiffres binaires pour pouvoir représenter tous les nombres entiers de 0 à 19 999 ?

10 Effectuer des additions binaires

→ FICHE 1

Effectuer en binaire les additions des nombres entiers positifs (écrits en binaire) suivants :

a. 11010 + 100001

b. 11100010 + 10011

c. 10100011 + 11100111

d. 11111 + 11111

11 Coder sur 16 bits des nombres relatifs

→ FICHE 2

On utilise ici le codage en complément à 2^{16} (2 octets).

a. Quels sont les nombres minimum et maximum que l'on peut représenter ?

b. Donner le codage des nombres suivants :

Base 10	Codage en complément à 2
–513	
–512	
–1	
0	
–32 768	
	0000000010000000
	0111111111111111
	1000000000000001

12 Additionner à l'aide du complément à 2^n

→ FICHE 2

Le codage en complément à 2^n est utilisé car il permet d'effectuer simplement les additions : si on additionne deux nombres (positifs ou négatifs) codés en complément à 2^8, le résultat (s'il est dans la plage des nombres représentables) est aussi un nombre codé en complément à 2^8.

a. Convertir les deux nombres suivants en complément à 2^8 : 12 et –53.

b. Effectuer l'addition en binaire des deux nombres.

c. Vérifier que le résultat est correct.

13 Expliquer le résultat d'additions étranges

→ FICHE 2

Expliquer pourquoi sur 8 bits on obtient les résultats suivants :

```
127 - 1 = 126
127 + 1 = -128
127 + 2 = -127
127 + 127 = -2
```

14 Expliquer le bug de l'an 2038

→ FICHE 2

Les machines UNIX suivent la norme IEEE 1003 (ou norme POSIX) qui spécifie, entre autres, que le temps est compté en secondes à partir du 1er janvier 1970 à 00:00:00 temps universel. De nombreux systèmes de fichiers codent ce temps en un entier signé 32 bits (le signe permet de désigner des dates antérieures à 1970).

Pourquoi parle-t-on alors du bug de l'an 2038 ?

15 Représenter des nombres en virgule fixe

→ FICHES 3 et 4

Le microcontrôleur de l'antimissile *Patriot* stocke la valeur $\frac{1}{10}$ en ne conservant que 23 bits pour la partie décimale (codage en virgule fixe).

a. Écrire $\frac{1}{10}$ en binaire, en conservant au moins 30 chiffres binaires après la virgule.

b. Sachant que les registres du *Patriot* ne conservent que 23 bits après la virgule, quelle est, en base 10, la valeur qui est codée effectivement à la place de $\frac{1}{10}$?

c. Quelle est l'erreur approximative commise sur la représentation de $\frac{1}{10}$?

d. Combien de signaux d'horloge le *Patriot* reçoit-il en 100 h de fonctionnement ?

e. En tenant compte de l'erreur calculée à la question **c.**, quel est le décalage de l'horloge du *Patriot* par rapport à l'heure réelle au bout de 100 h.

f. Sachant qu'un missile se déplace à une vitesse d'environ 1 676 m/s, à quelle erreur de position en mètres correspond le décalage d'horloge d'un *Patriot* ayant fonctionné 100 h sans interruption ?

g. Conclure, sachant que, pour atteindre sa cible, un *Patriot* doit l'approcher à moins de 500 m.

16 Réaliser des opérations bit à bit basiques

→ FICHE 5

Compléter le tableau suivant en évaluant les opérations proposées à partir des octets x et y fournis :

Propriété	Valeur
x	01101001
y	01010101
x & y	
x | y	
x ^ y	
x ↑ y	

17 Démontrer les lois de De Morgan

→ FICHE 6

À l'aide d'une table de vérité, démontrer les lois de De Morgan :

`~(x | y) = ~x & ~y ;`

`~(x & y) = ~x | ~y.`

18 Additionner des couleurs

→ FICHE 6

Sur un écran, les couleurs sont créées en mélangeant du rouge, du vert et du bleu, c'est la synthèse additive des couleurs. On imagine un dispositif dans lequel trois lampes de chacune de ces couleurs sont dirigées vers le même endroit et peuvent être allumées ou éteintes.

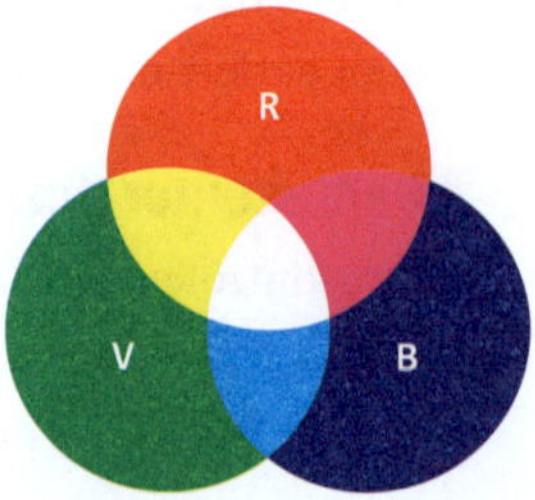

a. Justifier que l'on ne peut pas créer plus de 8 couleurs différentes dont les noms et les codes binaires sont donnés ci-contre.

b. Le complément d'une couleur est obtenu en allumant les lampes éteintes et en éteignant les lampes allumées. Déterminez les couleurs complémentaires des huit couleurs précédentes.

c. Quelle est la couleur obtenue en effectuant les opérations suivantes :

```
Bleu | Rouge
Magenta & Cyan
Vert ^ Blanc
```

Couleur	R	V	B
Noir	0	0	0
Bleu	0	0	1
Vert	0	1	0
Cyan	0	1	1
Rouge	1	0	0
Magenta	1	0	1
Jaune	1	1	0
Blanc	1	1	1

19 Représenter des couleurs en hexadécimal

→ FICHES 1 et 6

En HTML et en CSS, les couleurs sont le plus souvent mémorisées sous forme d'un triplet hexadécimal : c'est un nombre écrit en base 16 d'une taille de 3 octets. Chaque octet (qui s'écrit donc avec deux chiffres en hexadécimal) représente un niveau parmi 256 de chacune des trois couleurs Rouge, Vert et Bleu et est écrit en hexadécimal.

Par exemple `#0000FF` représente le bleu (niveau nul en rouge et vert et maximal, FF = 255, en bleu).

De même, `#FF00FF` représente le magenta d'après l'exercice 18.

On voudrait pouvoir récupérer chacune de ces trois paires d'octets afin d'écrire la couleur sous la forme d'un triplet `(r,v,b)` où `r`, `v` et `b` sont des entiers entre 0 et 255.

a. Soit `c` le triplet hexadécimal d'une couleur (un nombre de taille 3 octets). Expliquer pourquoi il suffit de calculer `c & ff` ou de manière équivalente `c & 11111111` pour obtenir son niveau de bleu.

b. L'opérateur >> permet de décaler l'écriture binaire d'un nombre d'un certain nombre de rangs vers la droite : $b_7b_6b_5b_4b_3b_2b_1b_0 >> 2 = b_7b_6b_5b_4b_3b_2$

Par exemple `101101 >> 2 = 1011`.

Utiliser ces décalages et la question précédente pour obtenir les niveaux de vert et de rouge.

20 Décoder les caractères ASCII

→ FICHES 1 et 7

La table ci-après donne le code associé à chacun des caractères ASCII imprimables (les cases vides correspondent à des caractères non imprimables, comme les caractères de contrôle). Le code du caractère en hexadécimal s'obtient en écrivant le numéro de la ligne suivi du numéro de la colonne. Par exemple, la lettre M a pour code hexadécimal $4D_{16}$, c'est-à-dire 77 en décimal → FICHE 1.

	0	1	2	3	4	5	6	7	8	9	A	B	C	D	E	F
0																
1																
2	espace	!	"	#	$	%	&	'	(	)	*	+	,	-	.	/
3	0	1	2	3	4	5	6	7	8	9	:	;	<	=	>	?
4	@	A	B	C	D	E	F	G	H	I	J	K	L	M	N	O
5	P	Q	R	S	T	U	V	W	X	Y	Z	[	\	]	^	_
6	`	a	b	c	d	e	f	g	h	i	j	k	l	m	n	o
7	p	q	r	s	t	u	v	w	x	y	z	{	|	}	~	

À quel nom correspond la liste des codes ASCII suivants, donnés en hexadécimal ?

`47 65 6F 72 67 65 20 42 6F 6F 6C 65`

21 Décoder les caractères UTF-8

→ FICHES 1 et 7

En UTF-8, le codage des caractères coïncide avec l'ASCII pour les 128 premiers caractères (table de l'exercice 20). Les autres caractères sont représentés par plusieurs octets.

La série d'octets suivants, donnés en hexadécimal, a été relevée dans un fichier codé en UTF-8.

`43 6F 64 C3 A9 20 65 6E 20 55 54 46 2D 38`

Il contient uniquement des caractères de la table ASCII à l'exception d'un « é ».

a. Quelle est la séquence d'octets qui représente le « é », et qu'est-ce qui est inscrit dans le fichier ?

b. Si le fichier avait été interprété en latin 1 (table ci-dessous), qu'est-ce qui se serait affiché ?

	0	1	2	3	4	5	6	7	8	9	A	B	C	D	E	F
2	espace	!	"	#	$	%	&	'	(	)	*	+	,	-	.	/
3	0	1	2	3	4	5	6	7	8	9	:	;	<	=	>	?
4	@	A	B	C	D	E	F	G	H	I	J	K	L	M	N	O
5	P	Q	R	S	T	U	V	W	X	Y	Z	[	\	]	^	_
6	`	a	b	c	d	e	f	g	h	i	j	k	l	m	n	o
7	p	q	r	s	t	u	v	w	x	y	z	{	|	}	~	
8																
9																
A		¡	¢	£	¤	¥	¦	§	¨	©	ª	«	¬		®	¯
B	°	±	²	³	´	µ	¶	·	¸	¹	º	»	¼	½	¾	¿
C	À	Á	Â	Ã	Ä	Å	Æ	Ç	È	É	Ê	Ë	Ì	Í	Î	Ï
D	Ð	Ñ	Ò	Ó	Ô	Õ	Ö	×	Ø	Ù	Ú	Û	Ü	Ý	Þ	ß
E	à	á	â	ã	ä	å	æ	ç	è	é	ê	ë	ì	í	î	ï
F	ð	ñ	ò	ó	ô	õ	ö	÷	ø	ù	ú	û	ü	ý	þ	ÿ

OBJECTIF BAC

22 Comprendre la norme IEEE-754

45 min

Le codage des nombres en virgule flottante est la manière la plus répandue de coder les nombres à virgule. Elle est employée dans les ordinateurs, les smartphones, les cartes graphiques…

LE SUJET

La norme IEEE-754 (virgule flottante) présente plusieurs variantes, dont une est nommée double précision. En double précision, les nombres sont codés sur 64 bits.

REMARQUE
Le codage flottant en double précision est, par exemple, celui utilisé par Python.

Le premier bit est un bit de **signe** (1 pour un nombre négatif, 0 pour un nombre positif).

Les 11 bits suivants codent l'**exposant décalé** : il vaut $n + 1023$.

À NOTER
Le décalage de l'exposant sert à ne manipuler que des nombres positifs (même si n est négatif).

Les 52 bits suivants sont les bits de **mantisse** : c'est la valeur de M.

Dans toute la suite, on ne s'intéressera qu'aux nombres positifs.

1. Écrire le nombre 49,78125 en binaire.

2. Écrire ce résultat en notation scientifique binaire, sous la forme : $1,M \times 2^n$.

Déterminer les valeurs de M (une suite de chiffres binaires) et la valeur de n (un nombre entier).

3. Sachant qu'un nombre flottant est codé en mettant bout à bout le bit de signe, les 11 bits d'exposant décalé et les 52 bits de mantisse, donner dans l'ordre les 64 bits de l'écriture en virgule flottante double précision de 49,78125.

4. Les nombres normalisés sont ceux pour lesquels l'exposant décalé ne contient ni que des 0, ni que des 1 (en binaire). Quels sont le plus petit nombre et le plus grand nombre normalisé ?

5. Quelle est la différence entre le plus grand nombre normalisé et celui qui lui est immédiatement inférieur ?

6. Les nombres dénormalisés sont ceux pour lesquels l'exposant est nul et la mantisse M est non nulle. Ces nombres ont un codage à part, et leur valeur est donnée par $0,M \times 2^{-1022}$. Quel est le plus petit nombre dénormalisé ? Quel est le plus grand nombre dénormalisé ?

7. Quelles sont les valeurs approchées, en utilisant des puissances de 10, du plus petit nombre et du plus grand nombre dénormalisé ainsi que celles du plus petit et du plus grand nombre normalisé ?

8. Le 0 est obtenu avec un exposant décalé nul, et une mantisse nulle. Représentez le 0 et tous les nombres déjà calculés sur l'axe réel.

▶▶▶ LA FEUILLE DE ROUTE

1. Convertir un nombre à virgule en binaire

→ FICHES 1 et 3

Convertissez d'abord la partie entière, puis procédez par multiplications successives par 2 pour la partie décimale.

2. Décaler la virgule en binaire

→ FICHE 3

Vous avez l'habitude de manipuler la notation scientifique en base 10 :
$156{,}23 = 1{,}5623 \times 10^2$.
On fait la même chose en binaire en tenant compte du fait que décaler la virgule correspond à une multiplication ou division par 2 plutôt que 10.

3. Coder un nombre

Calculez la valeur de l'exposant décalé et convertissez-la en binaire. Puis écrivez simplement le bit de signe, les 11 bits de l'exposant décalé et les 52 bits de mantisse (en complétant par des 0 sur la gauche de l'exposant et de la mantisse si nécessaire).

4. Trouver la plage de nombres représentables

→ FICHE 4

Déduisez la plage de variation de l'exposant réel. Le plus petit nombre normalisé est obtenu avec une mantisse ne comportant que des 0 et le plus petit exposant réel. Le plus grand nombre normalisé est obtenu avec une mantisse ne contenant que des 1 et le plus grand exposant réel.

5. Trouver deux valeurs consécutives

Le nombre immédiatement inférieur au plus grand nombre normalisé est obtenu avec le même exposant et une mantisse ne comportant que des 1, sauf en toute dernière position.

6. Trouver la plage de nombres représentables

Le plus petit nombre dénormalisé est obtenu avec la plus petite mantisse non nulle. Le plus grand nombre dénormalisé est obtenu avec une mantisse ne comportant que des 1.

7. Écrire un nombre en notation scientifique

Écrivez simplement les nombres sous la forme $a \times 10^b$ avec $1 \leqslant a < 10$ et b entier.

8. Représenter des nombres sur l'axe des réels

Vérifiez que le plus petit nombre normalisé se trouve juste après le plus grand nombre dénormalisé.

CORRIGÉS

SE TESTER QUIZ

1 Écriture dans plusieurs bases

1. **Réponses a. et b.** Un nombre écrit en base 2 ne peut comporter que les chiffres 0 et 1. Les nombres 10 et 10011 sont potentiellement écrits en base 2.

2. **Réponses a., b., d. et e.** Un nombre écrit en base 16 s'écrit avec les chiffres de 0 à 9 et les lettres de A à F. Aussi, il peut très bien ne contenir que des 0 ou de 1.

3. **Réponses a., b., c. et d.** Toutes ces écritures sont correctes en Python : 0x11010 et 0xaf9 sont des nombres en base 16 (qui valent 69648 et 2809 en base 10) ; 110 est un nombre en base 10 et 0b110 est un nombre en base 2.

2 Changement de base des entiers positifs

Réponse b. En binaire, les nombres se terminant par 1 sont impairs, ça n'est donc pas la réponse **c.** 16 étant une puissance de 2, le nombre s'écrit avec un 1 suivi de 0. Ce n'est pas la réponse **a.** qui vaut $2^7 = 128$.

3 Codage en complément à 2^8

1. **Réponse b.** On code en complément à 2^8. La première étape est de compléter par des 0 à gauche s'il y a moins de 8 bits. Puis on regarde la valeur du bit le plus à gauche (bit de poids fort) :
- 01101001 est positif car il commence par un 0 ;
- 10101001 est négatif car il commence par un 1 ;
- 00101001 est positif car il commence par un 0 après qu'on a complété le nombre sur 8 bits.

2. **Réponse a.** En effet :
- 5 en base 2 s'écrit sur 8 octets : 0000 0101 ;
- son complément à 1 est : 1111 1010 ;
- 1 plus son complément à 1 (i.e. son complément à 2^8) est : 11111 1011.

4 Écriture en base 2 des nombres à virgule

2. **Réponses b., c. et d.** $\frac{1}{2}$ s'écrit 0,1 en binaire. En conséquence : 0,011111 est strictement plus petit que $\frac{1}{2}$, alors que 0,100001 ; 1,000001 et 0,11 sont strictement plus grands.

2. **Réponse a.** La partie entière de 6,625 est 6 donc, en binaire, nous devons avoir 110 à gauche de la virgule. De plus, 0,625 vaut exactement 0,5 + 0,125 c'est-à-dire $\frac{1}{2} + \frac{1}{8}$. Les chiffres après la virgule sont donc 101.
On a alors $6{,}625_{10} = 110{,}101_2$.

3. **Réponse c.** 0,25 et 0,75 sont exactement des sommes de puissances de 2, en effet $0{,}25 = \frac{1}{4}$ et $0{,}75 = \frac{1}{2} + \frac{1}{4}$. Leur écriture binaire est donc finie. Ce n'est pas le cas pour 0,7.

5 Bugs célèbres

Réponse a. Avoir un signal d'horloge émis toutes les 0,125 s plutôt que toutes les 0,1 s est la solution la plus efficace, car 0,125 peut être représenté exactement en base 2 : $0{,}125_{10} = 0{,}001_2$. Il n'y aurait donc aucune erreur de calcul accumulée à chaque signal d'horloge.
Avoir une représentation en virgule fixe de 36 bits au lieu de 24 bits permettrait d'avoir une meilleure précision dans la représentation de $\frac{1}{10}$, ce qui impliquerait un décalage de l'horloge plus petit. Mais il y en aurait tout de même un.
Redémarrer régulièrement le système de l'antimissile pour qu'il recale son horloge interne sur l'horloge réelle ne réglerait pas le problème mais minimiserait le décalage d'horloge puisqu'on pourrait le remettre à 0 à chaque redémarrage du système.

6 Table de vérité

1. **Réponse a.** Vrai : toutes les opérations booléennes peuvent s'écrire en n'utilisant que les trois opérateurs ou, et et non.

2. **Réponse a.** Vrai : l'expression a | (~a & b) | ~b vaut toujours Vrai.

3.

a	b	c	(a ou b) et c
0	0	0	0
0	0	1	0
0	1	0	0
0	1	1	1
1	0	0	0
1	0	1	1
1	1	0	0
1	1	1	1

7 Codage des caractères

Réponse c. Un texte codé en UTF-8, UTF-16 ou UTF-32 permet de spécifier n'importe quel caractère de la table Unicode.
La table ASCII contient effectivement les lettres minuscules, majuscules, chiffres et ponctuations. Mais elle ne contient **pas les lettres accentuées**.
En UTF-8, tous les caractères ne sont pas représentés sur le même nombre d'octets. Ceux du code ASCII sont représentés sur 1 octet, les autres caractères, comme les caractères accentués, peuvent correspondre à 2, 3 ou 4 octets.

S'ENTRAÎNER

8 Effectuer des conversions entre plusieurs bases

Base 2	Base 10	Base 16
100010	34	22
110010	50	32
100101	37	25
1111111111	1023	3FF
11110	30	1E
111111110000	4080	FF0

9 Déterminer la taille des nombres entiers positifs en bases 2 et 16

Quel que soit le nombre de chiffres binaires, le plus petit entier positif représentable est 0. Si on a n chiffres binaires, le plus grand entier positif représentable est $\underbrace{11...1}_{n \text{ fois } 1}$.

- Sur 2 bits : $11_2 = 3 = 2^2 - 1$.
- Sur 3 bits : $111_2 = 7 = 2^3 - 1$.
- Sur 8 bits : $11111111_2 = 255 = 2^8 - 1$.

Si on dispose de n bits, on peut représenter 2^n valeurs différentes (on a 2 choix pour chaque bit). Pour des nombres entiers positifs, les 2^n valeurs en question sont les nombres entre 0 et $2^n - 1$. Le tableau suivant indique le nombre de chiffres binaires n, et le nombre de valeurs représentable 2^n :

n	1	2	3	4	5	6	7	8
2^n	2	4	8	16	32	64	128	256

n	9	10	11	12	13	14	15	16
2^n	512	1 024	2 048	4 096	8 192	16 384	32 768	65 536

Si on veut représenter les nombres de 0 à 19 999, on a besoin de 20 000 codes. On lit dans la table précédente qu'il faut au moins **15 bits** pour représenter tous les entiers positifs jusqu'à 19 999.

COMPLÉMENT

La fonction mathématique qui donne la ligne du haut du tableau précédent en fonction de la ligne du bas est la fonction réciproque de $x \mapsto 2^x$. C'est le logarithme en base 2. Ainsi $\log_2(16\,384) = 14$ et $\log_2(32\,768) = 15$. Or, $\log_2(20\,000) \approx 14{,}287$. Comme on doit avoir un nombre de bit entier, il en faut donc 15.

10 Effectuer des additions binaires

RAPPEL

Les tables d'addition binaire sont très simples :
- $0 + 0$ donne 0 ;
- $1 + 0 = 0 + 1$ donne 1 ;
- $1 + 1$ donne 0 et on retient 1.

a.
```
     11010      (26)
  + 100001      (33)
  --------
    111011      (59)
```

b.
```
          1
   11100010    (226)
 +    10011     (19)
 ----------
   11110101    (245)
```

c.
```
  111  111
    10100011    (163)
  + 11100111    (231)
  ----------
   110001010    (394)
```

d.
```
   11111
   11111     (31)
 + 11111     (31)
 -------
  111110     (62)
```

11 Écrire en binaire des nombres relatifs

a. Avec 16 chiffres, on peut représenter les entiers relatifs de -2^{15} à $2^{15} - 1$, soit de –32 768 à 32 767.

b.

Base 10	Codage en complément à 2^{16}
–513	1111110111111111
–512	1111111000000000
–1	1111111111111111
0	0000000000000000
– 32 768	1000000000000000
128	0000000010000000
32 767	0111111111111111
–32 767	1000000000000001

12 Additionner à l'aide du complément à 2^n

a. Si on utilise le codage en complément à 2^8, 12 s'écrit 00001100 et –53 s'écrit 11001011.

b. Posons l'addition :
```
     1
   00001100
 + 11001011
 ----------
   11010111
```

c. Le résultat, 11010111, est lui-même codé en complément à 2^8. On vérifie que 11010111 est bien le code de –41.

13 Expliquer le résultat d'additions étranges

127 = 64 + 32 + 16 + 8 + 4 + 2 + 1 donc 127 s'écrit `0111 1111` sur 8 bits.
Alors 127 + 1 s'écrit `0111 1111 + 1 = 1000 0000`. C'est un nombre qui commence par 1 donc un nombre négatif.
Il faut donc lui retrancher 1, soit `0111 1111`, et prendre son complément à 1, on obtient : `1000 0000` c'est-à-dire 128.
On trouve donc que 127 + 1 est l'opposé de 128 sur 8 bits. Donc 127 + 1 s'écrit comme –128, ce qui est assez troublant : 128 est son propre opposé sur 8 bits !
On obtient donc que 127 + 2 = (127 + 1) + 1 = –128 + 1 = –127.
De même 127 + 127 = 127 + 1 + 126 = –128 + 126 = –2.
Pour obtenir ces résultats sur Python, il faut spécifier que l'on travaille sur 8 bits :

```
import numpy as np
n = np.int8(127)
un = np.int8(1)
deux = np.int8(2)
print("127 - 1 = " + str(n - un))
print("127 + 1 = " + str(n + un))
print("127 + 2 = " + str(n + deux))
print("127 + 127 = " + str(n + n))
```

À NOTER
Ce phénomène s'appelle en informatique **dépassement de capacité** → FICHE 4.

14 Expliquer le bug de l'an 2038

Sur 32 bits signés, le nombre positif maximum stockable est zéro suivi de 31 uns. C'est donc $2^{31} - 1$.
Ainsi, 2^{31} secondes après le 1er janvier 1970, l'heure indiquée par l'horloge sera -2^{31} soit 2^{31} secondes avant le 1er janvier 1970.
Or $2^{31}\text{ s} \approx \dfrac{2^{31}}{3\,600 \times 24 \times 365{,}25}$ ans ≈ 68,05 ans. Et 68,05 ans après 1970 c'est janvier 2038...
De plus 68,05 ans avant 1970 c'est décembre 1901 !
Plus précisément, le 19 janvier 2038 à 3 h 14 min 7 s, beaucoup de systèmes risquent de passer au 13 décembre 1901.

REMARQUE
La plupart des systèmes UNIX utilisent heureusement des entiers signés sur 64 bits.

15 Représenter des nombres en virgule fixe

a. On procède par multiplications par 2 successives :

$0{,}1 \times 2 = 0{,}2$	$0{,}8 \times 2 = 1{,}6$	etc.
$0{,}2 \times 2 = 0{,}4$	$0{,}6 \times 2 = 1{,}2$	
$0{,}4 \times 2 = 0{,}8$	$0{,}2 \times 2 = 0{,}4$	

L'écriture en binaire est infinie et périodique. Si on conserve 30 chiffres après la virgule : $0{,}1_{10} \approx 0{,}000110011001100110011001100110_2$.

b. Si on ne conserve que 23 chiffres après la virgule, le nombre effectivement codé est :

$0{,}00011001100110011001100_2 = 2^{-4} + 2^{-5} + 2^{-8} + 2^{-9} + 2^{-12} + 2^{-13} + 2^{-16} + 2^{-17} + 2^{-20} + 2^{-21} = 0{,}0999999046325683593 75$.

c. L'erreur commise est donc :

$0{,}1 - 0{,}099999904632568359375 \approx 9{,}537 \times 10^{-8}$.

d. En 100 h de fonctionnement, le Patriot reçoit $100 \times 3600 \times 10 = 3{,}6 \times 10^6$ signaux d'horloge.

e. Au bout de 100 h, le Patriot est donc décalé de :

$3{,}6 \times 10^6 \times 9{,}537 \times 10^{-8}\text{s} \approx 0{,}3433$ s.

f. Puisque le missile se déplace à 1 676 m/s, ces 0,3433 secondes correspondent à une erreur de position de :

$0{,}3433 \times 1\,676 \approx 575{,}4$ m.

g. Le décalage d'horloge a donc pour conséquence que l'antimissile Patriot passera trop loin de sa cible pour la détecter et la détruire.

16 Réaliser des opérations bit à bit basiques

Propriété	Valeur
x	01101001
y	01010101
x & y	01000001
x | y	01111101
x ^ y	00111100
x ↑ y	10111110

On peut vérifier avec Python :

```
>>> x = 0b01101001
>>> y = 0b01010101
>>> bin(x & y)
'0b1000001'
>>> bin(x | y)
'0b1111101'
>>> bin(x ^ y)
'0b111100'
```

À NOTER
On remarque que les 0 en tête à gauche ne sont pas reproduits.

17 Démontrer les lois de De Morgan

On vérifie que les deux expressions des lois de De Morgan ont les mêmes valeurs :

x	y	x | y	~(x | y)	~x	~y	~x & ~y
0	0	0	1	1	1	1
0	1	1	0	1	0	0
1	0	1	0	0	1	0
1	1	1	0	0	0	0

x	y	x & y	~(x & y)	~x	~y	~x | ~y
0	0	0	1	1	1	1
0	1	0	1	1	0	1
1	0	0	1	0	1	1
1	1	1	0	0	0	0

18 Additionner des couleurs

a. Une couleur peut être modélisée par un triplet constitué de 0 et de 1 (selon que la lampe est éteinte ou allumée). On a ainsi $2^3 = 8$ couleurs différentes.

b. On modélise chaque couleur par un triplet de chiffres binaires correspondant à l'état des lampes rouge, vert et bleu dans cet ordre.

```
~ Noir = ~(0,0,0) = (1,1,1) = Blanc
~ Bleu = ~(0,0,1) = (1,1,0) = Jaune
~ Vert = ~(0,1,0) = (1,0,1) = Magenta
~ Cyan = ~(0,1,1) = (1,0,0) = Rouge
```

c.
```
Bleu | Rouge = (0,0,1) | (1,0,0) = (1,0,1) = Magenta
Magenta & Cyan = (1,0,1) & (0,1,1) = (0,0,1) = Bleu
Vert ^ Blanc = (0,1,0) ^ (1,1,1) = (1,0,1) = Magenta
```

19 Représenter des couleurs en hexadécimal

a. On veut garder les deux chiffres (écrits en base 16) les plus à droite de c. Cela correspond aux nombres 0 jusqu'à FF (255 en base 10). Or $255 = 2^8 - 1$: il faut donc un octet pour représenter ces nombres. Si l'on effectue un « et » bit à bit sur le mot de 3 octets qui représente la couleur, avec des 0 sur les deux octets de gauche et des 1 sur l'octet de droite, alors les 16 bits les plus à gauche seront à 0 et les 8 les plus à droite seront inchangés.

```
  rouge     vert      bleu
  00000000  00000000  11111111
& 11011001  10010110  10011001
 ------------------------------
  00000000  00000000  10011001
```

Par exemple, en Python, quel est le niveau de bleu de la couleur `#ABCDEF` ?

```
>>> c = 0xabcdef
>>> mask = 0b11111111
>>> hex(c & mask)
'0xef'
```

C'est bien EF c'est-à-dire $14 \times 16 + 15 = 239$.

À NOTER

Le masque vaut 0xff. Il permet donc d'extraire l'octet le plus à droite (de poids faible) qui correspond au niveau de bleu de 0xabcdef.

b. On décale c de 8 bits vers la droite afin de mettre l'octet vert en octet de poids faible :

```
rouge     vert      bleu                      rouge     vert
11011001  10010110  10011001  >> 8 = 00000000 11011001  10010110
```

Puis on applique le masque de la question précédente (`0xff` soit `0b11111111` pour ne retenir que l'octet de poids faible) :

```
            rouge     vert
  00000000  11011001  10010110
& 00000000  00000000  11111111
------------------------------
  00000000  00000000  10010110
```

De même, pour le rouge, on décale de 16 bits c'est-à-dire de 2 octets :

```
rouge     vert      bleu                                rouge
11011001  10010110  10011001  >> 16 = 00000000 00000000 11011001
```

Puis on applique le masque :

```
                      rouge
  00000000  00000000  11011001
& 00000000  00000000  11111111
------------------------------
  00000000  00000000  11011001
```

20 Décoder les caractères ASCII

`47 65 6F 72 67 65 20 42 6F 6F 6C 65` est la suite des codes ASCII qui correspondent à la chaîne de caractères : `"George Boole"`.

21 Décoder les caractères UTF-8

a. Les deux octets ayant une valeur strictement supérieure à 127 sont `C3 A9`. Ils correspondent probablement au « é ». Si c'est le cas, la chaîne de caractère est donc : `"Codé en UTF-8"`.

b. Interprétés en latin 1, les octets `C3 A9` correspondent aux caractères Ã©. La chaîne complète aurait alors été interprétée ainsi : `"CodÃ© en UTF-8"`

OBJECTIF BAC

22 Comprendre la norme IEEE-754

1. On commence par convertir la partie entière en binaire :
$49_{10} = 110001_2$.
Puis on convertit la partie décimale par multiplications par 2 successives :
$0{,}78125 \times 2 = 1{,}5625$
$0{,}5625 \times 2 = 1{,}125$
$0{,}125 \times 2 = 0{,}25$
$0{,}25 \times 2 = 0{,}5$
$0{,}5 \times 2 = 1$
Donc $49{,}78125_{10} = 110001{,}11001_2$.

2. La notation scientifique en base 2 de $110001{,}11001_2$ est :
$110001{,}11001_2 = 1{,}1000111001_2 \times 2^5$.
Avec $M = 1000111001$ et $n = 5$.

3. L'exposant décalé du nombre considéré vaut 1 023 + 5 = 1 028, soit :
$1\,028_{10} = 10000000100_2$.
Le codage de 49,78125 est donc :

```
0 10000000100 1000111001000000000000000000000000000000000000000000
sgn exposant                      mantisse
```

4. L'exposant décalé des nombres normalisés varie de 1 à 2 046 (soit 11111111110_2).
L'exposant réel des nombres normalisés varie donc de –1 022 à 1 023.
Le plus petit nombre normalisé est : $1{,}0 \times 2^{-1022}$.
Le plus grand nombre normalisé est :
$$1,\underbrace{1111\ldots111}_{52 \text{ chiffres } 1}{}_2 \times 2^{1023} = 2^{1024} - 2^{971}.$$
Ce résultat est obtenu en remarquant que :
1,1111...111 + 0,0000...001 vaut 10,0.
Donc $1{,}1111...111 \times 2^{1023} + 0{,}0000...001 \times 2^{1023}$ vaut 10×2^{1023}.
Autrement dit, $1{,}1111...111 \times 2^{1023} + 2^{971}$ vaut 2^{1024}.

5. Le nombre normalisé immédiatement inférieur au plus grand nombre normalisé est : $1,\underbrace{1111\ldots111}_{51 \text{ chiffres } 1}0_2 \times 2^{1023}$.
La différence entre le plus grand normalisé et le nombre situé juste avant est donc :
$$0,\underbrace{0000\ldots000}_{51 \text{ chiffres } 0}1_2 \times 2^{1023} = 2^{-52} \times 2^{1023} = 2^{971} \approx 2 \times 10^{292}.$$

À NOTER
Il y a un « trou » de taille 2×10^{292} entre les deux plus grands nombres normalisés. Cela signifie que tout nombre réel situé dans ce gigantesque intervalle sera arrondi à l'une de ses deux bornes.

6. Le plus petit nombre dénormalisé vaut : $0,\underbrace{0000\ldots000}_{51 \text{ chiffres } 0}1_2 \times 2^{-1022} = 2^{-1074}$.

Le plus grand nombre dénormalisé vaut : $0,\underbrace{1111\ldots111}_{52 \text{ chiffres } 1}{}_2 \times 2^{-1022} = 2^{-1022} - 2^{-1074}$.

7. Le plus petit nombre dénormalisé : $2^{-1074} \approx 5 \times 10^{-324}$.
Le plus grand nombre dénormalisé : $2^{-1022} - 2^{-1074} \approx 2,225 \times 10^{-308}$.
Le plus petit nombre normalisé : $2^{-1022} \approx 2,225 \times 10^{-308}$.
Le plus grand nombre normalisé : $2^{1024} - 2^{971} \approx 1,8 \times 10^{308}$.

8.

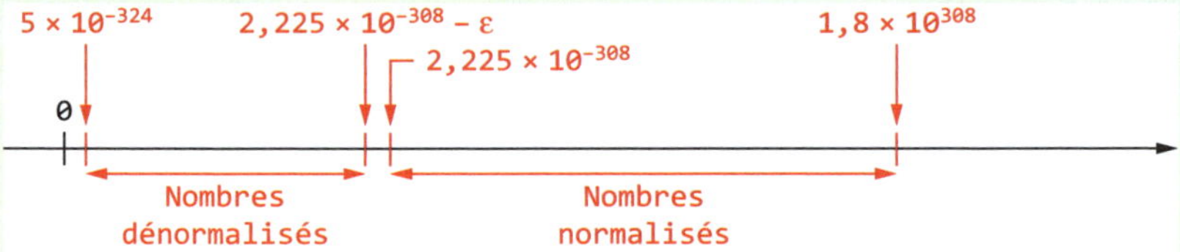

À NOTER

Les nombres dénormalisés constituent un cas particulier de la norme, ils permettent de représenter des nombres plus proches de 0 que ceux qu'on pourrait avoir en utilisant uniquement le codage des nombres normalisés.

Langages et programmation

Quel que soit le langage de programmation (Python, Java, Javascript, C++ ou PHP), il est nécessaire de maîtriser la notion de variable, de savoir écrire et utiliser des fonctions, de comprendre comment fonctionne une boucle.

8 De l'algorithme au calculateur mécanique

En bref *L'invention du calcul mécanique succède à une longue période durant laquelle les algorithmes de calcul devaient être déroulés à la main.*

I Numération et calculs

1 Systèmes de numération

■ L'écriture des nombres remonte à plus de 5 000 ans. Différents systèmes de numération (additifs ou positionnels, avec ou sans zéro) dans différentes bases se sont succédés.

■ Les premiers algorithmes (le mot n'existait pas encore) sont des descriptions de méthodes de calcul (addition, multiplication) dans ces systèmes de numération. Les moyens utilisés sont alors les mains, des cailloux, des abaques (déplacement de jetons sur un plateau).

2 Les algoristes

■ L'efficacité du **système positionnel indien** disposant du zéro a provoqué son adoption par les Arabes au VIIIe siècle, puis par les Européens quatre siècles plus tard en particulier grâce à Léonard de Pise (dit Fibonacci).

À NOTER

C'est Al-Khwarizmi dans son ouvrage Al-jabr, qui a popularisé la **numération indienne** dans le monde musulman. Bien plus tard, au XIIe siècle, le titre de l'ouvrage et le nom de l'auteur ont respectivement donné les mots *algorithme* et *algèbre*.

■ Sont alors apparus les algoristes, utilisant plutôt le support écrit devenu moins coûteux, et déroulant des algorithmes de calcul utilisant la puissante numération positionnelle empruntée aux Arabes.

II Algorithmes célèbres

Dès l'Antiquité, des algorithmes complexes sont développés, et continuent de l'être.

1 Le plus grand diviseur commun de deux nombres

■ Au IVe siècle avant J.-C., Euclide explique comment, en retranchant le plus petit des nombres au plus grand et en recommençant la même opération, on finit par trouver le plus grand nombre qui divise les deux nombres de départ.

■ Euclide justifie son algorithme, mais son application ne nécessite pas de comprendre la justification : il suffit de suivre les consignes à la lettre, et ça fonctionne. C'est le principe même d'un algorithme.

2 | Calcul de racines carrées

■ Au premier siècle de notre ère, Héron d'Alexandrie montre comment extraire une racine carrée par approximations successives.

■ Pour trouver la racine carrée de 720, on part de la racine du carré parfait le plus proche de 720, soit 27 ($27^2 = 729$). Puis on fait la moyenne entre cette première approximation (27) et le quotient de 720 par 27 : $\frac{27 + \frac{720}{27}}{2}$. Le résultat obtenu, $\frac{161}{6}$, est une meilleure approximation de $\sqrt{720}$ que 27. On recommence en partant de $\frac{161}{6}$. Cet algorithme **converge** vers la racine carrée cherchée.

III Calcul mécanique

1 | Naissance des machines de calcul

■ Profitant des progrès dans les mécanismes d'horlogerie, les premières machines de **calcul mécanique** apparaissent au XVIIe siècle. L'« horloge à calculer » due à Wilhelm Schickard est suivie de peu par la Pascaline inventée indépendamment par Blaise Pascal à l'âge de dix-neuf ans.

■ D'autres machines (cylindre de Leibniz, machine de Morland...) voient le jour, contemporaines des calculateurs humains qui utilisent alors des tables (multiplications, logarithmes...).

2 | Machine analytique et première programmeuse

■ Au XIXe siècle, Charles Babbage, inspiré par le métier à tisser Jacquard, invente le concept de la **machine analytique** (entièrement mécanique), comportant de la mémoire, une unité de calcul (le moulin) et une unité de commande. Elle est capable de suivre des instructions, préfigurant ainsi les premiers ordinateurs.

■ Impossible à construire à l'époque, cette invention suscita la collaboration de Babbage avec **Ada Byron**, comtesse de Lovelace, qui comprit ce que la machine analytique pourrait réaliser et écrivit ses **premiers programmes**. Elle indique dans une célèbre note : « La machine analytique n'a pas de prétention à donner naissance à quoi que ce soit. Elle peut exécuter tout ce que nous savons lui ordonner d'exécuter [...] il est très probable qu'elle exerce une influence indirecte et réciproque sur la science elle-même. »

À NOTER
Ada Lovelace est donc la première programmeuse de l'histoire et le langage Ada, inventé dans les années 1980, lui doit son nom.

9 Variables, affectations et opérations

En bref *Dans un programme, les variables sont indispensables : elles permettent de stocker provisoirement des valeurs. On peut alors y accéder, effectuer des opérations ou éventuellement les modifier.*

I Les variables en informatique

1 Définition

■ Une variable est l'association entre un nom (un identifiant) et une valeur (d'un certain type). Voici par exemple la représentation d'une variable qui a pour nom `ma_variable`, est de type `float` et a pour valeur `8.0`.

Nom	Valeur
`ma_variable` →	`8.0` (float)

■ Dans le langage courant, on identifie souvent une variable avec son nom.

2 Choisir le nom d'une variable

■ Quel que soit le langage, le **choix du nom** d'une variable doit obéir à plusieurs règles :
- le nom doit être significatif ;
- le nom est une suite de caractères accolés, sans espace.

■ Les **caractères** à utiliser sont :
- les lettres non accentuées (les minuscules et majuscules sont considérées comme des lettres différentes) ;
- les chiffres ;
- le caractère _ (tiret du 8).

■ Le premier caractère du nom ne peut pas être un chiffre.

■ Le nom ne doit pas être un mot clé du langage.

À NOTER
En Python 3, les mots clés sont les suivants : *and, assert, break, class, continue, def, del, elif, else, except, exec, finally, for, from, global, if, import, in, is, lambda, not, or, pass, print, raise, return, try, while, yield, True, False, None.*

Exemples :
- Noms corrects : `compteur`, `nombre_de_voyelles`, `nombre_numero_3`.
- Noms incorrects : `if`, `2eme_nombre`, `un nombre`, `un-nombre`.

II Affectations

■ Une affectation est une **instruction** qui permet de donner une valeur à une variable, c'est-à-dire d'associer son nom à une valeur. Une affectation permet aussi de modifier l'association entre un nom de variable et sa valeur.

■ Par exemple, en Python, voici ce qui se passe lors du déroulement de ce script de trois lignes.

Instructions	Représentation de la mémoire à l'issue de l'instruction
`ma_variable = 8.0`	Nom / Valeur `ma_variable` → `8.0` (float)
`autre_variable = ma_variable`	Nom / Valeur `ma_variable` → `8.0` (float) `autre_variable` → `8.0` (float) [both names point to the same value]
`ma_variable = 9.0`	Nom / Valeur `ma_variable` → `9.0` (float) `autre_variable` → `8.0` (float)

III Les expressions

1 Définition

■ Une expression est le **résultat d'un calcul** effectué par le programme. Elle fournit une valeur (et donc un type) et peut être stockée dans une variable.

Exemple : `3 + 5` est une expression de type entier dont la valeur est `8`.
`x = 3 + 5` est une affectation : `x` prend la valeur du résultat de l'expression `3 + 5`.

> **À NOTER**
> En Python, `type(expression)` donne le type de l'expression :
> ```
> >>> type(3 + 5)
> <class 'int'>
> ```

2 Évaluer une expression

Comme en mathématiques, les expressions sont évaluées suivant les priorités des opérateurs et des parenthèses.

Exemple : Pour évaluer l'expression :

```
expr = (5 + 2 > 39) or ('zorro' > 'ze' + 'bulon')
```

on procède par étapes :

```
expr = (7 > 39) or ('zorro' > 'zebulon')
expr = False or True
expr = True
```

10 Fonctions

En bref *L'écriture de fonctions rend un programme plus simple à comprendre, plus facile à vérifier, et plus facile à modifier.*

I Utilité des fonctions

- Les fonctions, comme les procédures, font partie des **routines**. Ce sont des portions de programme auxquelles on a donné un nom, afin de pouvoir les utiliser ensuite en rappelant juste ce nom.
- Une fonction est utilisée comme une boîte noire : on fournit des valeurs (les paramètres effectifs) et on récupère « quelque chose ».

Exemple : La fonction ci-dessous sert à calculer un montant TTC connaissant un prix hors taxes et un taux de TVA.

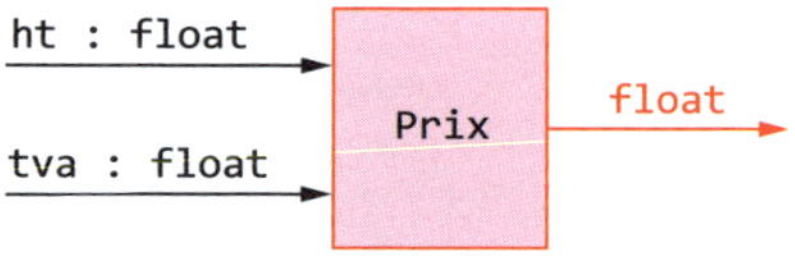

II Définition des fonctions

1 Généralités

- On **définit une fonction** en la nommant, en indiquant ses paramètres formels et éventuellement leur type, en donnant éventuellement le type de retour, puis en donnant le code de la fonction (son contenu).
- Le **contenu de la fonction** constitue un bloc qui est délimité par différents moyens selon les langages.
- Une fonction doit être **documentée** et on doit, autant que possible, fournir des tests qui permettent de vérifier son bon fonctionnement.

À NOTER
Idéalement, une fonction devrait se limiter au calcul et au renvoi d'un résultat. Le respect de cette règle facilite grandement la compréhension et le débogage d'un programme.

2 Définition en Python

- L'utilisation des **annotations de type** se généralise depuis la version 3.5 de Python. Nous les utiliserons ici pour indiquer le type des paramètres (`ht : float`) et le type de retour (`-> float`). Ces annotations sont toutefois facultatives.

Exemple :

```
def prix(ht: float, tva: float) -> float:
    """ Calcule le prix TTC à partir du prix
    HT (hors taxes) et de la TVA """
    ttc = ht * (1 + tva / 100)
    return ttc
```

- Le corps de la fonction contient le calcul de la variable `ttc` et le mot clé `return` est suivi de la valeur que la fonction doit renvoyer. Lors de l'exécution du `return`, la fonction **se termine** immédiatement et la valeur renvoyée est la valeur de la variable `ttc` à cette étape.
- Le bloc qui constitue le corps de la fonction est délimité en Python par l'**indentation**.

3 Définition en Javascript

- La définition d'une fonction en Javascript est très similaire, avec le mot clé `function` :

```
function prix(ht, tva) {
    var ttc = ht * (1 + tva / 100);
    return ttc;
}
```

- Le bloc qui constitue la fonction est délimité en Javascript par une **paire d'accolades**.

III Appel d'une fonction

- Une fois la fonction définie, on peut l'**appeler** (pour qu'elle soit exécutée) en donnant son nom et en fournissant des valeurs aux paramètres (qu'on appelle alors paramètres réels, paramètres effectifs ou arguments).

```
ttc1 = prix(200, 5.5)
```

- La ligne précédente appelle la fonction pour les valeurs de paramètres : `ht = 200` et `tva = 5.5`. Le résultat renvoyé par la fonction est stocké dans la variable `ttc1`.

À NOTER
Les noms des variables utilisées dans la définition de la fonction sont locaux à cette définition. On ne peut pas, par exemple, accéder au contenu du montant TTC en donnant le nom `ttc` si on est en dehors de la fonction.

- Le résultat renvoyé par une fonction peut être réutilisé dans un calcul. En particulier, puisque `prix` renvoie un résultat numérique, on peut tout à fait écrire :

```
achats = prix(200, 5.5) + prix(100, 20)
```

La variable `achats` fera alors référence à la valeur `331.0`.

11 Instructions conditionnelles

En bref *Les instructions conditionnelles permettent, en fonction du résultat de l'évaluation d'une expression booléenne, d'exécuter une certaine portion de code plutôt qu'une autre.*

I Nécessité des conditionnelles

■ Pouvoir exécuter alternativement un bloc d'instructions plutôt qu'un autre, en fonction d'un résultat intermédiaire, fait partie des éléments fondamentaux de tout langage de programmation et est nécessaire à la programmation de la plupart des calculs :

```
Bloc d'intructions A
Si condition vraie faire :
    Bloc d'instructions B
Sinon faire :
    Bloc d'instructions C
Bloc d'instructions D
```

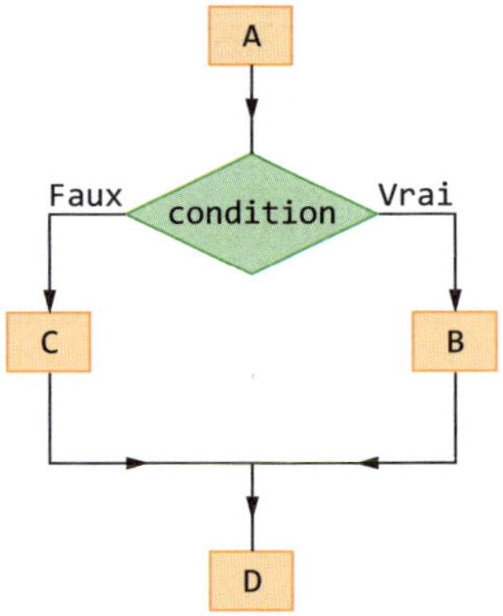

■ Selon que la condition mentionnée est vraie ou fausse, le programme exécutera les blocs A, B, D ou bien A, C, D.

II Syntaxe des conditionnelles

1 Exemple

■ Nous illustrons nos propos avec la suite de Syracuse définie ainsi (le premier terme est un entier arbitraire) :

$$u_{n+1} = \begin{cases} \dfrac{u_n}{2} \text{ si } u_n \text{ est pair} \\ 3u_n + 1 \text{ sinon} \end{cases}$$

On peut tester la parité d'un nombre en regardant le reste de la division par 2. Si `n % 2` vaut `0`, c'est que n est pair.

■ **En Python**

```python
def suivant(u: int) -> int:
    """Renvoie le terme
    suivant u dans la suite
    de Syracuse """
    if u % 2 == 0:
        v = u // 2
    else:
        v = 3 * u + 1
    return v
```

■ **En Javascript**

```javascript
function suivant(u) {
    if (u % 2 == 0){
        v = u / 2;
    }
    else {
        v = 3 * u + 1;
    }
    return v;
}
```

2 Conditions imbriquées

- Il est possible d'imbriquer les conditions les unes dans les autres.

Exemple : La fonction suivante indique si l'année a est bissextile en renvoyant un booléen.

```
def bissextile(a: int) -> bool:
    """ Renvoie un booléen indiquant
    si l'année a est bissextile """
    if a % 400 == 0:
        bissextile = True
    else:
        if a % 100:
            bissextile = False
        else:
            if a % 4 == 0:
                bissextile = True
            else:
                bissextile = False
    return bissextile
```

RAPPEL
Une année est bissextile si elle est divisible par 400, ou bien si elle est divisible par 4 sans être divisible par 100 : 2000 a été bissextile, 2032 le sera et 2100 ne le sera pas.

- Pour éviter trop de blocs imbriqués qui nuisent à la lisibilité, on dispose en Javascript de `else if` et en Python du mot clé `elif`.

```
def bissextile(a):
    if a % 400 == 0:
        bissextile = True
    elif a % 100 == 0:
        bissextile = False
    elif a % 4 == 0:
        bissextile = True
    else:
        bissextile = False
    return bissextile
```

- La construction précédente nous assure qu'un et un seul des quatre blocs (le premier pour lequel la condition sera vérifiée) est exécuté, ce qui est utile pour vérifier la justesse d'un programme. Voici une série de tests pour notre fonction :

```
assert bissextile(1984)
assert bissextile(2000)
assert not bissextile(1982)
assert not bissextile(2100)
```

12 Boucles bornées

En bref *Pour répéter plusieurs fois la même opération on utilise souvent une boucle bornée ou boucle* `for`.

I Répéter des instructions un nombre donné de fois

■ Dans un algorithme, il est souvent nécessaire de répéter plusieurs fois la même opération. Lorsque le nombre maximum de répétitions est déterminé à l'avance, on peut utiliser une boucle bornée ou boucle `for`.

■ **Syntaxe Python**

```
for i in range(n):
    instruction1
    instruction2
```

■ **Sémantique :** la variable `i` prend successivement les valeurs 0, 1, 2... jusqu'à $n - 1$. Pour chacune des valeurs de `i`, les instructions du corps de la boucle sont exécutées.

Exemple : Pour aider sa petite sœur à apprendre ses tables de multiplication, Enzo écrit une procédure qui affiche la table du nombre passé en paramètre.

• En Python :

```
def table(nombre: int):
    """ Cette procédure affiche la table de multiplication
    du paramètre 'nombre', un entier """
    for i in range(11):
        # i prend successivement les valeurs 0, 1, 2, …, 10
        print(i * nombre)
```

• En Javascript :

```
/** Affiche la table de multiplication du
  * paramètre 'nombre', un entier */
function table(nombre){
    var i;
    for (i=0; i<11; i++)
    {
      document.write(i * nombre + " ");
    }
}
```

II Parcourir une chaîne de caractère

- Parfois, on peut vouloir itérer sur une chaîne de caractères (ou parcourir une chaîne de caractères). Dans ce cas, on utilise également une boucle `for`.

- **Syntaxe Python**

```
for caractere in chaine:
    instruction1
    instruction2
```

- **Sémantique :** la variable `caractere` prend successivement les valeurs de chaque caractère de la variable `chaine`. Pour chacune des valeurs de `caractere`, les instructions du corps de la boucle sont exécutées.

- **Exemple :** On veut écrire une fonction qui compte le nombre de `'A'` dans une chaîne de caractères.

```
def nombre_de_A(chaine: str) -> int:
    """
    Résultat : le nombre de 'A' dans 'chaine'
    """
    compteur = 0
    for lettre in chaine:
        # Pour chaque lettre de chaine
        if lettre == 'A':
            compteur = compteur + 1
    return compteur

assert nombre_de_A("CARACTERES") == 2
assert nombre_de_A("caractères") == 0
```

À NOTER
En Python, les « : » sont très importants tout comme l'indentation.

13 Boucles non bornées

En bref *Dans certains cas, les boucles bornées ne sont pas les plus appropriées. On peut alors utiliser une boucle non bornée ou boucle* `while`.

I Utilisation d'une boucle non bornée

■ Dans un algorithme, il est souvent nécessaire de répéter plusieurs fois la même opération. Dans certains cas, la boucle `for` ne convient pas car on ne sait pas combien de tours de boucle on doit faire. La boucle `while` permet de répéter un traitement tant qu'une certaine condition est vérifiée.

■ **Syntaxe Python**

```
while expression:
    instruction1
    instruction2
```

■ **Sémantique :** l'expression est évaluée :
- si elle est vraie, les instructions du corps de la boucle sont exécutées. On retourne au point précédent ;
- si elle est fausse, on sort de la boucle et on poursuit le programme.

■ **Attention aux boucles infinies !**
La construction d'une boucle comporte généralement trois éléments :
- une initialisation avant de commencer la boucle ;
- un test qui permet de savoir si on continue la boucle ou si on s'arrête ;
- une instruction qui change une variable du test à chaque tour de boucle.

Remarque : Un **invariant de boucle** est une propriété sur l'environnement qui est vraie à chaque fois que l'on passe sur l'instruction `while`.

II Exemples

1 Placement d'un capital

■ Hugo souhaite placer une certaine somme d'argent sur un compte rémunéré. Le capital ainsi placé augmente chaque année de 5 % (c'est-à-dire qu'il est multiplié par 1,05). On veut écrire une fonction qui détermine le nombre d'années nécessaires pour que le capital disponible dépasse 500 €.

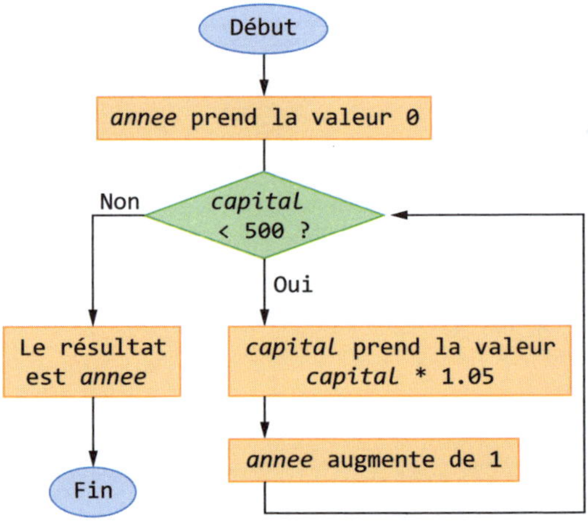

Par exemple, avec un capital de départ de 120 €, il faut 30 ans pour que le capital disponible dépasse 500 €.

Traduction en Python

```
def duree_pour_500(capital_depart: float) -> int:
    """
    Résultat : le nombre d'années nécessaires pour
    que le capital disponible dépasse 500 euros
    """
    annee = 0
    capital = capital_depart # 1. initialisation
    while capital < 500:     # 2. test : la boucle
        # s'arrête dés que not(capital < 500)
        # 3. modification
        # de la variable du test
        capital = capital * 1.05
        annee = annee + 1
    return annee

assert duree_pour_500(120) == 300
```

Cette boucle `while` comporte bien les trois éléments nécessaires : initialisation, test, modification d'une variable du test.

2 Devinette

On utilise également la boucle `while` lors des interactions avec un utilisateur. Par exemple, on veut écrire une fonction qui demande à un utilisateur de deviner un nombre (et qui ne renvoie rien).

```
def devine_le_nombre():
    """Cette fonction demande à l'utilisateur de deviner
    un nombre et affiche un message quand il a trouvé"""
    proposition = None          # 1. initialisation
    while proposition != "42": # 2. test
        print("Proposez un nombre :")
        proposition = input()  # 3. modification de
                               # la variable du test
    print("Bravo ! Vous avez trouvé :)")

>>> devine_le_nombre()
Proposez un nombre
7
Proposez un nombre
42
Bravo ! Vous avez trouvé :)
```

À NOTER
Les fonctions qui prennent leurs informations à partir de l'entrée standard (`input`) et non des paramètres sont plus difficiles à tester. On les utilise donc le moins possible.

MÉMO VISUEL

Opérations

Opérations sur les nombres

Opérateur	Symbole en Python	Exemple d'expression	Type de l'expression	Valeur de l'expression
addition	+	3 + 5.0	float	8.0
soustraction	-	8 - 17	int	-9
multiplication	*	3 * 5	int	15
division	/	30 / 5	float	6.0
puissance	**	5 ** 3	int	125
quotient de la division	//	37 // 5	int	7
reste de la division	%	37 % 5	int	2

Opérations sur les booléens

Opérateur	Exemple d'expression	Type de l'expression	Valeur de l'expression
not	not True	bool	False
or	True or False	bool	True
and	True and False	bool	False

Opérations sur les chaînes de caractères

Opérateur	Symbole en Python	Exemple d'expression	Type de l'expression	Valeur de l'expression
concaténation	+	'zebu' + 'lon'	str	'zebulon'

Comparaisons

Comparer deux entiers ou deux chaînes de caractères

On peut comparer des nombres entiers entre eux et des chaînes de caractères entre elles. Le résultat est de type `bool`.

Opérateur	Symbole en Python	Exemple d'expression	Type de l'expression	Valeur de l'expression
Test d'égalité	`==`	`'zebu' == 'lon'`	`bool`	`False`
		`8 == 8`	`bool`	`True`
		`8 == 'lon'`	`bool`	`False`
Test de non égalité	`!=`	`'zebu' != 'lon'`	`bool`	`True`
Comparaison	`<`, `<=`, `>`, `>=`	`'zebu' < 'lon'`	`bool`	`False`

Comparer deux *float*

Faire des tests d'égalité avec les `float` est une mauvaise pratique : la norme IEEE-754 ne permet pas de coder de façon exacte les nombres → FICHE 3.

Il est préférable de vérifier si deux floats sont « assez proches » :

```
>>> a = 0.1 + 0.1 + 0.1
>>> b = 0.3
>>> a == b
False
>>> abs(a - b) < 0.001
True
```

SE TESTER QUIZ

Vérifiez que vous avez bien compris les points clés des **fiches 8 à 13**.

1 Repères historiques

→ FICHE 8

1. L'écriture des nombres remonte :

☐ **a.** au premier siècle après J.-C.
☐ **b.** à 3 000 ans avant J.-C.
☐ **c.** au début de l'Âge de pierre
☐ **d.** à la naissance de Cédric Villani

2. Les premières machines à calculer automatiques utilisaient des composants électroniques tels que le transistor.

☐ **a.** Vrai
☐ **b.** Faux

2 Évaluer une expression

→ FICHE 9

1. Quel est le type de l'expression `10 + 3 * 5` ?

☐ **a.** (erreur) ☐ **b.** bool ☐ **c.** str ☐ **d.** float ☐ **e.** int

2. Quel est le type de l'expression `'toto' + 8 * 5` ?

☐ **a.** (erreur) ☐ **b.** bool ☐ **c.** str ☐ **d.** float ☐ **e.** int

3. Quel est le type de l'expression `1 + 8 * 5 == 8` ?

☐ **a.** (erreur) ☐ **b.** bool ☐ **c.** str ☐ **d.** float ☐ **e.** int

3 Vocabulaire sur les fonctions

→ FICHE 10

On donne le script Python suivant :

```
def reste_division(nb: int, diviseur: int) -> int:
    """ renvoie le reste de la division
    euclidienne de 'nb' par 'diviseur' """
    reste = nb % diviseur
    if reste < 0:
        reste = reste + abs(diviseur)
    return reste
```

1. Quel est le rôle de `reste_division` ?

☐ **a.** c'est le nom de la fonction
☐ **b.** c'est un mot clé
☐ **c.** c'est un paramètre formel
☐ **d.** c'est une variable locale

2. Quel est le rôle de `reste` ?

☐ **a.** c'est le nom de la fonction
☐ **b.** c'est un mot clé
☐ **c.** c'est un paramètre formel
☐ **d.** c'est une variable locale

3. Quel est le rôle de `diviseur` ?

☐ **a.** c'est le nom de la fonction
☐ **b.** c'est un mot clé
☐ **c.** c'est un paramètre formel
☐ **d.** c'est une variable locale

4. Quel est le rôle de `int` ?

☐ **a.** c'est le nom de la fonction
☐ **b.** c'est un mot clé
☐ **c.** c'est un paramètre formel
☐ **d.** c'est une variable locale

4 Instructions conditionnelles

→ FICHES 5 et 11

On considère la fonction suivante :

```
def mystere(n: int) -> str:
    if n == 7 :
        resultat = "A"
    else:
        if n == 5 :
            resultat = "B"
        else:
            resultat = "C"
    return resultat
```

1. Quelle est la valeur de `mystere(7)` ?

☐ **a.** "A" ☐ **b.** "B" ☐ **c.** "C"

2. Quelle est la valeur de `mystere(2)` ?

☐ **a.** "A" ☐ **b.** "B" ☐ **c.** "C"

3. Quelle est la valeur de `mystere(5)` ?

☐ **a.** "A" ☐ **b.** "B" ☐ **c.** "C"

5 Répétitions

→ FICHES 12 et 13

1. Quelle structure de contrôle permet de répéter des traitements ?

☐ **a.** une suite
☐ **b.** une boucle
☐ **c.** un nœud
☐ **d.** une instruction conditionnelle
☐ **e.** Python

2. Quelles sont les valeurs prises successivement par la variable `i` dans la boucle `for` ci-dessous ?

```
res = 0
for i in range(3):
    res = res + i
```

a. 0, 1, 2 ☐ **b.** 0, 1, 2, 3 ☐ **c.** 1, 2, 3

S'ENTRAÎNER

6 Effectuer des opérations élémentaires

→ FICHE 9

Pour chacune des expressions suivantes, préciser son type ainsi que sa valeur. Identifier l'opération effectuée

Expression	Type de l'expression	Valeur	Opération effectuée
`5 + 6`	`int`	`11`	addition entre deux entiers
`5 + 3.0`			
`15.0 / 3`			
`15 + '3'`			
`'15' + '3.0'`			
`True or False`			
`17 % 6`			
`8 > 3`			
`8 == 3`			
`a = 3`			

7 Reconnaître différents types de variables

→ FICHE 9

Pour chacune des expressions suivantes, préciser son type ainsi que sa valeur.

a. `2 + 5 * 3.0`

b. `(2 > 3) and (5 == 5)`

c. `'Python ' + 'c'est ' + ' chouette !'`

d. `'2' + '5 * 3.0'`

8 Évaluer une expression

→ FICHE 9

a. Préciser le type et la valeur de l'expression `x + y * 5.0` si les instructions précédentes sont `x = 10` et `y = 3`.

b. Préciser le type et la valeur de l'expression `x + x == y * (y + 2)` si les instructions précédentes sont `x = 10` et `y = 3`.

c. Préciser le type et la valeur de l'expression `x + y` si les instructions précédentes sont `x = '10'` et `y = '3'`.

9 Comprendre les affectations

→ FICHE 9

1. Préciser la valeur de chaque variable à la fin de l'exécution des scripts Python 1 et 2.

■ Script 1

```
x = 3
y = 5
y = x
x = y
```

■ Script 2

```
x = 3
y = 5
z = y
x = z
y = x
```

Le script 3 suivant est incomplet. La valeur des variables à la fin du script 3 sont données dans le tableau. Remplacer les ? par x ou y ou z, et donner la valeur de z.

■ Script 3

```
x = 3
y = 5
z = ?
x = ?
y = ?
```

Variable	Valeur à la fin du script 3
x	5
y	3
z	...

10 Connaître le vocabulaire sur les fonctions

→ FICHES 10 et 11

On donne le script Python suivant :

```
def en_cours(heure: int) -> bool:
    """
    Cette fonction indique s'il y a cours au lycée
    (qui est ouvert de 8 h à 18 h)
    """
    lycee_est_ouvert = False
    if heure >= 8:
        if heure < 18:
            lycee_est_ouvert = True
    return lycee_est_ouvert

exemple = en_cours(17)
```

1. Associez à chaque élément syntaxique son rôle dans le script.

en_cours •	• paramètre formel
heure •	• mot clé
int •	• type du paramètre
bool •	• nom de la fonction
if •	• variable locale
True •	• type de retour de la fonction
17 •	• paramètre réel
return •	• opérateur
lycee_est_ouvert •	• test

2. Quelle valeur aura la variable exemple à l'issue du script ?

11 Lire des instructions conditionnelles

→ FICHE 11

On définit la fonction mystere suivante :

```
def mystere(n: int) -> str:
    if n % 3 == 0 or n % 5 == 0:
        if n % 3 == 0:
            resultat = "A"
        else:
            resultat = "B"
    else:
        if n % 5 == 0:
            resultat = "C"
        else:
            resultat = "D"
    return resultat
```

RAPPEL

n % a vaut le reste de la division entière de n par a. En conséquence, n % a est nul si et seulement si n est un multiple de a.

1. Quelle est la valeur de mystere(2) ?

☐ a. "A" ☐ b. "B" ☐ c. "C" ☐ d. "D"

2. Quelle est la valeur de mystere(6) ?

☐ a. "A" ☐ b. "B" ☐ c. "C" ☐ d. "D"

3. Quelle est la valeur de mystere(15) ?

☐ a. "A" ☐ b. "B" ☐ c. "C" ☐ d. "D"

4. Quelle est la valeur de mystere(10) ?

☐ a. "A" ☐ b. "B" ☐ c. "C" ☐ d. "D"

5. Quelle est la valeur de mystere(5) ?

☐ a. "A" ☐ b. "B" ☐ c. "C" ☐ d. "D"

12 Programmer son chauffage électrique

→ FICHES 10 et 11

C'est le week-end et Robert a programmé ses radiateurs de la façon suivante :
- ils sont en mode « Confort » de 9 h à 22 h ;
- le reste du temps, ils sont en mode « Eco ».

1. Quel est le mode utilisé à 8 h ? à 17 h ?
On donne le code incomplet d'une fonction qui détermine le mode à utiliser en fonction de l'heure.

```
1  def mode_weekend(heure: float) -> str:
2      """
3      paramètre : 'heure' est un nombre à virgule
4      résultat : le mode des radiateurs quand Robert ne
5                 travaille pas
6      précondition : ?????
7      """
8      assert (heure >= 0 and heure < 24)
9      if heure < 9:
10         mode = "Eco"
11     elif heure < 22:
12         mode = "Confort"
13     else:
14         mode = ???
15     return mode
16
17 assert mode(3) == "Eco"
18 assert mode(7.5) == ???
```

2. Compléter la ligne précondition dans la documentation.

3. Compléter les tests.

4. Dans quel cas passe-t-on par la ligne 14 ?

5. Compléter la ligne 14.

6. En semaine, Robert veut faire des économies d'énergie. Il programme donc ses radiateurs de la façon suivante :
- en semaine (du lundi au vendredi) ils sont en mode « Confort » de 6 h à 9 h et de 17 h à 22 h ; le reste du temps, ils sont en mode « Eco » ;
- le week-end (le samedi et le dimanche) ils sont en mode « Confort » de 9 h à 22 h ; le reste du temps, ils sont en mode « Eco ».

Écrire une fonction `mode_semaine()` qui prend en paramètre une heure et qui renvoie le mode des radiateurs quand Robert travaille (du lundi au vendredi).

7. On donne le code incomplet de la fonction `mode()`. Remplacer tous les ??? par du code correct.

```
def mode(jour: str, heure: float) -> str:
    """
    paramètres :
    - 'jour' est une chaîne de caractère indiquant le jour de
      la semaine
```

```
    - 'heure' est un nombre flottant
      résultat : le MODE des radiateurs de Robert au 'jour'
      et à l''heure' donnés
      préconditions :
    - 'jour' doit être égal à 'lundi' ou 'mardi' ou 'mercredi'
      ou 'jeudi' ou 'vendredi' ou 'samedi' ou 'dimanche'
    - 'heure' doit ?????
    """
    ???
    assert (heure >= 0 and heure < 24)
    if jour == 'samedi' or jour == 'dimanche':
        mode = ???
    else:
        mode = ???
    return mode

assert mode(???) == "Eco"
assert mode(???) == "Confort"
```

13 Identifier les différentes parties d'une fonction (1) → FICHES 10 et 11

On définit le script ci-dessous :

```
def test(x: int, y: int) -> int:
    somme = 0
    for i in range(y):
        somme = somme + x
    return somme

z = test(5, 4)
```

1. Quel est le nom de la fonction ?
2. Quels sont les paramètres formels de la fonction ?
3. Quels sont les paramètres réels ?
4. Quelles sont les variables locales à la fonction ?
5. Quelle sera la valeur de z après l'exécution de ce script ?

14 Identifier les différentes parties d'une fonction (2) → FICHES 10 et 12

On définit le script ci-dessous :

```
def fonction(mot: str, lettre: int) -> int:
    compteur = 0
    for caractere in mot:
        if caractere == lettre:
            compteur = compteur + 1
    return compteur

n = fonction('Trololo', 'o')
```

1. Quel est le nom de la fonction ?

2. Quels sont les paramètres formels de la fonction ?

3. Quels sont les paramètres réels ?

4. Quelles sont les variables locales à la fonction ?

5. Quelle sera la valeur de `n` après l'exécution de ce script ?

15 Comprendre une boucle non bornée

→ FICHES 10 et 13

On donne la fonction suivante.

```
def mystere(nombre: int) -> int:
    while nombre > 5:
        nombre = nombre - 5
    return nombre
```

Parmi les affirmations suivantes, lesquelles sont vraies ?

☐ **a.** on sort de la boucle `while` dès que `nombre > 5`.

☐ **b.** on sort de la boucle `while` dès que `nombre < 5`.

☐ **c.** on sort de la boucle `while` dès que `nombre <= 5`.

☐ **d.** on continue la boucle `while` tant que `nombre > 5`.

☐ **e.** on continue la boucle `while` tant que `nombre < 5`.

☐ **f.** on continue la boucle `while` tant que `nombre <= 5`.

16 Donner une approximation de e

→ FICHES 9, 10 et 12

La suite numérique de terme général $\frac{1}{0!} + \frac{1}{1!} + \frac{1}{2!} + \cdots + \frac{1}{n!}$ converge vers le nombre e (e ≈ 2,718) lorsque n tend vers l'infini.

Écrire une fonction qui prend n en paramètre et renvoie l'approximation en question.

Veiller à minimiser le nombre de calculs.

17 Tester la conjecture de Syracuse

→ FICHES 9 à 13

La suite de Syracuse est définie ainsi :

$$u_{n+1} = \begin{cases} \frac{u_n}{2} \text{ si } u_n \text{ est pair} \\ 3u_n + 1 \text{ sinon} \end{cases}$$

Il a été conjecturé au milieu du XXe siècle que, quelle que soit la valeur de u_0, il existe n tel que $u_n = 1$. La suite prend alors alternativement les valeurs 1, 4, 2, 1, 4, 2…

1. Écrire une fonction qui prend en paramètre la valeur de u_n et renvoie celle de u_{n+1} → FICHE 11.

2. La longueur d'un vol est le plus petit n tel que $u_n = 1$. Par exemple, si $u_0 = 16$, la suite est : $u_1 = 8$, $u_2 = 4$, $u_3 = 2$ et $u_4 = 1$. La longueur du vol 16 est donc 4.

Écrire une fonction qui prend en paramètre u_0 est renvoie la longueur du vol correspondant → FICHE 13.

3. Proposer une fonction permettant de vérifier si la conjecture de Syracuse est vraie pour tout u_0 compris entre 1 et n, donné en paramètre → FICHE 12.

4. Écrire une fonction qui prend en paramètre un nombre n, recherche le vol le plus long pour tous les u_0 compris entre 1 et n, et renvoie la valeur de u_0 trouvée ainsi que la longueur du vol en question.

18 Aider Robert à construire un château de cartes → FICHES 12 et 13

Robert s'ennuie... Pour passer le temps, il décide de construire des châteaux de cartes.

Il lui faut 15 cartes pour construire un château de 3 étages.

Il lui faut 26 cartes pour construire un château de 4 étages.

Il lui faut 0 carte pour construire un château de 0 étage.

Château de cartes

1. Combien de cartes lui faut-il pour construire un château de 1 étage ? de 2 étages ? de 6 étages ?

Voici la spécification et l'algorithme d'une fonction qui permet de calculer le nombre de cartes nécessaires à la construction d'un château de n étages :

```
Fonction : nombre_de_cartes
Paramètre : n entier positif
Résultat : le nombre de cartes nécessaires à la construction
           d'un chateau de 'n' étages
Début
    somme prend la valeur 0
    pour etage allant de 1 à n :
        somme prend la valeur somme + etage * 3 - 1
    renvoyer somme
Fin de la fonction
```

2. Quel est le type de la valeur de retour de cette fonction ?

3. Proposer au moins deux tests pour valider cette fonction.

4. Écrire le code de cette fonction en Python.

5. Robert se demande quel château il va pouvoir construire avec les cartes à sa disposition.

S'il dispose de 23 cartes, il pourra construire un château de 3 étages au maximum : il a assez de cartes pour construire un château de 3 étages, mais pas assez pour un château de 4 étages.

S'il dispose de 10 cartes, il pourra construire un château de 2 étages au maximum.

Quel est le nombre d'étages du plus haut château que Robert pourra construire s'il dispose de 52 cartes ?

6. On veut écrire une fonction qui prendra en paramètre le nombre maximum de cartes que Robert veut utiliser, et qui déterminera le nombre d'étages du plus haut château qu'il peut construire.

Donner la spécification de cette fonction (nom, paramètre, résultat).

7. Proposer au moins deux tests pour valider cette fonction

8. Donner le code de cette fonction en Python.

19 Calculer un capital

→ FICHES 12 et 13

Hugo souhaite placer une certaine somme d'argent sur un compte rémunéré. Le capital ainsi placé augmente chaque année de 5 % (c'est-à-dire qu'il est multiplié par 1,05).

On veut écrire une fonction qui donne le capital disponible sur ce compte au bout de la *n*-ième année.

Voici l'algorithme qu'on se propose d'utiliser :

```
Fonction : calcul_capital
Paramètres :
    - 'capital_depart' un nombre positif (float)
    - 'n' un nombre entier positif
Résultat : le capital disponible sur ce compte au bout de la
           n-ième année (float)
Exemple : Avec un capital de départ de 120 €, le capital dis-
ponible au bout de 8 ans sera d'environ 177,29 € (à 1 centime
près)
Début
    capital prend la valeur capital_de_depart
    répeter n fois
        capital prend la valeur capital * 1.05
    renvoyer capital
Fin
```

1. Donner la traduction de cet algorithme en Python.

2. On veut savoir au bout de combien d'années le capital disponible aura dépassé 500 €. Écrire une fonction qui permet de répondre à cette question.

```
Fonction : depasse_500
Paramètre : 'capital_depart' un nombre positif (float)
Résultat : le nombre d'années nécessaires pour que le capital
           disponible dépasse 500 € (int)
Exemple : Avec un capital de départ de 120 €, il faut 30 ans
          pour que le capital disponible dépasse 500 €
```

OBJECTIF BAC

20 Lancer des invitations sur Faceboucle

50 min

Ce sujet, adapté d'un sujet du Rallye mathématique du Centre, vous permettra de vérifier vos connaissances sur les bases de la programmation fonctionnelle et en particulier sur les boucles.

LE SUJET

Le 1er mai 2019, un groupe d'amis du réseau social *Faceboucle* organise un grand pique-nique sur les bords de l'Eure le 8 mai à Goindreville. Ils décident que chacun d'entre eux doit convaincre, le lendemain, trois amis d'y participer avec ce message : « Viens avec ta glacière sur les rivages de l'Eure le 8 mai à midi à Goindreville. Tu dois toi-même convaincre demain trois de tes amis (non déjà invités !) à nous rejoindre en leur transférant ce message. »
Chaque ami remplit parfaitement sa mission, les dernières invitations étant envoyées (et reçues) le 8 mai au matin.

Partie 1

Le 8 mai à midi, tout le monde est présent.

1. a. On suppose que 5 amis étaient à l'origine de cet événement *Faceboucle*. Vérifier que dans ce cas, il y a 16 400 glacières le long de la rivière.
b. Combien y aurait-il de glacières le long de la rivière si seulement 3 amis étaient à l'origine de cet événement *Faceboucle* ?

2. On veut écrire une fonction `nombre_glacieres(nombre_amis)` qui calcule le nombre de glacières le long de la rivière à partir du nombre d'amis à l'origine de l'événement.
Proposer un test pour cette fonction.
Préciser les spécifications de cette fonction.
On donne le code mélangé de cette fonction. À vous de le remettre dans l'ordre.

```
        nombre = nombre + nombre_invitations
    nombre = nombre_amis
def nombre_glacieres(nombre_amis):
        nombre_invitations = nombre_invitations * 3
    for jour in range(7):
    return nombre
    nombre_invitations = nombre_amis
```

Partie 2

Devant le succès de l'événement, les amis se demandent combien d'invités se seraient déplacés s'ils avaient organisé l'événement un autre jour que le 8 mai. On veut écrire une fonction `nombre_glacieres(nombre_amis, nombre_jours)` qui calcule le nombre de glacières le long de la rivière à partir du nombre d'amis à l'origine de l'événement et du nombre de jours qui sépare le 1er mai et la date du pique-nique. Par exemple :

```
>>> nombre_glacieres(5,7)
16400
```

1. Quelle est l'instruction qui permet de connaître le nombre total d'invités si 15 amis sont à l'origine de l'événement et si la date du pique-nique est le 17 mai ? (On ne demande pas la valeur de ce total.)

2. Écrire le code de la fonction `nombre_glacieres`.

Partie 3

Devant le succès phénoménal de l'événement, les amis se demandent à quelle date il aurait fallu organiser le pique-nique pour que le nombre total d'invités dépasse un milliard.
Écrire une fonction `nombre_jours(nombre_amis)` qui détermine le nombre de jours nécessaires pour que le nombre total d'invités dépasse un milliard. (`nombre_amis` est le nombre d'amis à l'origine de l'événement.)

LA FEUILLE DE ROUTE

Partie 1

1. Comprendre et tester le sujet
Inutile d'écrire du code ici. Il s'agit de s'assurer que vous avez bien compris le sujet.
a. Supposez que 5 amis sont à l'origine de l'événement le 1er mai. Si à midi le 8 mai vous ne trouvez pas 16 400, c'est que votre raisonnement ou vos calculs sont à corriger.
b. Répondez à cette question en adaptant les calculs de la question précédente.

2. Écrire le code d'une fonction → FICHES 10 et 12
Vous pouvez proposer comme test une instruction qui commence par `assert`.
Les spécifications doivent comporter au moins :
- la description du/des paramètre(s) ;
- la description du résultat.

Le code est donné. L'indentation devrait vous aider à remettre les lignes dans l'ordre.

Partie 2

1. Écrire un appel à une fonction → FICHE 10
Quelle fonction doit-on utiliser ? Avec quelles valeurs pour les paramètres ?

2. Écrire le code d'une fonction → FICHES 10 et 12
Vous pouvez vous inspirer du code de la fonction de la première partie.
N'oubliez pas de préciser les spécifications et de proposer au moins un test pour cette fonction.

Partie 3 → FICHES 10 et 13

Avant de vous lancer dans l'écrire d'une telle fonction, réfléchissez au type de boucle à utiliser.

CORRIGÉS

SE TESTER QUIZ

1 Repères historiques

1. **Réponse b.** L'écriture des nombres remonte environ à 3 000 ans avant J.-C.

2. **Réponse b.** Les premières machines à calculer, au XVIIe siècle, utilisaient des mécanismes de roues dentées issues de l'horlogerie. Le transistor a été inventé en 1947.

2 Évaluer une expression

1. **Réponse e.** En effet, on effectue des additions et des multiplications sur des opérandes entières.

2. **Réponse a.** Python ne peut pas ajouter la chaîne de caractères `'toto'` au nombre 40.

3. **Réponse b.** L'expression est un test d'égalité entre deux expressions entières.

3 Vocabulaire sur les fonctions

1. **Réponse a.** `reste_division` est le nom de la fonction.

2. **Réponse d.** `reste` est une variable locale.

3. **Réponse c.** `diviseur` est un paramètre formel.

4. **Réponse b.** `int` est un mot clé utilisé ici comme annotation de type.

4 Instructions conditionnelles

1. **Réponse a.** Le premier test est vrai, et `resultat` vaut `"A"`.

2. **Réponse c.** Le paramètre ne vaut ni 7, ni 5, `resultat` vaut donc `"C"`.

3. **Réponse b.** Le paramètre ne vaut pas 7. Le second test est vrai et `resultat` vaut `"B"`.

5 Répétitions

1. **Réponse b.** Seules b. et d. sont des structures de contrôle. L'instruction conditionnelle permet choisir l'exécution de certaines instructions plutôt que d'autres. La boucle permet de répéter l'exécution de certaines instructions.

2. **Réponse a.** `range(a, b)` permet d'aller de *a* à *b*, *b* non inclus. `range(3)` est équivalent à `range(0,3)` et permet donc d'aller de 0 à 3, 3 non inclus.

S'ENTRAÎNER

6 Effectuer des opérations élémentaires

Expression	Type de l'expression	Valeur	Opération effectuée
`5 + 6`	int	`11`	addition entre deux entiers
`5 + 3.0`	float	`8.0`	addition entre un entier et un flottant
`15.0 / 3`	float	`5.0`	division entre un flottant et un entier
`15 + '3'`			impossible d'additionner un entier et une chaîne de caractère
`'15' + '3.0'`	str	`'153.0'`	concaténation entre deux chaînes de caractères
`True or False`	bool	`True`	« or » entre deux booléens
`17 % 6`	int	`5`	reste de la division euclidienne de 17 par 6
`8 > 3`	bool	`True`	comparaison de deux nombres
`8 == 3`	bool	`False`	test d'égalité entre deux nombres
`a = 3`			ce n'est pas une expression mais une affectation

7 Reconnaître différents types de variables

Expression	type	valeur
`2 + 5 * 3.0`	float	`17.0`
`(2 > 3) and (5 == 5)`	bool	`False`
`'Python' + 'c'est ' + 'chouette !'`	erreur (à cause de l'apostrophe)	
`'2' + '5 * 3.0'`	str	`'25 * 3.0'`

8 Évaluer une expression

a. Type : `float` ; valeur : `25.0`. La multiplication d'un entier et d'un flottant donne un flottant. L'addition d'un entier et d'un flottant donne un flottant.

b. Type : `bool` ; valeur : `False`. Le résultat d'une comparaison est un booléen. De plus, `10 + 10` est différent de `3 * (3 + 2)`.

c. Type : `str` ; valeur : `'103'`. Avec des chaînes, l'opérateur + représente la concaténation.

9 Comprendre les affectations

Variable	Valeur à la fin du script 1
x	3
y	3

Variable	Valeur à la fin du script 2
x	5
y	5
z	5

Script 3 complété :

```
x = 3
y = 5
z = x
x = y
y = z
```

À la fin du script 3, `z` vaut `3`.

10 Connaître le vocabulaire sur les fonctions

1. `en_cours` est le nom de la fonction.
`heure` est un paramètre formel.
`int` est le type du paramètre.
`bool` est le type de retour de la fonction.
`if` est un mot clé.
`True` est un mot clé.
`17` est un paramètre réel.
`return` est un mot clé.
`lycee_est_ouvert` est une variable locale.
2. À l'issue du script, `exemple` vaut `True`.

11 Lire les instructions conditionnelles

1. **Réponse d.** Le premier test est faux (`n % 3 == 0 or n % 5 == 0`) car 2 n'est ni un multiple de 3, ni un multiple de 5. Le deuxième test (`n % 5 == 0`) est faux donc la réponse est `"D"`.

2. **Réponse a.** Le premier test est vrai (`n % 3 == 0 or n % 5 == 0`) car 6 est un multiple de 3. Le deuxième test (`n % 3 == 0`) est vrai donc la réponse est `"A"`.

3. **Réponse a.** Comme pour la question précédente, 15 est un multiple de 3 donc la réponse est `"A"`.

4. **Réponse b.** Le premier test est vrai (10 est un multiple de 5) mais le deuxième test (`n % 3 == 0`) est faux donc la réponse est `"B"`.

5. **Réponse b.** Comme pour la question précédente, 5 est un multiple de 5 mais n'est pas un multiple de 3, donc la réponse est `"B"`.
Remarque : cette fonction ne peut jamais renvoyer `"C"`.

12 Programmer son chauffage électrique

1. À 8 h les radiateurs sont en mode « Eco » et à 17 h en mode « Confort ».

2. La ligne précondition dans la documentation :

```
précondition : 'heure' est un nombre compris entre 0 et 24.
```

3. Les tests :

```
assert mode(3) == "Eco"
assert mode(7.5) == "Eco"
```

4. On passe par la ligne 14 si (et seulement si) :

```
heure >= 22 et heure <24
```

5. Ligne 14 complétée :

```
mode = "Eco"
```

6. Code de la fonction mode_semaine() :

```
def mode_semaine(heure: float) -> str:
    """
    paramètre : 'heure' est un nombre flottant
    résultat : le mode des radiateurs quand Robert travaille
    précondition : 'heure' doit être compris entre 0 et 24
    """
    assert (heure >= 0 and heure < 24)
    if heure < 6:
        mode = "Eco"
    elif heure < 9:
        mode = "Confort"
    elif heure < 17:
        mode = "Eco"
    elif heure < 22:
        mode = "Confort"
    else:
        mode = "Eco"
    return mode

assert mode(7) == "Confort"
assert mode(12) == "Eco"
```

7. Code complet de la fonction mode() :

```
def mode(jour: str, heure: float) -> str:
    """
    paramètres :
    - 'jour' est une chaine de caractère indiquant le jour de
      la semaine
    - 'heure' est un nombre flottant
    résultat : le MODE des radiateurs de Robert au 'jour' et
               à l''heure' donnés
    préconditions :
```

```python
    - 'jour' doit être égal à 'lundi' ou 'mardi' ou 'mercredi'
      ou 'jeudi' ou 'vendredi' ou 'samedi' ou 'dimanche'
    - 'heure' doit être compris entre 0 et 24
    """
    assert jour == 'lundi' or jour == 'mardi' or jour ==
    'mercredi' or jour == 'jeudi' or jour == 'vendredi'
    or jour == 'samedi' or jour == 'dimanche'
    assert (heure >= 0 and heure < 24)
    if jour == 'samedi' or jour == 'dimanche':
        mode = mode_weekend(heure)
    else:
        mode = mode_semaine(heure)
    return mode

assert mode('samedi', 7) == "Eco"
assert mode('mardi', 7) == "Confort"
```

13 Identifier les différentes parties d'une fonction (1)

1. Le nom de la fonction est `test`. Il est indiqué juste après le mot clé `def`.

2. Les deux paramètres formels de la fonction sont `x` et `y`. Ils sont mentionnés dans la parenthèse après le nom de la fonction, dans sa définition.

3. Les paramètres réels sont 5 et 4. Ils sont dans les parenthèses lors de l'appel à la fonction.

4. Les variables locales à la fonction sont : `somme` et `i`.

5. Après l'exécution de ce script, `z` vaut 20 : la valeur 5 est ajoutée 4 fois à `somme`.

14 Identifier les différentes parties d'une fonction (2)

1. Le nom de la fonction est `fonction`. Il est indiqué juste après le mot clé `def`.

2. Deux paramètres formels : `mot` et `lettre`. Ils sont mentionnés dans la parenthèse après le nom de la fonction, dans sa définition.

3. Les paramètres réels sont `'Trololo'` et `'o'`. Ils sont dans les parenthèses lors de l'appel à la fonction.

4. Les variables locales à la fonction sont `compteur` et `caractere`.

5. Après l'exécution de ce script, `n` vaut 3 car la fonction compte le nombre d'apparition de `lettre` (ici `'o'`) dans `mot` (ici `'Trololo'`).

15 Comprendre une boucle non bornée

a. **Faux.**
b. **Faux.**
c. **Vrai.** On sort de la boucle `while` dès que le test `nombre > 5` est faux, soit dès que `nombre <= 5` est vrai.
d. **Vrai.** On continue la boucle `while` tant que `nombre > 5`.
e. **Faux.**
f. **Faux.**

16 Donner une approximation de e

```
def nombre_e(n):
    s = 1
    f = 1
    for i in range(1, n + 1):
        f = f * i
        s = s + 1 / f
    return s
```

Remarque : plutôt que de recalculer la factorielle complète à chaque tour de boucle, on utilise le résultat (stocké dans `f`) obtenu lors du tour précédent.

```
>>> nombre_e(5)
2.7166666666666663
```

```
>>> nombre_e(10)
2.7182818011463845
```

```
>>> nombre_e(20)
2.7182818284590455
```

17 Tester la conjecture de Syracuse

1. Calcul de u_{n+1} en fonction de u_n :

```
def suivant(u):
    """
    Renvoie le terme situé après u dans la suite de Syracuse
    """
    if u % 2 == 0:
        v = u // 2
    else:
        v = 3 * u + 1
    return v
>>> suivant(18)
9
>>> suivant(9)
28
```

2. Calcul de la longueur du vol :

```
def vol(u0):
    """
    Renvoie la longueur du vol qui démarre sur u0,
    c'est-à-dire le nombre d'étapes avant d'atteindre 1
    """
    u = u0
    n = 0
    while u != 1:
        u = suivant(u)
        n = n + 1
    return n
>>> vol(3)
7
```

3. Vérification de la conjecture de Syracuse jusqu'à *n* :

```
def conjecture(n):
    for u0 in range(1, n + 1):
        lg = vol(u0)
    return True
>>> conjecture(10**4)
True
```

Remarque : si la conjecture est fausse, le programme précédent ne se termine jamais. Si on disposait d'un moyen pour prouver l'arrêt d'un programme quelconque, alors on disposerait aussi d'une preuve de la conjecture de Syracuse.

4. Déterminer le vol le plus long :

```
def vol_max(n):
    """
    Renvoie la valeur de u0 <= n qui correspond au
    vol de longueur maximum ainsi que la longueur de ce vol
    """
    maxi = 0
    imaxi = 0
    for u0 in range(1, n + 1):
        lg = vol(u0)
        if lg > maxi:
            maxi = lg
            imaxi = u0
    return (imaxi, maxi)
>>> vol_max(10 ** 4)
(6171, 261)
```

18 Aider Robert à construire un château de cartes

1. Il faut 2 cartes pour construire un château de 1 étage, 7 cartes pour un château de 2 étages et 57 cartes pour un château de 6 étages.

2. Le type de la valeur de retour de cette fonction est `int` (un nombre de cartes est un nombre entier).

3. Deux tests pour valider la fonction :

```
assert nombre_de_cartes(1) == 2
assert nombre_de_cartes(4) == 26
```

4. Fonction nombre_de_cartes en Python :

```
def nombre_de_cartes(n: int) -> int:
    """
    Renvoie le nombre de cartes nécessaires à la construction
    d'un chateau de 'n' étages
    """
    assert n >= 0
    somme = 0
    for etage in range(1, n + 1):
        somme = somme + etage * 3 - 1
```

```
    return somme
>>> nombre_de_cartes(5)
40
>>> nombre_de_cartes(6)
57
```

5. Avec 52 cartes, le château construit aura **5 étages** au maximum.

6. Spécifications de la fonction déterminant le château le plus haut :

```
def chateau_plus_haut(nombre: int) -> int:
    """
    Renvoie le nombre d'étages du plus haut château qu'on
    peut construire avec 'nombre' cartes
    Paramètre : 'nombre' est un entier positif
    """
    pass
```

7. Deux tests pour valider la fonction :

```
assert chateau_plus_haut(23) == 3
assert chateau_plus_haut(10) == 2
```

8. Fonction chateau_plus_haut en Python :

```
def chateau_plus_haut(nombre):
    assert nombre >= 0
    etage = 0
    while nombre_de_cartes(etage + 1) <= nombre:
        etage = etage + 1
    return etage
```

19 Calculer un capital

1. Fonction `calcul_capital` en Python :

```
def calcul_capital(capital_depart: float, n: int) -> float:
    """
    Paramètres :
    - 'capital_depart' un nombre positif (float)
    - 'n' un nombre entier positif
    Résultat : le capital disponible sur ce compte au bout de
               la n-ième année
    """
    assert n >= 0
    assert capital_depart >= 0
    capital = capital_depart
    for i in range(n):
        capital = capital * 1.05
    return capital

assert abs(calcul_capital(120, 8) - 177.29) < 0.01
```

2. Fonction calculant le nombre d'années pour dépasser 500 € :

```
def depasse_500(capital_de_depart) -> int:
    """
    paramètre : 'capital_de_depart' un nombre positif
                (float)
    Résultat : le nombre d'années nécessaires pour que
               le capital disponible dépasse 500 €
    """
    assert capital_de_depart >= 0
    capital = capital_de_depart
    annee = 0
    while capital < 500:
        capital = capital * 1.05
        annee = annee + 1
    return annee
assert depasse_500(120) == 30
```

OBJECTIF BAC

20 Lancer des invitations sur Faceboucle

Partie 1

1. On suppose que 5 amis sont à l'origine de l'événement le 1er mai.
Le lendemain (2 mai), ils invitent au total $3 \times 5 = 15$ amis.
Le 3 mai, il y a $15 \times 3 = 45$ nouveaux invités, puis $45 \times 3 = 135$ de plus le 4 mai et ainsi de suite jusqu'au 8 mai.
Au midi du 8 mai, il y aura donc :
$5 + 15 + 45 + 135 + 405 + 1\,215 + 3\,645 + 10\,935 = 16\,400$ invités au total.
Avec seulement 3 amis à l'origine de l'événement il y aurait 9 840 invités au total le 8 mai.
En effet, le calcul devient : $3 + 9 + 27 + 81 + 243 + 729 + 2\,187 + 6\,561 = 9\,840$.

2. Code de la fonction nombre_glacieres :

■ Test

```
assert nombre_glacieres(5) == 16400
```

■ Spécification

```
def nombre_glacieres(nombre_amis):
    """
    Cette fonction calcule le nombre d'invités à un événement
    si chaque jour, chaque invité en invite trois de plus.
    Paramètre: 'nombre_amis' est un nombre entier positif qui
    représente le nombre d'amis à l'origine de l'événement
    Résultat: le nombre d'invités 7 jours plus tard
    """
```

■ Code

```
def nombre_glacieres(nombre_amis):
    nombre = nombre_amis
    nombre_invitations = nombre_amis
    for jour in range(7):
        nombre_invitations = nombre_invitations * 3
        nombre = nombre + nombre_invitations
    return nombre
```

Partie 2

1. Du 1er mai au 17 mai, il y a 16 jours d'invitations donc :

```
>>> nombre_glacieres(15, 16)
```

2. Code de la fonction `nombre_glacieres` :

```
def nombre_glacieres(nombre_amis, nombre_jours):
    """
    Cette fonction calcule le nombre d'invités à
    un événement si chaque jour, chaque invité en
    invite trois de plus.
    Paramètre: 'nombre_amis' est un nombre entier positif qui
    représente le nombre d'amis à l'origine de l'événement.
    Résultat: le nombre d'invités 'nombre_jours' jours plus tard
    """
    nombre = nombre_amis
    nombre_invitations = nombre_amis
    for jour in range(nombre_jours):
        nombre_invitations = nombre_invitations * 3
        nombre = nombre + nombre_invitations
    return nombre

assert nombre_glacieres(5, 7) == 16400
assert nombre_glacieres(3, 2) == 39
```

Partie 3

Fonction calculant le nombre de jours pour atteindre un milliard de participants :

```
def nombre_jours(nombre_amis):
    jour = 0
    nombre_invitations = nombre_amis
    nombre = nombre_amis
    while nombre < 1000000000:
        nombre_invitations = nombre_invitations * 3
        nombre = nombre + nombre_invitations
        jour = jour + 1
    return jour
```

Il est également possible d'utiliser la fonction suivante, mais elle est beaucoup moins efficace parce qu'elle recommence tous les calculs à partir du début à chaque tour de boucle.

```
def nombre_jours(nombre_amis):
    jour = 0
    while nombre_glacieres(nombre_amis, jour) < 1000000000:
        jour = jour + 1
    return jour
```

Représentation des données, types construits

Les types *conteneurs*, comme les listes, les tuples et les dictionnaires, permettent de stocker des objets et proposent des méthodes d'accès, de modification et d'itération sur les objets stockés.

14 Tuples, listes et itérations

En bref *En Python, une séquence est une collection ordonnée d'objets qui permet d'accéder à ses éléments par leur numéro de position dans la séquence. Les listes et les tuples sont des séquences.*

I Points communs aux listes et tuples

1 Créer une liste ou un tuple

- **N'importe quel type d'objet** peut être stocké dans une liste ou un tuple.
- Listes et tuples peuvent être construits en extension ou en compréhension → FICHE 16.

Exemples :

• Liste en extension de quatre entiers :

```
lst = [3, 7, 2, 6]
```

• Tuple en extension de six objets de types différents :

```
t = (3, 7, 1.5, "OK", "Python", 1, 42)
```

• Création d'une liste vide :

```
lst2 = []
```

À NOTER
Techniquement, on peut stocker des objets de types différents dans une même liste, mais ce n'est souvent pas une bonne pratique.

2 Accéder aux éléments d'une séquence

- On indique l'indice de l'élément, **le premier ayant pour indice 0**.

Un indice négatif permet de désigner l'élément en partant de la fin (-1 pour le dernier, -2 pour l'avant dernier...).

- Le **nombre d'éléments** d'une liste ou d'un tuple est obtenu par la fonction `len`.
- On peut désigner une **tranche** (*slice* en anglais) de liste ou tuple en donnant le numéro du premier élément et le numéro du dernier, qui ne sera pas inclus.

En plus des indices de départ et d'arrivée, on peut indiquer un pas.

```
>>> lst[2]
2

>>> t[-1]
42

>>> len(lst)
4

>>> lst[1:3]
[7, 2]

>>> t[1:6:2]
(7, "OK", 1)
```

3 Parcourir une séquence

■ Une liste ou un tuple est itérable : on peut le parcourir avec une boucle for.

```
for elt in lst: # elt vaut tour à tour chaque élément de lst
    print(elt, end=' ')
```

L'affichage est :

```
3 7 2 6
```

■ Il est aussi très courant d'utiliser une boucle en faisant varier l'indice i des éléments :

```
for i in range(len(lst)):
    print(lst[i], end=' ')
```

L'affichage est :

```
3 7 2 6
```

II Différences entre listes et tuples

■ Un tuple est un objet non mutable : on ne peut pas réaffecter ses éléments, ou en ajouter.

Une liste est un objet mutable.

Exemples :

- Ajout d'un élément en fin de liste :

```
>>> lst.append(42)
>>> lst
[3, 7, 2, 6, 42]
```

- Modification de l'élément d'indice 1 :

```
>>> lst[1] = 9
>>> lst
[3, 9, 2, 6, 42]
```

■ Bien qu'il soit possible de déroger à cette règle, une liste contient de préférences des données de même type, dont le nombre peut varier.

Au contraire, un tuple peut servir à représenter des données définies par un nombre fixe de champs, mais éventuellement de natures différentes.

III Listes, tuples et fonctions

■ Tout type de valeur peut être passé en paramètre à une fonction, y compris un tuple ou une liste.

■ Notons que dans une fonction, il est courant d'écrire `return a, b` pour « renvoyer plusieurs valeurs ». En réalité, l'écriture `a, b` est équivalente à `(a, b)` et construit un tuple. Et c'est cet unique tuple qui est renvoyé.

15 Dictionnaires

En bref *Les dictionnaires Python (appelés aussi tableaux associatifs ou tables de hachage) permettent d'associer des valeurs à des clés. À partir d'une clé, on peut alors accéder directement à la valeur qui lui est associée.*

I Caractéristiques

- Les dictionnaires sont des **conteneurs** (comme les listes et les tuples).
- Les dictionnaires sont **mutables** : on peut ajouter, supprimer ou modifier leur contenu.
- Les dictionnaires ne sont **pas des séquences** : on ne peut pas accéder à leur contenu en donnant un indice.
- Dans un dictionnaire, les clés doivent être **récursivement non mutable**, et chaque clé est unique.

MOT CLÉ

Une clé **récursivement non mutable** est non mutable et ne contient que des éléments récursivement non mutables. Exemples de clés : une chaîne de caractères, un nombre, un tuple de nombres, un tuple de tuples de nombres. En revanche, une liste ou un tuple contenant une liste ne sont pas des clés valides.

- Les valeurs associées aux clés peuvent être quelconques.

II Création et accès à un dictionnaire

- Les dictionnaires sont particulièrement utiles pour stocker des **enregistrements**, c'est-à-dire des données contenant plusieurs champs nommés (dans ce cas, les clés sont souvent des chaînes de caractères). On **crée** un dictionnaire en indiquant les couples clé/valeur entre accolades.

Exemples :

• On peut utiliser un dictionnaire pour représenter des identités de (petites) personnes avec leur âge :

```
>>> perso = {"prenom": "Bilbo", "age": 111}
```

• Création d'un dictionnaire vide :

```
>>> dico_vide = {}
```

■ On accède à une valeur d'un dictionnaire en donnant la clé à laquelle elle est associée (la clé doit exister, sinon cela génère une erreur).

```
>>> perso["prenom"]
'Bilbo'
>>> perso["taille"]
KeyError "taille"
```

■ La fonction len donne le nombre de couples stockés :

```
>>> len(perso)
2
```

III Modification et parcours

■ On ajoute très simplement un couple clé/valeur :

```
>>> perso["taille"] = 112
>>> perso
{'prenom': 'Bilbo', 'age': 111, 'taille': 112}
```

■ On modifie de la même façon la valeur associée à une clé déjà présente :

```
>>> perso["age"] = 131
>>> perso
{'prenom': 'Bilbo', 'age': 131, 'taille': 112}
```

■ Comme les listes et les tuples, les dictionnaires sont itérables. On itère sur les clés, les valeurs ou les couples clé/valeur.

Depuis Python 3.7, l'ordre de parcours des dictionnaires suit l'ordre d'insertion.

• Itération sur les clés :

```
for cle in perso.keys():
    print(cle)
```

```
prenom
age
taille
```

• Itération sur les valeurs :

```
for val in perso.values():
    print(val)
```

```
Bilbo
131
112
```

• Itération sur les couples clé/valeur :

```
for (cle, val) in perso.items():
    print(cle, "->", val)
```

```
prenom -> Bilbo
age -> 131
taille -> 112
```

À NOTER

Par défaut, on itère sur les clés, ce code est donc équivalent au premier des trois :

```
for cle in perso:
    print(cle)
```

16 Structures imbriquées et compréhensions

En bref *Il est possible de combiner listes, tuples et dictionnaires. De plus, avec la syntaxe des compréhensions en Python, l'écriture des listes et des dictionnaires est rendue particulièrement compacte et élégante.*

I Les structures imbriquées

1 Construction des structures imbriquées

- On peut imbriquer des listes, des tuples et des dictionnaires. La seule règle est qu'une clé de dictionnaire doit être hachable, c'est-à-dire récursivement non mutable → FICHE 15.
- On peut donc construire des listes de listes, des listes de tuples, des listes de dictionnaires, des tuples de listes, des tuples de dictionnaires, des dictionnaires ayant des listes ou des tuples comme valeurs…

Exemple :

• Création d'une liste de 3 tuples (représentant des points du plan donnés par leur abscisse et leur ordonnée) :

```
>>> lst = [(4, 5), (-1, 0), (2.5, 1)]
>>> len(lst)
3
>>> lst[1]
(-1, 0)
```

• Chaque élément de la liste est un tuple :

```
>>> t = lst[1]
>>> type(t)
<class 'tuple'>
>>> t[0]
-1
```

• On peut accéder directement à l'abscisse ou l'ordonnée d'un point du plan. Valeur numéro 1 du tuple 2 de la liste :

```
>>> lst[2][1]
1
```

2 Parcours d'une structure imbriquée

- Le parcours d'une structure imbriquée nécessite plusieurs boucles.

Exemple : On définit une liste de dictionnaires.

```
persos = [{"prenom": "Bilbo", "nom": "Baggins", "age": 111},
          {"prenom": "Frodo", "nom": "Baggins", "age": 33},
          {"prenom": "Sam", "nom": "Gamgee", "age": 21}]
```

```
# Parcours de la liste
for p in persos:
    print("----------")
    # Parcours d'un dict
    for k, v in p.items():
        print(k, '->', v)
```

```
----------
prenom -> Bilbo
nom -> Baggins
age -> 111
----------
prenom -> Frodo
nom -> Baggins
age -> 33
----------
prenom -> Sam
nom -> Gamgee
age -> 21
```

II Les compréhensions

La notation en compréhension permet de créer une liste ou un dictionnaire sans en énumérer explicitement les éléments.

1 Listes en compréhension

■ Création d'une liste en compréhension.

Exemple : Liste des nombres entiers de 2 à 10 inclus.

```
>>> [i for i in range(2, 11)]
[2, 3, 4, 5, 6, 7, 8, 9, 10]
```

■ Application d'une fonction à chaque élément.

Exemple : Liste des carrés des nombres entiers de 2 à 10 inclus.

```
>>> [i ** 2 for i in range(2, 11)]
[4, 9, 16, 25, 36, 49, 64, 81, 100]
```

■ Filtrage des éléments en fonction d'une condition.

Exemple : Liste des carrés des nombres entiers de 2 à 50 inclus qui se terminent par le chiffre 9.

```
>>> [i ** 2 for i in range(2, 51) if (i ** 2) % 10 == 9]
[9, 49, 169, 289, 529, 729, 1089, 1369, 1849, 2209]
```

2 Dictionnaires en compréhension

■ Pour les dictionnaires, la syntaxe est équivalente. Il faut préciser la clé et la valeur pour chaque élément.

Exemple : Dictionnaire contenant pour les clés, les nombres entiers de 2 à 10 inclus, et pour les valeurs associées, le cube de la clé.

```
>>> {k: k ** 3 for k in range(2, 11)}
{2: 8, 3: 27, 4: 64, 5: 125, 6: 216, 7: 343, 8: 512, 9: 729,
10: 1000}
```

MÉMO VISUEL

Opérations sur les dictionnaires

Opération	Résultat
`s[k]`	Renvoie la valeur associée à la clé **k**
`x in s.values()`	Renvoie `True` si une valeur de **s** est égale à **x**, `False` sinon
`x not in s.values()`	Renvoie `True` si aucune valeur de **s** n'est égale à **x**, `False` sinon
`x in s.keys()`	Renvoie `True` si une clé de **s** est égale à **x**, `False` sinon
`s[k] = v`	Modifie la valeur **v** associée à la clé **k** ou l'ajoute si elle n'existe pas déjà
`s.get(k, v)`	Renvoie la valeur associée à la clé **k**. Si la clé **k** n'existe pas, renvoie la valeur **v**
`s.pop(k)`	Enlève du dictionnaire la clé **k** et renvoie la valeur associée

Opérations sur les tuples

Opération	Résultat
`x in s`	Renvoie `True` si un élément de **s** (une des clés de **s** pour un `dict`) est égal à **x**, `False` sinon
`x not in s`	Renvoie `True` si aucun élément de **s** (aucune des clés de **s** pour un `dict`) n'est égal à **x**, `False` sinon
`len(s)`	Renvoie le nombre d'éléments de **s**
`s == s1`	Renvoie `True` si **s** et **s1** sont de même type, ont la même longueur, et ont des éléments égaux 2 à 2

Caractéristiques des types

Type	Mutable	Itérable	Séquence
`int`	non	non	non
`float`	non	non	non
`bool`	non	non	non
`str`	non	oui	oui
`list`	oui	oui	oui
`tuple`	non	oui	oui
`dict`	oui	oui	non

Opération	Résultat
`s[i]`	Renvoie l'élément d'indice `i` de `s`, le premier élément a pour indice `0`
`s[i:j]`	Renvoie une partie de `s` de l'indice `i` à `j` non inclus
`s.index(x)`	Renvoie l'indice de la première apparition de `x` dans `s`
`s.count(x)`	Renvoie le nombre d'apparitions de `x` dans `s`
`s + t`	Renvoie une nouvelle séquence (liste ou tuple), concaténation de `s` et `t` (qui doit avoir le même type que `s`)

Opérations sur les listes

Opération	Résultat
`s.append(x)`	Ajoute l'élément `x` à la fin de la liste `s`
`s[i] = x`	Modifie la liste et affecte la valeur `x` à la case d'indice `i` (qui doit auparavant exister)
`s.insert(i, v)`	Insère l'élément `x` dans `s` de façon à ce qu'il ait l'indice `i` et décale les éléments suivants
`s.remove(x)`	Supprime de la liste le premier élément dont la valeur est égale à `x`
`s.pop(i)`	Enlève de la liste l'élément à la position `i` et renvoie sa valeur (si on ne donne pas `i`, c'est le dernier élément qui est supprimé et renvoyé)

SE TESTER QUIZ

Vérifiez que vous avez bien compris les points clés des **fiches 14 à 16**.

1 Tuples et listes

→ FICHE 14

1. Parmi les affirmations suivantes, lesquelles sont vraies ?

☐ **a.** Une liste peut contenir plusieurs éléments.
☐ **b.** On peut ajouter des éléments à un tuple.
☐ **c.** On peut modifier les éléments d'une liste.
☐ **d.** Un tuple peut contenir à la fois des nombres et des chaînes de caractères.

2. Si `liste` est la liste `[1, 3, 5]`, quelles sont les opérations valides ?

☐ **a.** `liste.append(4)`
☐ **b.** `liste[0]`
☐ **c.** `liste[0] = 4`
☐ **d.** `liste[4] = 7`
☐ **e.** `liste = [1, 3, 10, 7, 3]`

3. Si `triplet` est le tuple `(1, 3, 5)`, quelles sont les opérations valides ?

☐ **a.** `triplet.append(4)`
☐ **b.** `triplet[0]`
☐ **c.** `triplet[0] = 4`

2 Dictionnaires

→ FICHE 15

```
dico = {"a": True, "b": False, "c": False}
```

1. Quelle est la valeur de `dico[1]` ?

☐ **a.** `"a"`
☐ **b.** `True`
☐ **c.** `"b"`
☐ **d.** `False`
☐ **e.** Rien car l'expression n'est pas valide.

2. Quelle est la valeur de `dico["a"]` ?

☐ **a.** `True`
☐ **b.** `False`
☐ **c.** Rien car l'expression n'est pas valide.

3. Quelle instruction permet de modifier le dictionnaire de façon à ce que sa nouvelle valeur soit `{"a": True, "b": False, "c": False, "e": True}` ?

☐ **a.** `dico["e"] = True`
☐ **b.** `dico.append("e")`
☐ **c.** `dico.append("e", True)`
☐ **d.** Ce n'est pas possible car un dictionnaire n'est pas modifiable.

4. Quels sont les affichages possibles lors de l'exécution du code suivant ?

```
for cle in dico.keys():
    print(cle, end=" ")
```

☐ **a.** `a b c`
☐ **b.** `(a, True) (b, False) (c, False)`
☐ **c.** `True False False`

À NOTER
Par défaut, la fonction `print()` termine l'affichage par un retour à la ligne (le caractère `\n`). On peut modifier ce comportement en ajoutant `end = " "`, cela remplace le retour à la ligne par un espace.

5. Quels sont les affichages possibles lors de l'exécution du code suivant ?

```
for truc in dico.items():
    print(truc, end=" ")
```

☐ **a.** `a b c`
☐ **b.** `(a, True) (b, False) (c, False)`
☐ **c.** `True False False`

3 Compréhensions et structures imbriquées

→ FICHE 16

1. Si `liste` désigne la liste `[1, [2, 3], [4, 5], 6, 7]`, que vaut `len(liste)` ?

☐ **a.** 1
☐ **b.** 3
☐ **c.** 5
☐ **d.** 7

2. Que vaut `[2 * n for n in range(5)]` ?

☐ **a.** `[0, 2, 4, 6, 8]`
☐ **b.** `[0, 2, 4, 6, 8, 10]`
☐ **c.** `[0, 2, 4]`
☐ **d.** Autre chose

3. Supposons que `liste = [-5, 2, 3, -7, 42, 7]`.

Que vaut `[n for n in liste if n > 0]` ?

☐ **a.** `[-5, 2, 3, -7, 42, 7]`
☐ **b.** `[2, 3, 42, 7]`
☐ **c.** `[False, True, True, False, True, True]`
☐ **d.** Autre chose

S'ENTRAÎNER

4 Comprendre les tuples et les listes

→ FICHE 14

On donne le script Python suivant :

```
premiers = [2, 3, 5, 7]
couple = (7, 4)
i = 3
a = premiers[i]
```

1. Quelle est la valeur de `premiers[2]` ?

☐ **a.** 1

☐ **b.** 5

☐ **c.** 7

☐ **d.** Aucune car l'expression n'est pas valide.

2. Après l'exécution de `couple.append(1)`, quelle sera la valeur de `couple` ?

☐ **a.** `(7, 4, 4)`

☐ **b.** `(7, 4, 7)`

☐ **c.** `(7, 4, 1)`

☐ **d.** `(1, 7, 4)`

☐ **e.** La valeur de `couple` ne change pas car l'exécution provoque une exception.

3. Après l'instruction `premiers[3] = 11`, quelle sera la valeur de `premiers` ?

☐ **a.** `[2, 3, 5, 7, 11]`

☐ **b.** `[2, 3, 5, 11]`

☐ **c.** `[2, 11, 5, 7]`

☐ **d.** `[2, 3, 11, 7]`

☐ **e.** La valeur de `premiers` ne change pas car l'exécution provoque une exception.

5 Modéliser des Pokémons avec des dictionnaires et des tuples

→ FICHES 14 à 16

On modélise des informations (nom, taille et poids) sur des Pokémons de la façon suivante :

```
exemple_pokemons = {
    'Bulbizarre': (70, 7),
    'Herbizarre': (100, 13),
    'Abo': (200, 7),
    'Jungko': (170, 52)}
```

Par exemple, Bulbizarre est un Pokémon qui mesure 70 cm et qui pèse 7 kg.

1. Quel est le type de `exemple_pokemons` ?

2. Quelle instruction permet d'ajouter à cette structure de données le Pokémon Goupix qui mesure 60 cm et qui pèse 10 kg ?

3. On donne le code suivant :

```
def le_plus_grand(pokemons):
    grand = None
    taille_max = None
    for (nom, (taille, poids)) in pokemons.items():
        if taille_max is None or taille > taille_max:
            taille_max = taille
            grand = nom
    return (grand, taille_max)
```

a. Quelle est la valeur de `le_plus_grand(exemple_pokemons)` ?

b. Écrire le code d'une fonction `le_plus_leger` qui prend des Pokémons en paramètre et qui renvoie un tuple dont la première composante est le nom du Pokémon le plus léger et la deuxième composante est son poids.

```
assert le_plus_leger(exemple_pokemons) == ('Bulbizarre', 7)
```

4. Écrire le code d'une fonction `taille` qui prend en paramètre un dictionnaire de Pokémons ainsi que le nom d'un Pokémon, et qui renvoie la taille de ce Pokémon.

```
assert taille(exemple_pokemons, 'Abo') == 200
assert taille(exemple_pokemons, 'Jungko') == 170
assert taille(exemple_pokemons, 'Dracaufeu') is None
```

6 Construire des listes en compréhension

→ FICHES 16

1. Parmi les extraits de programme suivants, lesquels permettent de construire la liste des cinq premiers nombres impairs ?

☐ **a.**

```
impairs = [1, 3, 5, 7, 9]
```

☐ **b.**

```
impairs = []
for n in range(5):
    impairs.append(2 * n + 1)
```

☐ **c.**

```
impairs = [2 * n + 1 for n in range(5)]
```

☐ **d.**

```
impairs = [n for n in range(1, 11 ,2)]
```

☐ **e.**

```
impairs = []
n = 0
while len(impairs) != 5:
    if n % 2 == 1:
        impairs.append(n)
    n = n + 1
```

2. Donner plusieurs programmes permettant de construire la liste des 25 premiers nombres pairs.

3. a. Quelle est la valeur de `couples` à la fin de l'exécution du programme suivant ?

```
lettres = ['a', 'b', 'c']
nombres = [1, 5]
couples = [(c, n) for c in lettres for n in nombres]
```

b. Proposer un programme qui permet de construire `couples` en utilisant des boucles bornées → FICHE 12.

7 Vérifier un carré magique

Un carré d'ordre n est un tableau carré contenant n^2 entiers strictement positifs.
On dit qu'un carré d'ordre n est magique si :
- il contient tous les nombres entiers de 1 à n^2 ;
- les sommes des nombres de chaque rangée, les sommes des nombres de chaque colonne et les sommes des nombres de chaque diagonale principale sont égales.

On modélise un carré par une liste de listes de nombres.

Exemples :

Carré d'ordre n	Modélisation proposée

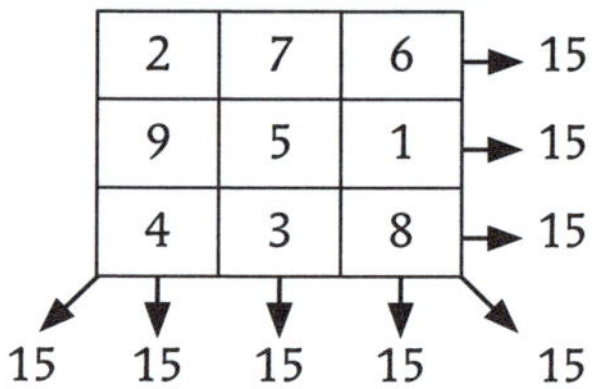


```
carre3 = [
    [2, 7, 6],
    [9, 5, 1],
    [4, 3, 8]
]
```

4	5	11	14
15	10	8	1
6	3	13	12
9	16	2	7

```
carre4 = [
    [4, 5, 11, 14],
    [15, 10, 8, 1],
    [6, 3, 13, 12],
    [9, 16, 2, 7]
]
```

1. a. Quelle est la valeur de `len(carre4)` ?

b. Quelle est la valeur de `carre3[1]` ?

c. Quelle est la valeur de `carre3[0][2]` ?

d. Quelle instruction permet de récupérer la valeur 3 de `carre4` ?

2. a. On propose le code suivant :

```
def somme_ligne(carre, n):
    """
    carre est un tableau carré de nombres
```

```
    n est un nombre entier
    """
    somme = 0
    for nombre in carre[n]:
        somme = somme + nombre
    return somme
```

Que vaut `somme_ligne(carre4, 2)` ?

À quoi sert cette fonction ?

b. Écrire le code d'une fonction qui prend un carré en paramètre et qui vérifie que les sommes des nombres de chaque ligne sont égales.

c. Proposer le code d'une fonction qui prend un carré en paramètre, ainsi que le numéro d'une colonne, et qui renvoie la somme des nombres de cette colonne.

À NOTER

Pour aller plus loin, écrivez une fonction `est_magique()` qui prend un carré en paramètre et renvoie `True` si le carré est bien magique et `False` sinon.

8 Manipuler des listes de nombres

→ FICHE 14

On donne le code de la fonction suivante :

```
def mystere(liste: list) -> bool:
    """
    Paramètre : une liste d'éléments comparables
    """
    for i in range(1, len(liste)):
        # ICI
        if liste[i - 1] > liste[i]:
            return False
    return True

assert mystere([1, 2, 6, 9])
assert not mystere([1, 6, 2, 9])
```

a. Compléter le tableau avec les valeurs des expressions à chaque passage par la ligne indiquée par le commentaire `# ICI` lors de l'appel `mystere([1, 2, 6, 9])`.

`i`	`i - 1`	`liste[i - 1]`	`liste[i]`

b. Compléter le tableau avec les valeurs des expressions à chaque passage par la ligne indiquée lors de l'appel `mystere([1, 6, 2, 9])`

i	i - 1	liste[i - 1]	liste[i]

c.
```
a = mystere(["kiwi", "pomme", "ananas", "framboise"])
b = mystere(["ananas", "framboise", "kiwi", "pomme"])
```

Quelle est la valeur de a ? la valeur de b ?
Que fait cette fonction `mystere` ?

9 Itérer sur les éléments d'un dictionnaire

→ FICHE 15

Au zoo de Beauval, il y a 5 éléphants d'Asie, 17 écureuils d'Asie, 2 pandas d'Asie... On représente cet inventaire à l'aide d'un dictionnaire, de la façon suivante :

```
zoo_Beauval={
    'éléphant': ('Asie', 5),
    'écureuil': ('Asie', 17),
    'panda': ('Asie', 2),
    'hippopotame': ('Afrique', 7),
    'girafe': ('Afrique', 4)}
```

On représente de la même façon le zoo de La Flèche :

```
zoo_LaFleche = {
    'ours': ('Europe', 4),
    'tigre': ('Asie', 7),
    'girafe': ('Afrique', 11),
    'hippopotame': ('Afrique', 3)}
```

On souhaite se doter d'une fonction `plus_grand_nombre()` qui prend un zoo en paramètre et qui renvoie le nom de l'animal le plus représenté dans ce zoo. Par exemple :

```
assert plus_grand_nombre(zoo_LaFleche) == 'girafe'
assert plus_grand_nombre(zoo_Beauval) == 'écureuil'
```

1. a. Quel type de boucle peut-on envisager pour le code de cette fonction ?

☐ i. `for cle in dico.keys()`

☐ ii. `for valeur in dico.values()`

☐ iii. `for (cle,valeur) in dico.items()`

☐ iiii. Aucune boucle.

b. Écrire le code de cette fonction.

2. On souhaite se doter d'une fonction `nombre_total` qui prend un zoo en paramètre ainsi que le nom d'un continent, et qui renvoie le nombre d'animaux originaires de ce continent dans le zoo. Par exemple :

```
assert nombre_total(zoo_LaFleche, 'Afrique') == 14
assert nombre_total(zoo_Beauval, 'Asie') == 24
```

a. Quel type de boucle peut-on envisager pour le code de cette fonction ?

☐ **i.** `for cle in dico.keys()`

☐ **ii.** `for valeur in dico.values()`

☐ **iii.** `for (cle,valeur) in dico.items()`

☐ **iiii.** Aucune boucle.

b. Écrire le code de cette fonction.

3. On souhaite se doter d'une fonction `nombre` qui prend un zoo en paramètre ainsi que le nom d'un animal, et qui renvoie le nombre de représentants de cet animal dans le zoo. Par exemple :

```
assert nombre(zoo_LaFleche, 'panda') == 0
assert nombre(zoo_Beauval, 'panda') == 2
```

a. Quel type de boucle peut-on envisager pour le code de cette fonction ?

☐ **i.** `for cle in dico.keys()`

☐ **ii.** `for valeur in dico.values()`

☐ **iii.** `for (cle,valeur) in dico.items()`

☐ **iiii.** Aucune boucle.

b. Écrire le code de cette fonction.

OBJECTIF BAC

10 Modéliser les notes des élèves

90 min

Cet exercice propose plusieurs modélisations pour représenter les notes des élèves d'une classe.

LE SUJET

Partie 1 Modélisation simpliste

On modélise les notes d'une élève de la façon suivante :

```
notes_de_lea = [12, 14, 3, 16, 17, 2, 13, 19]
```

1. Quel est le type de `notes_de_lea` ?

☐ **a.** un int

☐ **b.** une liste

☐ **c.** un tuple

☐ **d.** un dictionnaire

☐ **e.** autre chose

2. Que vaut l'expression `notes_de_lea[2]` ?

☐ **a.** 3

☐ **b.** 14

☐ **c.** 6

☐ **d.** 5

☐ **e.** autre chose

3. Quelle instruction permet d'ajouter une note de 15 à cette structure de données ?

☐ **a.** `notes_de_lea.append(15)`

☐ **b.** `notes_de_lea[8] = 15`

☐ **c.** `notes_de_lea.append([15])`

☐ **d.** `notes_de_lea = notes_de_lea + 15`

☐ **e.** On ne peut pas ajouter 15 à `notes_de_lea`.

4. On propose le code suivant :

```
def fonction(liste_de_notes):
    """
    'liste_de_notes' est une liste de nombres qui modélise
    les notes d'un élève
    Cette fonction renvoie ???
    """
    compteur1 = 0
    compteur2 = 0
    for note in liste_de_notes:
        if note >= 10:
```

```
11             compteur1 = compteur1 + 1
12         else:
13             compteur2 = compteur2 + 1
14     return (compteur1, compteur2)
15 notes_de_lea = [12, 14, 3, 16, 17, 2, 13, 19]
16 assert fonction(notes_de_lea) == ???
```

a. Quel est le type de retour de cette fonction ?

b. Recopier et compléter la ligne 16 de ce code.

c. Recopier et compléter la ligne 5 de ce code. On demande ici d'expliquer en quelques mots ce que fait cette fonction.

Partie 2 Modélisation avec une structure de données imbriquées

La modélisation précédente n'est pas satisfaisante si l'on veut conserver les notes de plusieurs élèves dans une même structure de données.

On propose, dans cette partie, de modéliser les notes des élèves de la façon suivante :

```
notes_de_la_classe = [('Enzo',3), ('Emma',16), ('Lucas', 14),
('Manon', 13)]
```

1. Quel est le type de `notes_de_la_classe` ?

☐ **a.** un int

☐ **b.** une liste

☐ **c.** un tuple

☐ **d.** un dictionnaire

☐ **e.** autre chose

2. Que vaut l'expression `notes_de_la_classe[2]` ?

☐ **a.** `14`

☐ **b.** `'Lucas'`

☐ **c.** `('Lucas', 14)`

☐ **d.** `'Emma'`

☐ **e.** `16`

☐ **f.** autre chose

3. Quelle instruction permet d'ajouter à cette structure de données, une note de 15 obtenue par Farid ?

4. On veut écrire une fonction `nom_du_genie` qui prend une telle structure de données en paramètre et qui renvoie le nom de l'élève qui a eu la meilleure note.

a. Proposer un test pour cette fonction.

b. On donne le code mélangé de cette fonction. À vous de le remettre dans l'ordre !

```
            note_max = note
    note_max = None
def nom_du_genie(les_notes):
    return genie
            genie = nom
```

```
    genie = None
        if note_max == None or note > note_max:
    for (nom, note) in les_notes:
```

c. Que vaut l'expression `nom_du_genie([])` ?

- ☐ a. None
- ☐ b. ''
- ☐ c. 0
- ☐ d. ()
- ☐ e. Rien : cette expression génère une erreur.

Partie 3 Une modélisation plus complète

Dans cette partie, on souhaite modéliser dans une même structure de données les notes des élèves d'une classe en précisant le nom de la matière concernée par la note. On propose la modélisation suivante :

```
notes = {'Enzo': ('Math', 3), 'Emma': ('Math', 16),
         'Lucas': ('NSI', 14), 'Manon': ('NSI', 13)}
```

1. Quel est le type de `notes` ?

- ☐ a. un int
- ☐ b. une liste
- ☐ c. un tuple
- ☐ d. un dictionnaire
- ☐ e. autre chose

2. Que vaut l'expression `notes[2]` ?

- ☐ a. 14
- ☐ b. 'Lucas'
- ☐ c. ('NSI', 14)
- ☐ d. 3
- ☐ e. Cette expression génère une erreur.

3. Quelle instruction permet d'ajouter la note de 15 obtenue par Farid en NSI ?

4. Quel est l'affichage généré par l'exécution du code suivant ?

```
for (nom, (matiere, note)) in notes.items():
    if note < 15:
        print(nom)
```

5. On veut écrire une fonction qui prend une telle structure de données en paramètre et qui renvoie le nom de l'élève qui a eu la moins bonne note, toutes matières confondues.

a. Proposer un test pour cette fonction.

b. Écrire le code de cette fonction.

6. On veut écrire une fonction `tri_par_matiere` qui prend une telle structure de données en paramètre et qui renvoie un dictionnaire dont les clés sont les noms des matières, et les valeurs, la liste des notes obtenues par les élèves dans chaque matière.

Exemple :

```
>>> notes = {'Emma': ('Math', 16), 'Lucas': ('NSI', 14),
             'Manon': ('NSI', 13)}
>>> tri_par_matiere(notes)
{'Math': [16], 'NSI': [14, 13]}
```

Écrire le code de cette fonction.

▶▶▶ LA FEUILLE DE ROUTE

Partie 1 Modélisation simpliste

→ FICHE 14

1. Les symboles utilisés (crochets « [...] », parenthèses « (...) » ou accolades « {...} ») devraient vous donner des indices.

2. Souvenez-vous que l'indexation commence à zéro.

4. Lire le code d'une fonction

→ FICHE 10

b. Il s'agit ici de compléter un test pour cette fonction.

c. Il s'agit ici de compléter la documentation de cette fonction.

Partie 2 Modélisation avec une structure de données imbriquées

→ FICHE 16

4. b. Remettre en ordre un code mélangé

Le code est donné. L'indentation devrait vous aider à remettre les lignes dans l'ordre.

Partie 3 Une modélisation plus complète

→ FICHE 15 et 16

5. Écrire le code d'une fonction

Vous pouvez proposer comme test une instruction qui commence par `assert`.
Inspirez-vous des codes proposés dans les autres questions.

CORRIGÉS

SE TESTER QUIZ

1 Tuples et listes

1. Réponses a, c et d.
L'affirmation b est fausse : un tuple est non mutable et on ne peut donc pas le modifier (ni lui ajouter d'élément) après sa création.

2. Réponses a, b, c et e.
L'opération d n'est pas possible car il n'y a pas d'élément de la liste qui correspond à l'indice 4.

3. Réponse b.
Les opérations a et c ne sont pas possibles car un tuple n'est pas mutable : on ne peut pas lui ajouter un élément, ni modifier un élément existant.

2 Dictionnaires

1. Réponse e. L'expression `dico[1]` n'est pas valide car 1 n'est pas une des clés du dictionnaire : un dictionnaire n'est pas une séquence, on ne peut donc pas accéder aux valeurs en donnant leur indice, comme on le fait avec les listes.

2. Réponse a. L'expression désigne la valeur `True` associée à la clé `"a"`.

3. Réponse a. On ajoute ainsi une nouvelle clé `"e"` et sa valeur `True` associée.

4. Réponse a. La boucle « for » itère sur les clés du dictionnaire.

5. Réponse b. La boucle « for » itère sur les couples clés/valeurs.

3 Compréhensions et structures imbriquées

1. Réponse c. La liste ne contient en effet que 5 éléments. Parmi ces 5 éléments, les éléments d'indice 1 et 2 sont eux-mêmes des listes.

2. Réponse a. On construit la liste des éléments 2*n pour n variant de 0 à 5, **5 non inclus.**

3. Réponse b. Les éléments de la liste sont filtrés : seuls les éléments positifs seront présents dans la liste en compréhension.

S'ENTRAÎNER

4 Comprendre les tuples et les listes

1. Réponse b. L'élément à l'indice 2 de la liste `premier` est 5.

2. Réponse e. La valeur de couple ne change pas car l'exécution provoque une exception, un tuple est non mutable.

3. Réponse b. L'instruction modifie l'élément d'indice 3 de la liste `premier`. Elle remplace donc le 7 par un 11.

5 Modéliser des Pokémons avec des dictionnaires et des tuples

1. `exemple_pokemons` est un dictionnaire, dont les clés sont des chaînes de caractère (`str`) et les valeurs, des tuples de deux entiers.

2. Dans le dictionnaire, il faut ajouter la clé `"Goupix"` associée à la valeur `(60, 10)` :

```
exemple_pokemons["Goupix"] = (60, 10)
```

3. a. On parcourt le dictionnaire en conservant, dans les variables locales `grand` et `taille_max`, le nom et la taille du Pokémon le plus grand rencontré jusqu'à présent.
La fonction renvoie alors un tuple contenant le nom et la taille du Pokémon le plus grand du dictionnaire (le premier rencontré en cas d'égalité).

```
>>> le_plus_grand(exemple_pokemons)
('Abo', 200)
```

b. En s'inspirant de la fonction `le_plus_grand`, on peut écrire la fonction suivante :

```
def le_plus_leger(pokemons):
    leger = None
    poids_min = None
    for (nom, (taille, poids)) in pokemons.items():
        if poids_min is None or poids < poids_min:
            poids_min = poids
            leger = nom
    return (leger, poids_min)
```

4.

```
def taille(pokemons, nom):
    if nom in pokemons:
        return pokemons[nom][0]
    else: return None
        return None
```

À NOTER
Attention ! Il est inutile de faire une boucle ici : on a un accès (presque) direct aux valeurs d'un dictionnaire quand on connaît la clé.

6 Construire des listes en compréhension

1. Réponses a, b, c, d, e. Tous les codes proposés donnent le bon résultat !

2. Voici quelques solutions :

Solution 1 :

```
pairs = []
for n in range(25):
    pairs.append(2 * n)
```

Solution 2 :

```
pairs = [2 * n for n in range(25)]
```

Solution 3 :

```
pairs = []
n = 0
while len(pairs) != 25:
    if n % 2 == 0:
        pairs.append(n)
    n = n + 1
```

3. a. couples vaut [('a', 1), ('a', 5), ('b', 1), ('b', 5), ('c', 1), ('c', 5)].

b.

```
lettres = ['a', 'b', 'c']
nombres = [1, 5]
couples = []
for c in lettres:
    for n in nombres:
        couples.append((c, n))
```

À NOTER
Attention aux parenthèses !

7 Vérifier un carré magique

1. a. len(carre4) vaut 4, (carre4 est une liste de quatre listes).
b. carre3[1] vaut [9, 5, 1].
c. carre3[0][2] vaut 6.
d. carre4[2][1] vaut 3.

2. a. somme_ligne(carre4, 2) vaut 34 (soit 6 + 3 + 13 + 12).
Cette fonction renvoie la somme des nombres situés sur la ligne d'indice *n* du carré modélisé par la liste carre.
b. Code de la fonction :

```
def somme_des_lignes_identiques(carre):
    """ 'carre' est un tableau carré de nombres
    Cette fonction vérifie que les sommes des nombres
    de chaque ligne sont identiques
    """
    if len(carre) > 1:
        somme = somme_ligne(carre, 0)
        for n in range(1, len(carre)):
            if somme != somme_ligne(carre, n):
                return False
    return True
assert somme_des_lignes_identiques(carre3)
assert not somme_des_lignes_identiques(carre4)
```

c. Code de la fonction :

```
def somme_colonnes(carre, n):
    """ 'carre' est un tableau carré de nombres
    'n' est un nombre entier
    Cette fonction renvoie envoie la somme des nombres
    de la colonne 'n'
    """
```

```
    somme = 0
    for numero_ligne in range(len(carre)):
        somme = somme + carre[numero_ligne][n]
    return somme
assert somme_colonnes(carre3, 2) == 15
assert somme_colonnes(carre4, 0) == 31
assert somme_colonnes(carre4, 2) == 34
```

8 Manipuler des listes de nombres

a.

i	i - 1	liste[i - 1]	liste[i]
1	0	1	2
2	1	2	6
3	2	6	9

b.

i	i - 1	liste[i - 1]	liste[i]
1	0	1	6
2	1	6	2

À l'étape où `i == 2`, `liste[i - 1] > liste[i]` et on sort de la fonction qui renvoie la valeur `False`.

c. a vaut `False` et b vaut `True`.

La fonction `mystere` indique si la liste passée en paramètre est bien rangée en ordre croissant :
- du plus petit au plus grand pour les listes de nombres ;
- dans l'ordre lexicographique pour les listes de chaînes de caractères.

9 Itérer sur les éléments d'un dictionnaire

1. a. Réponse i. `for (cle,valeur) in dico.items()` En effet, on a besoin à la fois des clés et des valeurs.

b. Code de la fonction :

```
def plus_grand_nombre(zoo):
    """
    'zoo' est un dictionnaire dont :
      - les clés sont les noms (str) des animaux ;
      - les valeurs sont des tuples (origine, nombre)
      'origine' est un str et 'nombre' est un int.
    La fonction renvoie le nom de l'animal le plus représenté
    dans ce zoo.
    """
    nom_max = None
    nombre_max = None
```

```
    for (nom, (_, nombre)) in zoo.items():
        if nombre_max is None or nombre > nombre_max:
            nom_max = nom
            nombre_max = nombre
    return nom_max
```

À NOTER

La variable _ est souvent utilisée comme une variable jetable, pour signifier que la valeur qu'elle référence est délibérément ignorée.

2. a. Réponse iii. `for valeur in dico.values()`

En effet, on a besoin uniquement des valeurs, l'espèce n'importe pas.

b. Code de la fonction :

```
def nombre_total(zoo, continent):
    """
    'zoo' est un dictionnaire dont :
        - les clés sont les noms (str) des animaux ;
        - les valeurs sont des tuples (origine, nombre)
        'origine' est un str et 'nombre' est un int
    'continent' est le nom d'un continent (str).
    La fonction renvoie le nombre d'animaux
    originaires de 'continent' dans ce zoo.
    """
    somme = 0
    for (origine, nombre) in zoo.values():
        if continent == origine:
            somme = somme + nombre
    return somme
```

3. a. Réponse iiii. Aucune boucle. En effet, on dispose de la clé : on a donc un accès direct à la valeur associée.

b. Code de la fonction :

```
def nombre(zoo, animal):
    """
    'zoo' est un dictionnaire dont :
        - les clés sont les noms (str) des animaux ;
        - les valeurs sont des tuples (origine, nombre)
        'origine' est un str et 'nombre' est un int
    'animal' est le nom d'un animal (str).
    La fonction renvoie le nombre de représentants de 'ani-
    mal' dans ce zoo.
    """
    if animal not in zoo.keys():
        return 0
    else:
        return zoo[animal][1]
```

OBJECTIF BAC

10 Modéliser les notes des élèves

Partie 1 Modélisation simpliste

1. Réponse b. En effet, les crochets indiquent que c'est une liste.

2. Réponse a. L'indice 2 indique le 3e élément de cette liste dont la valeur est 3.

3. Réponse a. Ajouter une valeur à une liste se fait avec la méthode append.

4. a. Cette fonction renvoie un tuple, un couple de deux nombres.

b. Ligne 16 complétée :

```
16 assert fonction(notes_de_lea) == (6, 2)
```

c. Proposition de documentation :

```
def fonction(liste_de_notes):
    """ 'liste_de_notes' est une liste de nombres
    qui modélise les notes d'un élève
    Cette fonction renvoie un tuple (n1, n2) où :
        - n1 est le nombre de notes >= 10 ;
        - n2 est le nombre de notes < 10.
    """
```

Partie 2 Modélisation avec une structure de données imbriquées

1. Réponse b. Ici encore, il s'agit d'une liste, même si cette liste contient des tuples.

2. Réponse c. Il s'agit du troisième élément de la liste, le tuple : `('Lucas', 14)`.

3. Ajouter un élément à une liste se fait avec la méthode append.

```
notes_de_la_classe.append(("Farid", 15))
```

4. a. Test pour la fonction :

```
notes=[('Enzo', 3), ('Emma',16), ('Lucas', 14), ('Manon', 13)]
assert nom_du_genie(notes) == 'Emma'
```

b. Code de la fonction avec ajout d'une docstring :

```
def nom_du_genie(les_notes):
    """ 'les_notes' est une liste de tuples
    de la forme (nom, note)
    Cette fonction renvoie le nom de l'élève qui a eu la meil-
    leure note.
    """
    genie = None
    note_max = None
    for (nom, note) in les_notes:
        if note_max == None or note > note_max:
            genie = nom
            note_max = note
    return genie
```

c. Réponse a. En effet, si la liste passée en paramètre est vide, la boucle `for` ne tourne pas et la valeur par défaut affectée à `genie` est renvoyée, c'est-à-dire `None`.

Partie 3 Une modélisation plus complète

1. **Réponse d.** notes est délimité par des accolades, c'est un dictionnaire.

2. **Réponse e.** Cette instruction génère une erreur, En effet, 2 n'est pas une des clés du dictionnaire et les dictionnaires ne sont pas des séquences.

3. Pour ajouter la note de 15 obtenue par Farid en NSI à `notes` :

```
notes['Farid'] = ('NSI', 15)
```

4. Le code affiche la clé de chaque élément du dictionnaire `notes` pour laquelle l'élève a une note strictement inférieure à 15.

```
'Enzo'
'Lucas'
'Manon'
```

5. a. Test pour la fonction :

```
assert le_moins_performant(notes) == 'Enzo'
```

b. Code de la fonction :

```
def le_moins_performant(les_notes):
    """ 'les_notes' est un dictionnaire dont :
    - les clés sont des noms (str) ;
    - les valeurs sont des tuples de la forme (matiere, note).
    Cette fonction renvoie le nom de l'élève qui a eu
    la moins bonne note, toutes matières confondues.
    """
    candidat = None
    note_min = None
    for (nom, (matiere, note)) in les_notes.items():
        if note_min == None or note < note_min:
            candidat = nom
            note_min = note
    return candidat
```

6. Code de la fonction `tri_par_matiere()` :

```
def tri_par_matiere(les_notes):
    """ 'les_notes' est un dictionnaire dont :
    - les clés sont des noms (str) ;
    - les valeurs sont des tuples de la forme (matiere, note).
    Cette fonction renvoie un dictionnaire dont :
    - les clés sont les noms des matières (str) ;
    - les valeurs sont les listes des notes dans cette matière.
    """
    notes_triees = {}
    for (nom, (matiere, note)) in les_notes.items():
        if matiere in notes_triees:
            notes_triees[matiere].append(note)
        else:
            notes_triees[matiere] = [note]
    return notes_triees
```

Données en tables

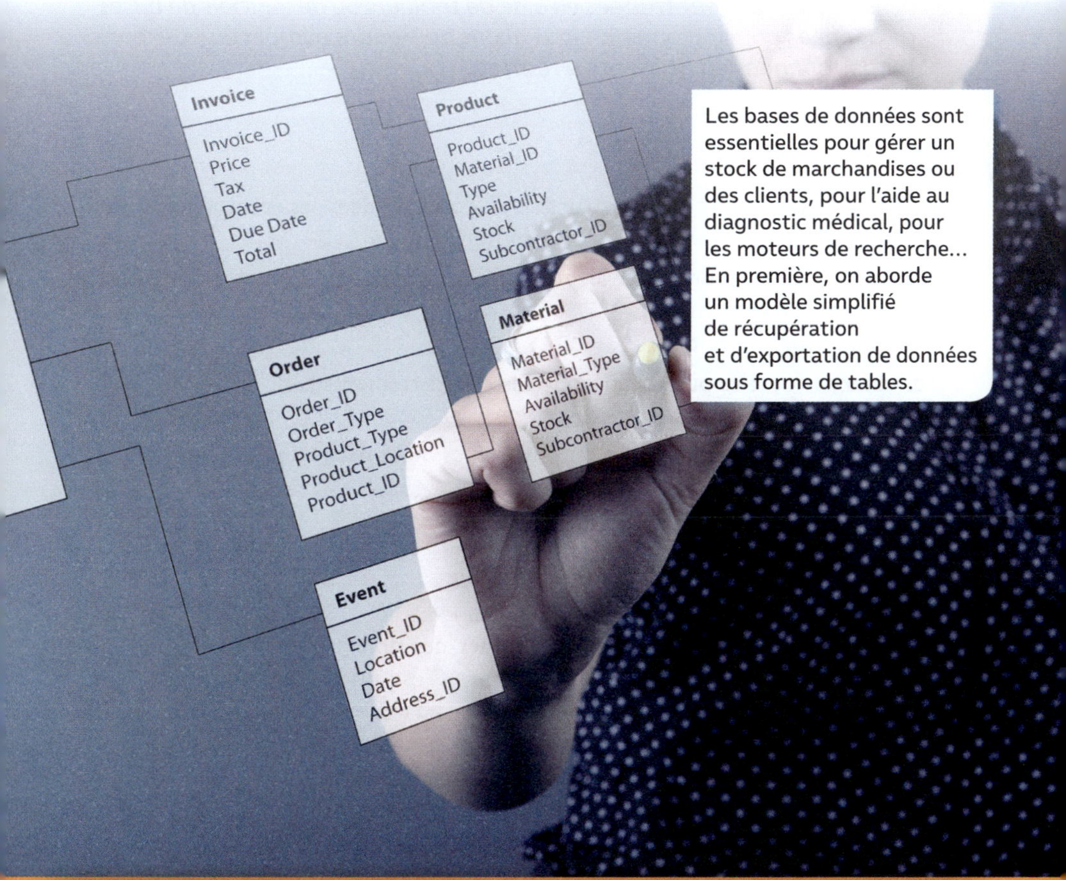

Les bases de données sont essentielles pour gérer un stock de marchandises ou des clients, pour l'aide au diagnostic médical, pour les moteurs de recherche… En première, on aborde un modèle simplifié de récupération et d'exportation de données sous forme de tables.

17 Manipulation de fichiers CSV

En bref *Le format CSV est couramment utilisé pour échanger des données habituellement traitées à l'aide de tableurs ou de logiciels de bases de données principalement. Nous allons apprendre à importer et exporter des données en utilisant ce format.*

I Enregistrements

■ Un **enregistrement** est une structure de données, de types éventuellement différents, auxquelles on accède grâce à un nom.

Exemple : On peut représenter les notes d'un élève dans différentes disciplines à l'aide d'un enregistrement :

```
{'Nom': 'Joe', 'Anglais': '17', 'Info': '18', 'Maths': '16'}
```

Les champs (ou clés ou attributs) de ces enregistrements sont ici `Nom`, `Anglais`, `Info` et `Maths`. On leur associe des valeurs, ici `'Joe'`, `'17'`, `'18'` et `'16'`.

■ En Python, on utilisera dans cet ouvrage les **dictionnaires** pour représenter les enregistrements conformément au programme → FICHE 15.

II Fichiers CSV

■ Le format CSV (*Comma Separated Value*) est couramment utilisé pour importer ou exporter des données d'une feuille de calcul d'un tableur. C'est un fichier texte dans lequel chaque ligne correspond à une ligne du tableau, les colonnes étant séparées par des **virgules**. Il permet donc de représenter une liste d'enregistrements ayant les mêmes champs.

À NOTER
Ce format est né bien avant les ordinateurs personnels et le format xls puisque c'est en 1972 qu'il a été introduit.

■ Pour éviter les problèmes dus à l'absence de standardisation du séparateur décimal (virgule en France, point dans les pays anglo-saxons), on peut paramétrer son tableur pour utiliser le point pour les nombres (français suisse par exemple).

■ Voici un exemple de feuille de calcul.

	A	B	C	D
1	Nom	Anglais	Info	Maths
2	Joe	17	18	16
3	Zoé	15	17	19
4	Max	19	13	14

Le fichier CSV correspondant est :

```
'Nom','Anglais','Info','Maths'
'Joe','17','18','16'
'Zoé','15','17','19'
'Max','19','13','14'
```

III Lecture de fichiers CSV

- On peut choisir de représenter en Python les fichiers CSV par des listes de dictionnaires dont les clés sont les noms des colonnes.
- Avec l'exemple précédent, on définit la liste :

```
Table1 =
[{'Nom': 'Joe', 'Anglais': '17', 'Info': '18', 'Maths': '16'},
{'Nom': 'Zoé', 'Anglais': '15', 'Info': '17', 'Maths': '19'},
{'Nom': 'Max', 'Anglais': '19', 'Info': '13', 'Maths': '14'}]
```

À NOTER

En utilisant le vocabulaire habituel décrivant une feuille de calcul d'un tableur :
- une table est une liste de dictionnaires, ici `Table1` ;
- une ligne est un dictionnaire, ici `Table1[0]` ;
- une cellule est une valeur associée à une clé d'un dictionnaire, ici `Table1[0]['Info']`.

IV Import d'un fichier CSV

- Pour l'import, on crée une liste de dictionnaires (un par ligne de la table). La première ligne du fichier CSV est considérée comme la ligne des noms des attributs. `fichier` est une chaîne de caractères donnant le nom du fichier sans son extension. Par exemple `depuis_csv('Ma_Base')` pour charger le fichier `Ma_Base.csv`.

```
import csv
def depuis_csv(fichier):
    lecteur = csv.DictReader(open(fichier + '.csv','r'))
    return [dict(ligne) for ligne in lecteur]
```

V Export vers un fichier CSV

- Pour l'export, on entre le nom de la table sous forme de chaîne. On donne l'ordre des colonnes sous forme d'une liste d'attributs.

```
def vers_csv(nom, ordre):
    with open(nom + '.csv', 'w') as fic:
        dic= csv.DictWriter(fic,fieldnames=ordre)
        table = eval(nom)
        dic.writeheader() # pour la 1re ligne, celle des
        attributs
        for ligne in table:
            dic.writerow(ligne) # ajoute les lignes de
            la table
return None
```

18 Opérations sur les tables

En bref *Une fois que l'on dispose des données en table, on a accès à toute la palette de commandes du langage de programmation utilisé. On peut donc créer des outils de manipulation des tables, comme la recherche et le tri.*

I Sélection de lignes vérifiant un critère

■ On cherche à créer une nouvelle table en extrayant d'une table les lignes satisfaisant une condition donnée sous la forme d'une **fonction booléenne**.

MOT CLÉ
Les opérateurs booléens habituels sont <, >, <=, >=, ==, !=, in, not, and, or, is... → FICHE 5.

■ Pour illustrer cette recherche, on crée la fonction `select` ci-dessous qui prends en paramètre une table (`table`, une liste de dictionnaires → FICHE 17) et un critère de sélection (`critère`) sous forme d'une chaîne de caractères contenant un test booléen → FICHE 2 prenant une ligne en argument. La fonction renvoie une liste construite par compréhension avec un filtre qui ne contient que les lignes de la table qui satisfont le critère donné en argument.

```
def select(table, critère):
    def test(ligne):
        return eval(critère)
return [ligne for ligne in table if test(ligne)]
```

Exemple : Reprenons le tableau de la fiche 17.

Nom	Anglais	Info	Maths
Joe	17	18	16
Zoé	15	17	19
Max	19	13	14

Pour sélectionner les élèves ayant plus de 16 en maths, on utilise la fonction `eval` qui permet d'évaluer l'expression contenue dans la cellule `ligne['Maths']` sous forme d'une chaîne de caractères en un entier.

```
>>> select(Table1, "eval(ligne['Maths']) > 16")
```

Et on obtient bien uniquement la ligne satisfaisant le critère :
`[{'Nom': 'Zoé', 'Anglais': '15', 'Info': '17', 'Maths': '19'}]`

II Sélection de colonnes

■ Pour sélectionner un ou plusieurs attributs (colonnes) d'une table (cette opération s'appelle « projection » dans le langage des bases de données), on va créer une nouvelle table qui ne contiendra que ces attributs :

```
def projection(table, liste_attributs):
    return [{clé:ligne[clé] for clé in ligne if clé in
    liste_attributs} for ligne in table]
```

■ Dans notre exemple, on veut ne retenir que les notes d'info et le nom des élèves. Pour obtenir la table attendue, on entre :

```
>>> projection(Table1, ['Nom', 'Info'])
```

On obtient :

```
[{'Nom': 'Joe', 'Info': '18'}, {'Nom': 'Zoé', 'Info': '17'},
{'Nom': 'Max', 'Info': '13'}]
```

Qui modélise le tableau :

Nom	Info
Joe	18
Zoé	17
Max	13

III Tri d'une table selon une colonne

■ Puisqu'une table est représentée par une liste, on peut la trier en utilisant la fonction de tri `sorted` qui dispose d'un argument `key` permettant de préciser selon quel critère une liste doit être triée (qui doit être une fonction de variables les objets à trier). Un troisième argument, `reverse` (un booléen), permet de préciser si l'on veut le résultat par ordre croissant (par défaut) ou décroissant (en précisant `reverse=True`).

■ On peut alors créer une fonction `tri` qui trie n'importe quelle table en donnant l'attribut choisi pour le tri et en précisant si l'on veut obtenir le tri dans l'ordre décroissant.

```
def tri(table, attribut, decroit=False):
    def critère(ligne):
        return ligne[attribut]
    return sorted(table, key=critère, reverse=decroit)
```

Exemple : Pour trier dans l'ordre décroissant la table `Table1` → FICHE 17 selon les notes de maths, on fera :

```
>>> tri(Table1, 'Maths', True)
```

Qui donne :

	Nom	Maths	Info	Anglais
0	Zoé	19	17	15
1	Joe	16	18	17
2	Max	14	13	19

19 Jointures de tables

En bref *Lorsque l'on traite de grandes quantités de données, celles-ci sont souvent réparties dans plusieurs tables. On est donc souvent amené à regrouper des données dans une nouvelle table. Cette opération s'appelle la jointure de tables.*

I Fusion de deux tables pour un même attribut

- On veut fusionner deux tables selon un attribut commun. On va sélectionner dans chaque table la ligne ayant la même valeur pour l'attribut choisi.
- Reprenons le tableau `Table1` des fiches précédentes :

	Nom	Maths	Anglais	Info
0	Joe	16	17	18
1	Zoé	19	15	17
2	Max	14	19	13

Définissons une seconde table `Table2` donnant l'âge et le courriel de certains élèves :

	Nom	Âge	Courriel
0	Joe	16	joe@info.fr
1	Zoé	15	zoe@info.fr

- On voudrait regrouper les données des deux tables. Elles ont l'attribut `Nom` en commun. On veut obtenir la table suivante :

	Nom	Âge	Courriel	Maths	Info	Anglais
0	Joe	16	joe@info.fr	16	18	17
1	Zoé	15	zoe@info.fr	19	17	15

On choisit d'exclure la ligne concernant Max car il n'est pas présent dans la seconde table.

On effectuera la jointure selon le nom avec la commande :

```
>>> jointure(Table1, Table2, 'Nom')
```

On utilise ici une fonction `jointure` définie pour l'occasion, comme celle de la page suivante.

II La fusion de deux tables pour des attributs différents

■ Cependant, dans certaines tables, l'attribut commun peut avoir une autre appellation. Par exemple, la seconde table peut aussi exister sous la forme :

	Name	Age	Email	Maths	CS	English
0	Joe	16	joe@info.fr	16	18	17
1	Zoé	15	zoe@info.fr	19	17	15

■ Cette fois, on précisera l'attribut de la seconde table :

```
>>> jointure(Table1, Table2, 'Nom', 'Name')
```

III Exemple de fonction effectuant une jointure

■ Voici une proposition de code :

```
1  from copy import deepcopy
2  def jointure(table1, table2, cle1, cle2=None):
3      if cle2 is None:
4          cle2 = cle1
5      new_table = []
6      for ligne1 in table1:
7          for ligne2 in table2:
8              if ligne1[cle1] == ligne2[cle2]:
9                  new_line = deepcopy(ligne1)
10                 for cle in ligne2:
11                     if cle != cle2:
12                         new_line[cle] = ligne2[cle]
13                 new_table.append(new_line)
14     return new_table
```

Ligne 3 : par défaut, les clés de jointure portent le même nom.

Ligne 5 : la future table créée, vide au départ.

Ligne 8 : on ne considère que les lignes où les cellules de l'attribut choisi sont identiques.

Ligne 9 : on copie entièrement la ligne de `table1`.

Ligne 10 : on copie la ligne de `table2` sans répéter la cellule de jointure.

À NOTER

En terminale, vous découvrirez la gestion des bases de données relationnelles, notamment à l'aide du langage SQL. Dans ce langage, la jointure donnée en exemple s'écrira :

```
SELECT Nom
FROM Table1 JOIN Table2
ON Table1.Nom = Table2.Nom
```

MÉMO VISUEL

Table au format odt, xlsx…

	A	B	C
1	Nom	Maths	Genre
2	Rose	13	F
3	Joe	12	M

Conversion

Table.csv (format CSV)

Nom, Maths, Genre
Joe, 12, M
Rose, 13, F

Import d'un fichier CSV
depuis_csv(./Table.csv)

Export vers un fichier CSV
vers_csv('Table', ['Nom', 'Maths', 'Genre'])

TABLE (LISTE
[{'Nom': 'Joe',
{'Nom': 'Rose',

Sélection de colonnes

projection(Table, ['Nom',' Maths'])

Nom	Maths
Joe	12
Rose	13

Tri selon un attribut

tri(Table, 'Maths', True)

Nom	Maths	Genre
Rose	13	F
Joe	12	M

Sélection de lignes selon un critère

select(Table, "ligne['Genre'] == 'F' ")

Nom	Maths	Genre
Rose	13	F

DE DICTIONNAIRES)
'Maths': '12', 'Genre': 'M'},
'Maths': '13', 'Genre': 'F'}]

Jointure de deux tables selon un attribut

Table2

Nom	Courriel
Rose	rose@red.fr
Joe	joe@max.fr
Bill	bill@paul.fr

jointure(Table, Table2, 'Nom')

Nom	Maths	Genre	Courriel
Joe	12	M	joe@max.fr
Rose	13	F	rose@red.fr

SE TESTER QUIZ

Vérifiez que vous avez bien compris les points clés des **fiches 17 à 19**.

1 Manipulation de fichiers CSV

→ FICHE 17

1. Un enregistrement est représenté en Python par :

☐ **a.** une liste ☐ **b.** un ensemble
☐ **c.** un dictionnaire ☐ **d.** un n-uplet

2. Dans un fichier CSV, les attributs sont séparés par :

☐ **a.** des virgules ☐ **b.** des points-virgules
☐ **c.** des tabulations ☐ **d.** des espaces

3. On dispose d'une table de données `Table` représentée par une liste de dictionnaires. En entrant `Table[0]` on obtient :

☐ **a.** une ligne ☐ **b.** une colonne ☐ **c.** une cellule

2 Opérations sur les tables

→ FICHES 18 et 19

On dispose de la table `T` représentant les notes d'élèves dans trois matières :

Nom	Maths	Anglais	Informatique
Joe	16	17	18
Zoé	19	15	17
Max	14	19	13

1. Pour sélectionner des colonnes selon un critère donné, laquelle des fonctions définies → FICHE 18 utiliserait-on ?

☐ **a.** `select` ☐ **b.** `projection`

2. Selon sa définition → FICHE 18,
`select(T, "'17' in ligne.values()")` renvoie une table :

☐ **a.** vide ☐ **b.** avec une ligne
☐ **c.** avec deux lignes ☐ **d.** avec trois lignes

3. Soit `U` la table suivante :

Nom	Âge	Courriel
Joe	16	joe@info.fr
Zoé	15	zoe@info.fr

Selon sa définition → FICHE 19, `jointure(T, U, 'Nom')` renvoie une table ayant :

☐ **a.** `3 lignes` ☐ **b** `2 lignes` ☐ **c.** `6 colonnes`
☐ **d.** `5 colonnes` ☐ **e.** `7 colonnes` ☐ **f.** `4 colonnes`

S'ENTRAÎNER

3 Déterminer des fonctions basiques

→ FICHE 17

1. Déterminer une fonction qui calcule la cardinalité d'une table, c'est-à-dire son nombre de lignes.

2. Déterminer une fonction qui renvoie la liste des attributs d'une table.

4 Reconnaître une fonction

→ FICHE 18

Quel est le rôle de la fonction suivante :

```
def mystère(t, cs):
    t_p = []
    for l in t:
        new_l = {}
        for c in l:
            if c in cs:
                new_l[c] = l[c]
        t_p.append(new_l)
    return t_p
```

5 Tester la cohérence d'une table

→ FICHE 17

1. Déterminer une fonction `coherence_attributs(table)` qui teste si chaque ligne de la table a le même ensemble d'attributs.

2. Déterminer une fonction `existe_doublons(table, attribut_ref)` qui vérifie si un attribut de référence apparaît deux fois avec la même valeur dans une table.

6 Lier tableur, fichier CSV et liste de dictionnaires

→ FICHE 17

On dispose de la liste de dictionnaires suivante :

```
BaseAliens =
[{'NomAlien': 'Zorglub', 'Sexe': 'M', 'Planete': 'Trantor', 'NoCabine': '1'},
 {'NomAlien': 'Blorx', 'Sexe': 'M', 'Planete': 'Euterpe', 'NoCabine': '2'},
 {'NomAlien': 'Urxiz', 'Sexe': 'M', 'Planete': 'Aurora', 'NoCabine': '3'},
 {'NomAlien': 'Zbleurdite', 'Sexe': 'F', 'Planete': 'Trantor', 'NoCabine': '4'},
 {'NomAlien': 'Darneurane', 'Sexe': 'M', 'Planete': 'Trantor', 'NoCabine': '5'},
 {'NomAlien': 'Mulzo', 'Sexe': 'M', 'Planete': 'Helicon', 'NoCabine': '6'},
 {'NomAlien': 'Zzzzzz', 'Sexe': 'F', 'Planete': 'Aurora', 'NoCabine': '7'},
 {'NomAlien': 'Arghh', 'Sexe': 'M', 'Planete': 'Nexon', 'NoCabine': '8'},
 {'NomAlien': 'Joranum', 'Sexe': 'F', 'Planete': 'Euterpe', 'NoCabine': '9'}]
```

1. On travaille avec le tableur LibreOffice Calc de la suite LibreOffice qui produit des fichiers au format odt (alors que le tableur Excel de la suite Microsoft Office produit des fichiers au format xlsx). Quelle est la première ligne de la feuille de calcul obtenue dans un tableur à partir de cette liste ?

2. Quelle commande lancer pour obtenir le fichier CSV correspondant ?

3. Quelle est la deuxième ligne du fichier CSV correspondant ?

4. Quelle valeur trouve-t-on à la cellule C8 de la feuille de calcul correspondante ?

5. Par quelle commande obtient-on cette valeur à partir de la liste `BaseAliens` ?

6. Une erreur de saisie s'est produite : Joranum provient en fait de la planète Aurora. Quelle commande exécuter pour modifier le fichier correspondant du tableur ?

7 Ajouter une ligne ou une colonne à une table

→ FICHES 17 et 18

On dispose de la table suivante au format CSV dans le répertoire courant sous le nom `'./Groupe1.csv'`.

	Nom	Anglais	Info	Maths
0	Joe	17	18	16
1	Zoé	15	17	19
2	Max	19	13	14

1. Comment obtenir la liste de dictionnaires correspondante en utilisant une fonction introduite dans la fiche 17 ?

2. Ajouter les notes de l'élève Rose qui a eu 17 en maths, 18 en informatique et 19 en anglais.

3. On voudrait ajouter une colonne contenant les moyennes de chaque élève afin d'obtenir le tableau suivant.

	Nom	Anglais	Info	Maths	Moyenne
0	Joe	17	18	16	17.0
1	Zoé	15	17	19	17.0
2	Max	19	13	14	15.3
3	Rose	19	18	17	18.0

On doit renvoyer une nouvelle table qui ne modifie pas la table d'origine. Pour effectuer une copie d'une liste d'objets complexes (ici une liste de dictionnaires), on peut utiliser la fonction `deepcopy` de la bibliothèque `copy`. La fonction à créer pourra donc avoir la structure suivante qu'il s'agit de compléter :

```
from deepcopy import deepcopy
def ajoute_moyenne_ligne(table):
    new_table = deepcopy(table)
    #compléter le code :

    return new_table
```

Pour obtenir l'affichage d'un flottant arrondi à 2 chiffres après la virgule, on peut utiliser la méthode `format`.

Par exemple :

```
>>> '{:.2f}'.format(314/100) # .2f indique un flottant avec
2 chiffres après la virgule
'3.14'
```

4. Ajouter une ligne qui contient les moyennes par matières. Vous devez obtenir la table suivante.

	Nom	Anglais	Info	Maths
0	Joe	17	18	16
1	Zoé	15	17	19
2	Max	19	13	14
3	Rose	19	18	17
4	Moyenne	17.5	16.5	16.5

8 Sélectionner, trier, joindre

→ FICHES 18 et 19

On dispose de la table `BaseAgents` :

	NomAgent	VilleAgent
0	Branno	Terminus
1	Darell	Terminus
2	Demerzel	Uco
3	Seldon	Terminus
4	Dornick	Kalgan
5	Hardin	Terminus
6	Trevize	Hesperos
7	Pelorat	Kalgan
8	Riose	Terminus

On a aussi la table `BaseGardiens` :

	NoCabine	NomAgent
0	1	Branno
1	2	Darell
2	3	Demerzel
3	4	Seldon
4	5	Dornick
5	6	Hardin
6	7	Trevize
7	8	Pelorat
8	9	Riose

1. Renvoyer `BaseTerminus`, une table extraite de `BaseAgents` ne contenant que les lignes dont l'attribut `VilleAgent` vaut « Terminus ».

2. Renvoyer `BaseAlpha`, une table dérivée de `BaseAgents` triée selon l'ordre alphabétique du nom des agents.

3. Renvoyer `BaseComplete`, la table contenant le numéro de cabine, la ville et le nom de l'agent.

4. Renvoyer `BaseVille`, la table contenant le numéro de cabine et la ville des agents.

5. Renvoyer `BaseImpair`, la table contenant le nom et la ville des agents ne venant pas de Terminus et dont le numéro de cabine est impair.

À NOTER

On utilisera les fonctions introduites dans les fiches 16 à 18. Les tables seront données sous forme de listes de dictionnaires.

OBJECTIF BAC

9 Les hommes en noir

50 min

Voici un problème « concret » qui va permettre d'utiliser tous les outils introduits précédemment et de se rapprocher de ce à quoi peut ressembler la gestion d'une base de données.

LE SUJET

Chaque jour, l'organisation des « Hommes en noir » (HEN) doit gérer les allées et venues des extraterrestres sur Terre. En arrivant, un extraterrestre est confiné dans une cabine et surveillé par un gardien. Pour les aider à s'organiser, les HEN disposent de sept tables de données résumant les informations essentielles sur les extraterrestres et les gardiens.

Table 1. La table `BaseAliens` donne des renseignements sur les extraterrestres.

NoCabine	NomAlien	Planete	Sexe
1	Zorglub	Trantor	M
2	Blorx	Euterpe	M
3	Urxiz	Aurora	M
4	Zbleurdite	Trantor	F
5	Darneurane	Trantor	M
6	Mulzo	Helicon	M
7	Zzzzzz	Aurora	F
8	Arghh	Nexon	M
9	Joranum	Euterpe	F

Table 2. La table `BaseAgents` donne le nom et la ville d'origine des agents.

NomAgent	VilleAgent
Branno	Terminus
Darell	Terminus
Demerzel	Arcturus
Seldon	Terminus
Dornick	Kalgan
Hardin	Terminus
Trevize	Hesperos
Pelorat	Kalgan
Riose	Terminus
Palver	Siwenna
Amaryl	Arcturus

Table 3. La table `BaseGardiens` affecte à chaque cabine un gardien.

NoCabine	NomAgent
1	Branno
2	Darell
3	Demerzel
4	Seldon
5	Dornick
6	Hardin
7	Trevize
8	Pelorat
9	Riose

Table 4. La table `BaseMiams` donne l'aliment à servir à chaque extraterrestre.

Aliment	NomAlien
Bortsch	Zorglub
Bortsch	Blorx
Zoumise	Urxiz
Bortsch	Zbleurdite
Schwanstucke	Darneurane
Kashpir	Mulzo
Kashpir	Zzzzzz
Zoumise	Arghh
Bortsch	Joranum

Table 5. La table `BaseCabines` précise dans quelle allée se trouve chaque cabine.

NoAllee	NoCabine
1	1
1	2
2	3
1	4
2	5
2	6
2	7
1	8
1	9

Table 6. La table `BaseResponsables` précise l'agent responsable de chaque allée.

NoAllee	NomAgent
1	Seldon
2	Pelorat

Table 7. La table `BaseVilles` précise la planète sur laquelle se trouve chaque ville.

Planete	Ville
Trantor	Terminus
Euterpe	Arcturus
Helicon	Kalgan
Euterpe	Hesperos
Gaia	Siwenna

À NOTER
Dans tout l'exercice on pourra utiliser les fonctions introduites dans les fiches 16 à 18.

1. Mettre en forme
Comment entrer ces tables afin de pouvoir utiliser les outils mis au point dans les fiches 17, 18 et 19 ?

2. Extraction de données
a. Comment obtenir l'ensemble des gardiens ?

b. Comment obtenir l'ensemble des villes dont sont originaires les gardiens ?

c. Comment obtenir l'ensemble des triplets (numéro de cabine, extraterrestre, gardien) pour chaque cabine ?

d. Comment obtenir l'ensemble de tous les extraterrestres de l'allée 2 ?

e. Comment obtenir la liste des extraterrestres dont les gardiens sont originaires de la planète Trantor ?

f. Comment obtenir l'ensemble des gardiens des extraterrestres féminins qui mangent du bortsch ?

3. Tests
a. Existe-t-il un aliment qui commence par la même lettre que le nom du gardien qui surveille l'extraterrestre qui le mange ?

b. Est-ce que tous les extraterrestres qui ont un 'x' dans leur nom ont un gardien qui vient de Terminus ?

▶▶▶ LA FEUILLE DE ROUTE

1. Mettre en forme des données → FICHE 17
Il y a plusieurs possibilités : ouvrir un logiciel comme LibreOffice ou Excel et recopier ces données puis les exporter au format CSV. On peut également, dans un éditeur de texte simple, créer des fichiers CSV. On peut aussi rentrer directement les tables comme liste de dictionnaires mais c'est un peu plus fastidieux.

2. Extraire des données structurées en tables → FICHES **18** et **19**

a. Il faut parcourir la table `BaseGardiens` et ne garder que les noms des agents. L'utilisation d'un ensemble défini par compréhension est appropriée.

On peut également penser à effectuer une projection de `BaseGardiens` en ne gardant que les noms.

b. Attention ! Tous les agents ne sont pas des gardiens. Il faut d'abord joindre les deux tables `BaseGardiens` et `BaseAgents` puis ne retenir que les villes dans un ensemble défini par compréhension.

c. Les tables `BaseGardiens` et `BaseAliens` ont en commun le numéro des cabines. Il s'agit donc de joindre ces deux tables.

d. Il faut cette fois joindre les tables `BaseAliens` et `BaseCabines` et sélectionner les lignes contenant l'allée 2. On peut utiliser une condition `if` ou bien la fonction `select` définie à la fiche 18.

e. Ici le nombre de tables impliquées dans la requête augmente : il faut lier `BaseAliens` et `BaseGardiens` par le numéro de cabine, puis relier cette nouvelle table à `BaseAgents` par le nom de l'agent pour obtenir la ville d'origine du gardien et enfin joindre cette dernière table à `BaseVilles` pour obtenir la planète d'origine.

À NOTER

Attention ! Dans la dernière jointure, les noms des attributs désignant les villes sont différents → FICHE **19**.

f. Ici, il s'agit de trois jointures, mais cette fois il y a deux conditions à vérifier : l'extraterrestre est féminin ET l'aliment est le bortsch.

3. Tester des situations → FICHE **19**

a. Il faut à nouveau joindre `BaseMiams`, `BaseAliens` et `BaseGardiens`. La première lettre d'un mot s'obtient avec `mot[0]`.

Pour le test en lui-même, on peut former un ensemble de tests et vérifier que `True` appartient à cet ensemble ou bien construire une boucle `while`.

b. Cette fois on doit vérifier que notre condition est toujours vraie, donc que `False` n'appartient pas à notre ensemble de tests. On reprend la jointure effectuée à la question **2. e.** entre BaseAliens, `BaseGardiens` et `BaseAgents`.

CORRIGÉS

SE TESTER QUIZ

1 Manipulation de fichiers CSV

1. Réponse c.

2. Réponse a. À l'origine, ce sont des virgules, ce qui a donné son nom au format de fichier. Le format CSV n'étant pas normalisé, on trouve aussi les autres séparateurs.

3. Réponse a. La table est une liste de dictionnaires. Le premier élément de la table est le premier élément de la liste (de numéro 0) c'est un dictionnaire, c'est-à-dire une ligne de la table.

2 Opérations sur les tables

1. Réponse b. C'est la fonction `projection` qui a été définie pour sélectionner des colonnes.

2. Réponse c. Cela permet de sélectionner les lignes dont une des valeurs au moins est 17. Ici on obtient les deux lignes correspondant à Joe et Zoé.

3. Réponses b. et c. Il y a deux noms qui sont communs aux deux tables, donc il y aura deux lignes dans la jointure. La seconde table ajoute deux colonnes aux quatre de la première donc six en tout (les colonnes de l'attribut de jointures sont jointes pour n'en former qu'une).

S'ENTRAÎNER

3 Déterminer des fonctions basiques

1. Une table étant modélisée par une liste, on peut utiliser la fonction `len` :

```
def cardinalité(table):
    """ La cardinalité est le nombre de lignes d'une table.
    """
    return len(table)
```

2. On peut utiliser la méthode `keys` qui renvoie l'ensemble des clés d'un dictionnaire.

```
def attributs(table):
    """ Renvoie la liste des attributs d'une table.
    """
    return list(table[0].keys())
```

On peut aussi parcourir une ligne donnée de la table. On fixe le numéro de ligne par défaut à 0.

```
def attributs2(table, no_ligne=0):
    return [attribut for attribut in table[no_ligne]]
```

4 Reconnaître une fonction

Donnons des noms plus explicites aux variables (ce qui est toujours recommandé) et on reconnaît une version de la fonction `projection` mais qui n'utilise pas de définition par compréhension :

```
def projection2(table, liste_clés):
    table_proj = []
    for ligne in table:
        new_line = {}
        for clé in ligne:
            if clé in liste_clés:
                new_line[c] = ligne[c]
        table_proj.append(new_line)
    return table_proj
```

À NOTER
La construction par compréhension clarifie et simplifie grandement le code. Des noms de variable sans signification rendent un code "mystérieux", ce qui est à éviter.

5 Tester la cohérence d'une table

1. On teste si chaque ligne a le même ensemble d'attributs que la première ligne en utilisant les fonctions `attributs2(table, no_ligne)` et `cardinalité(table)` de l'exercice 3.

```
def coherence_attributs(table):
    ref = attributs2(table) # ensemble des attributs de la 1re ligne
    no_ligne = 1
    card = cardinalité(table) # nombre de lignes de la table
    while no_ligne < card and attributs2(table, no_ligne) == ref :
        # on avance d'une ligne tant que les attributs sont les mêmes et qu'on ne dépasse pas la taille de la table
        no_ligne += 1
    # si la table est cohérente `no_ligne` vaut la cardinalité de la table
    return no_ligne == card
```

2. On utilise le fait qu'il n'existe pas de doublon dans un ensemble. On forme donc l'ensemble des valeurs prises par l'attribut de référence. Il y a un doublon si la longueur de cet ensemble est inférieure à la cardinalité de la table.

```
def existe_doublons(table, attribut_ref):
    ens_ref = {ligne[attribut_ref] for ligne in table}
    return len(ens_ref) != cardinalité(table)
```

6 Lier tableur, fichier CSV et liste de dictionnaires

1. La première ligne correspond aux clés de chaque dictionnaire.

	A	B	C	D
1	NomAlien	Sexe	Planete	NoCabine

2. → FICHE 17 Il faut exécuter :

```
>>> vers_csv('BaseAliens',['NomAlien','Sexe','Planete',
'NoCabine'])
```

3. La deuxième ligne du fichier CSV correspond au premier élément de la liste `BaseAliens`. Seules les valeurs apparaissent et elles sont séparées par des virgules : `'Zorglub','M','Trantor','1'`

4. Il s'agit de la valeur correspondant à la clé en 3e position (colonne C) donc `Planete` du septième dictionnaire (ligne 8). Le résultat est donc Aurora.

5. Le septième dictionnaire correspond à l'élément numéro 6 de la liste : `BaseAliens[6]['Planete']`.

6. Il faut d'abord modifier la liste `BaseAliens`. Si l'on sait que Joranum correspond au dernier dictionnaire de la liste, on peut saisir directement :

```
>>> BaseAliens[-1]['Planete'] = 'Aurora'
```

Sinon, on doit chercher la ligne où apparaît Joranum, puis la modifier en conséquence :

```
for alien in BaseAliens:
    if alien['NomAlien'] == 'Joranum':
        alien['Planete'] = 'Aurora'
```

Dans chaque cas, il faut ensuite créer le fichier CSV correspondant :

```
vers_csv('BaseAliens',['NomAlien','Sexe',
'Planete','NoCabine'])
```

7 Ajouter une ligne ou une colonne à une table

1. On utilise la fonction `depuis_csv` définie → FICHE 17.

```
>>>depuis_csv('Groupe1')
```

2. On ajoute une ligne à la liste `Groupe1` :

```
Groupe1.append({'Nom':'Rose','Maths':'17','Info':'18',
'Anglais':'19'})
```

> **À NOTER**
> On rappelle qu'une ligne étant un dictionnaire, elle n'est pas ordonnée.

3. On parcourt chaque ligne (qui représente un élève) et on ajoute chaque note :

```
def ajoute_moyenne_ligne(table):
    new_table = deepcopy(table)
    for eleve in new_table:
        total, nb_notes = 0, 0
        for matiere in eleve:
            if matiere != 'Nom':
                total += eval(eleve[matiere])
                nb_notes += 1
        eleve['Moyenne'] = "{:.1f}".format(total / nb_notes)
    return new_table
```

Explications :
Ligne 2 : copie de la table d'origine.
Ligne 3 : pour chaque ligne, c'est-à-dire pour chaque élève, on va calculer la somme des notes, ainsi que le nombre de notes.
Ligne 7 : les notes sont stockées sous forme de chaînes de caractères, il faut les évaluer en tant que nombres pour pouvoir les additionner.

4. La fonction `ajoute_moyenne_colonne` ci-dessous ajoute une ligne contenant les moyennes de chaque colonne, c'est-à-dire de chaque matière. Ainsi, ici elle ajoute la ligne d'indice 3 :

	Nom	Anglais	Info	Maths
0	Joe	17	18	16
1	Zoé	15	17	19
2	Max	19	13	14
3	Moyenne	17.0	16.0	16.3

Le code de la fonction :

```
def ajoute_moyenne_colonne(table):
    new_table = deepcopy(table)
    nb_eleves = len(table)
    # On crée une ligne de notes par matières toutes à 0.
    ligne_moy = {matiere: 0 for matiere in table[0].keys() if
    matiere != 'Nom'}
    # On additionne les notes de chaque matière.
    for eleve in table:
        for matiere in eleve:
            if matiere != 'Nom':
                ligne_moy[matiere] += eval(eleve[matiere])
    # On remplace la somme par la moyenne.
    for matiere in ligne_moy:
        ligne_moy[matiere] = '{:.1f}'.format(ligne_moy[matiere]
        / nb_eleves)
    # On donne comme nom 'Moyenne' à cette nouvelle ligne.
    ligne_moy['Nom'] = 'Moyenne'
    new_table.append(ligne_moy)
    return new_table
```

8 Sélectionner, trier, joindre

1. On utilise la fonction select, avec le critère de tri `ligne['VilleAgent'] == 'Terminus'`.

```
>>> BaseTerminus = select(BaseAgents, "ligne['VilleAgent'] ==
'Terminus'")
>>> BaseTerminus
[{'NomAgent': 'Branno', 'VilleAgent': 'Terminus'},
 {'NomAgent': 'Darell', 'VilleAgent': 'Terminus'},
 {'NomAgent': 'Seldon', 'VilleAgent': 'Terminus'},
 {'NomAgent': 'Hardin', 'VilleAgent': 'Terminus'},
 {'NomAgent': 'Riose', 'VilleAgent': 'Terminus'}]
```

2. On utilise la fonction `tri`, selon l'attribut NomAgent :

```
>>> BaseAlpha = tri(BaseAgents, 'NomAgent')
>>> BaseAlpha
[{'NomAgent': 'Branno', 'VilleAgent': 'Terminus'},
 {'NomAgent': 'Darell', 'VilleAgent': 'Terminus'},
 {'NomAgent': 'Demerzel', 'VilleAgent': 'Uco'},
 {'NomAgent': 'Dornick', 'VilleAgent': 'Kalgan'},
 {'NomAgent': 'Hardin', 'VilleAgent': 'Terminus'},
 {'NomAgent': 'Pelorat', 'VilleAgent': 'Kalgan'},
 {'NomAgent': 'Riose', 'VilleAgent': 'Terminus'},
 {'NomAgent': 'Seldon', 'VilleAgent': 'Terminus'},
 {'NomAgent': 'Trevize', 'VilleAgent': 'Hesperos'}]
```

3. On doit effectuer une jointure des deux tables, l'attribut commun étant NomAgent :

```
>>> BaseComplete = jointure(BaseAgents, BaseGardiens, 'NomAgent')
>>> BaseComplete
[{'NomAgent': 'Branno', 'VilleAgent': 'Terminus', 'NoCabine':
 '1'},
 {'NomAgent': 'Darell', 'VilleAgent': 'Terminus', 'NoCabine':
 '2'},
 {'NomAgent': 'Demerzel', 'VilleAgent': 'Uco', 'NoCabine':
 '3'},
 {'NomAgent': 'Seldon', 'VilleAgent': 'Terminus', 'NoCabine':
 '4'},
 {'NomAgent': 'Dornick', 'VilleAgent': 'Kalgan', 'NoCabine':
 '5'},
 {'NomAgent': 'Hardin', 'VilleAgent': 'Terminus', 'NoCabine':
 '6'},
 {'NomAgent': 'Trevize', 'VilleAgent': 'Hesperos', 'NoCabine':
 '7'},
 {'NomAgent': 'Pelorat', 'VilleAgent': 'Kalgan', 'NoCabine':
 '8'},
 {'NomAgent': 'Riose', 'VilleAgent': 'Terminus', 'NoCabine':
 '9'}]
```

4. On utilise la fonction `projection` sur la table `BaseComplete` précédente :

```
>>> BaseVille = projection(BaseComplete, ['NoCabine',
'VilleAgent'])
>>> BaseVille
[{'VilleAgent': 'Terminus', 'NoCabine': '1'},
 {'VilleAgent': 'Terminus', 'NoCabine': '2'},
 {'VilleAgent': 'Uco', 'NoCabine': '3'},
 {'VilleAgent': 'Terminus', 'NoCabine': '4'},
 {'VilleAgent': 'Kalgan', 'NoCabine': '5'},
 {'VilleAgent': 'Terminus', 'NoCabine': '6'},
 {'VilleAgent': 'Hesperos', 'NoCabine': '7'},
 {'VilleAgent': 'Kalgan', 'NoCabine': '8'},
 {'VilleAgent': 'Terminus', 'NoCabine': '9'}]
```

5. On commence par une selection suivie d'une projection sur BaseComplete :

```
>>> BaseImpair0 = select(BaseComplete, "ligne['VilleAgent']
!= 'Terminus' and eval(ligne['NoCabine']) % 2 == 1")
>>> BaseImpair0
[{'NomAgent': 'Demerzel', 'VilleAgent': 'Uco', 'NoCabine':
 '3'},
 {'NomAgent': 'Dornick', 'VilleAgent': 'Kalgan', 'NoCabine':
 '5'},
 {'NomAgent': 'Trevize', 'VilleAgent': 'Hesperos',
 'NoCabine': '7'}]
>>> BaseImpair = projection(BaseImpair0, ['NomAgent',
'VilleAgent'])
>>> BaseImpair
[{'NomAgent': 'Demerzel', 'VilleAgent': 'Uco'},
 {'NomAgent': 'Dornick', 'VilleAgent': 'Kalgan'},
 {'NomAgent': 'Trevize', 'VilleAgent': 'Hesperos'}]
```

OBJECTIF BAC

9 Les hommes en noir

1. Par exemple, pour la première table on peut créer un fichier BaseAliens.csv dans un éditeur de texte (comme Spyder). Ensuite on y écrit les données utiles séparées par des virgules, toujours dans le même ordre :

```
NoCabine,NomAlien,Planete,Sexe
1,Zorglub,Trantor,M
2,Blorx,Euterpe,M
3,Urxiz,Aurora,M
4,Zbleurdite,Trantor,F
5,Darneurane,Trantor,M
6,Mulzo,Helicon,M
7,Zzzzzz,Aurora,F
8,Arghh,Nexon,M
9,Joranum,Euterpe,F
```

Ou bien on entre les données dans un tableur (Excel, LibreOffice Calc, Gnumeric, etc.) et on exporte chaque table au format CSV.
Ensuite, dans tous les cas, on crée la table comme liste de dictionnaires avec la commande vue fiche 17 :

```
>>>BaseAliens =depuis_csv('BaseAliens')
```

On fait de même pour les autres tables.

2. a. On obtient l'ensemble des gardiens défini en compréhension en parcourant la liste BaseGardiens :

```
>>> {gardien['NomAgent'] for gardien in BaseGardiens}
{'Branno','Darell','Demerzel','Dornick','Hardin','Pelorat',
'Riose','Seldon','Trevize'}
```

On peut aussi sélectionner la colonne des noms de gardien de la table BaseGardiens par projection en utilisant la fonction définie fiche 18 :

```
>>> projection(BaseGardiens, ['NomAgent'])
[{'NomAgent': 'Branno'},
 {'NomAgent': 'Darell'},
 {'NomAgent': 'Demerzel'},
 {'NomAgent': 'Seldon'},
 {'NomAgent': 'Dornick'},
 {'NomAgent': 'Hardin'},
 {'NomAgent': 'Trevize'},
 {'NomAgent': 'Pelorat'},
 {'NomAgent': 'Riose'}]
```

Toutefois on ne répond pas exactement à la question puisque l'on demandait l'*ensemble* des gardiens.

b. On commence par joindre les bases `BaseGardiens` et `BaseAgents` avec comme attribut commun le nom des agents. On obtient une table listant les gardiens, leur ville et le numéro de cabine à laquelle ils sont affectés :

```
>>> baseGardiensVilles = jointure(BaseGardiens, BaseAgents,
'NomAgent')
```

Puis on extrait dans un ensemble les villes de cette table :

```
>>> {gardien['VilleAgent'] for gardien in baseGardiensVilles}
{'Arcturus', 'Hesperos', 'Kalgan', 'Terminus'}
```

À NOTER
Siwenna n'est pas dans l'ensemble car l'agent Palver n'est pas un gardien.

On vérifie l'allure de la table créée par jointure qui doit être :

NoCabine	NomAgent	VilleAgent
1	Branno	Terminus
2	Darell	Terminus
3	Demerzel	Arcturus
4	Seldon	Terminus
5	Dornick	Kalgan
6	Hardin	Terminus
7	Trevize	Hesperos
8	Pelorat	Kalgan
9	Riose	Terminus

c. On joint les bases `BaseAliens` et `BaseGardiens` avec comme attribut commun le numéro de cabine.

```
>>> baseAliensGardiens = jointure(BaseAliens, BaseGardiens,
'NoCabine')
```

Puis on extrait les triplets dans un ensemble :

```
>>> {(cab['NoCabine'], cab['NomAlien'], cab['NomAgent']) for
cab in baseAliensGardiens}
{('1', 'Zorglub', 'Branno'),
 ('2', 'Blorx', 'Darell'),
 ('3', 'Urxiz', 'Demerzel'),
 ('4', 'Zbleurdite', 'Seldon'),
 ('5', 'Darneurane', 'Dornick'),
 ('6', 'Mulzo', 'Hardin'),
 ('7', 'Zzzzzz', 'Trevize'),
 ('8', 'Arghh', 'Pelorat'),
 ('9', 'Joranum', 'Riose')}
```

d. On commence par joindre BaseAliens et BaseCabines par les numéros de cabine :

```
>>> baseAlienAllee = jointure(BaseAliens, BaseCabines, 'NoCabine')
```

• Avec une sélection, puis un ensemble construit par compréhension :

```
>>> baseAllee2 = select(baseAlienAllee, "ligne['NoAllee'] ==
'2'")
>>> {al['NomAlien'] for al in baseAllee2}
{'Urxiz', 'Mulzo', 'Darneurane', 'Zzzzzz'}
```

• Directement :

```
>>> {al['NomAlien'] for al in baseAlienAllee if al['NoAllee'] ==
'2'}
{'Urxiz', 'Mulzo', 'Darneurane', 'Zzzzzz'}
```

e. Nous avons déjà fabriqué la table `baseAliensGardiens` à la question 2. c. Il reste à effecteur deux jointures :

```
>>>baseAliensGardiensAgents=jointure(baseAliensGardiens,
BaseAgents, 'NomAgent')
>>>   baseAlGaAgPl =   jointure(baseAliensGardiensAgents,
BaseVilles, 'VilleAgent', 'Ville')
```

Puis à extraire dans un ensemble les noms des extraterrestres dont le gardien vient de Trantor :

```
>>> {al['NomAlien'] for al in baseAlGaAgPl if al['Planete']
== 'Trantor'}
{'Blorx', 'Joranum', 'Mulzo', 'Zbleurdite', 'Zorglub'}
```

f. On joint les bases `baseAliensGardiens` déjà crée et `BaseMiams` selon le nom de l'extraterrestre :

```
>>> baseAlGaMi = jointure(baseAliensGardiens, BaseMiams,
'NomAlien')
```

On extrait dans un ensemble les noms des gardiens des extraterrestres féminins qui mangent du bortsch :

```
>>> {al['NomAgent'] for al in baseAlGaMi if al['Aliment'] ==
'Bortsch' and al['Sexe'] == 'F'}
{'Riose', 'Seldon'}
```

3. a. On utilise la table `baseAlGaMi` construite à la question précédente et on construit l'ensemble des réponses à la question : « la première lettre de l'aliment que mange un extraterrestre est la même que la première lettre du nom du gardien qui le surveille », puis on teste la présence de `True` dans cet ensemble.

```
>>> True in {al['Aliment'][0] == al['NomAgent'][0] for al in
baseAlGaMi}
True
```

On aurait pu penser à une boucle `while` puisqu'il suffit qu'il existe un seul cas favorable. On peut commencer par le début :

```
def test8():
    n = len(baseAlGaMi)
    # on commence par la gauche de la liste
    k = 0
    # on teste d'abord la valeur de k pour éviter d'avoir un
    'index out of range'
    while k < n and baseAlGaMi[k]['Aliment'][0] != baseAlGaMi[k]
    ['NomAgent'][0]:
        k += 1
    # on affiche la valeur de k et les noms par curiosité
    print(k, baseAlGaMi[k]['Aliment'], baseAlGaMi[k]['NomAgent'])
    # mais la valeur retournée est un booléen
    return k < n
```

Ou par la fin :

```
def test8():
    # on commence par la droite de la liste
    k = len(baseAlGaMi) - 1
    # on teste d'abord la valeur de k pour éviter de tourner
    en rond
    while k >= 0 and baseAlGaMi[k]['Aliment'][0] != baseAlGaMi[k]
    ['NomAgent'][0]:
        k -= 1
    # on affiche la valeur de k et les noms par curiosité
    print(k, baseAlGaMi[k]['Aliment'], baseAlGaMi[k]['NomAgent'])
    # mais la valeur retournée est un booléen
    return k >= 0
```

Dans les deux cas, on obtient :

```
>>> test8()
0 Bortsch Branno
True
```

b. On utilise la table `baseAliensGardiensAgents` de la question **2. e**.

```
>>> False not in {a['VilleAgent'] == 'Terminus' and 'x' in
a['NomAlien'] for a in baseAliensGardiensAgents}
False
```

Interface homme-machine et Web

HTML 5, CSS et JavaScript sont les technologies web incontournables « côté client », et PHP, la plus connu « côté serveur ».

20 Éléments d'interaction dans une page web

En bref *Certains éléments de base constituent l'ossature de tout document HTML. Nous allons ici nous focaliser sur ceux qui permettent l'interaction avec l'utilisateur.*

I Principaux éléments d'une page web

■ Dans une page web, beaucoup d'éléments → MÉMO VISUEL servent à **structurer** la page et fournir sa **sémantique** tandis que d'autres permettent d'interagir avec un utilisateur : les plus connus sont les liens hypertextes, les zones de texte, les boutons ou les listes déroulantes.

■ L'**interaction** peut se faire *via* l'utilisation de styles CSS, à l'aide du langage JavaScript → FICHE 21 ou encore en déclenchant une action sur le serveur lors d'une validation de formulaire → FICHE 23.

II Les différents types d'interaction

1 Interaction *via* un style CSS

■ Une façon très simple d'interagir avec un utilisateur est de le faire *via* les CSS (*Cascading Style Sheet*). Cette interaction peut concerner toute sorte d'éléments HTML.

■ Par exemple, pour mettre en avant les liens dans une page, on peut faire réagir au survol d'un lien en utilisant la pseudo-classe de style `:hover`.

Pour obtenir au survol un agrandissement de 200 % de la taille des liens :

```
a:hover{ font-size: 200%; }
```

2 Interaction sur la base d'un `<input>`

■ Un **formulaire** HTML est indiqué par la balise `<form>` et contient notamment des champs de saisie appelés `<input>` de différents types.

Voici des types courants de champs `<input>` :

Description	Type	Exemple d'affichage
Champ texte d'une ligne	`text`	**Login:** toto
Champ mot de passe	`password`	**Mot de passe :** •••••••••
Choix exclusif	`radio`	◉ Humain ○ Extraterrestre

Description	Type	Exemple d'affichage
Cases à cocher	checkbox	☑ Lait ☐ Beurre ☑ Fromage
Sélection de fichier	file	Choisir le fichier IMG_7011.JPG
Bouton de soumission	submit	Envoyer

Un exemple de code HTML :

```
<form>
    <p>Login : <input type="text" name="login"/></p>
    <p>Mot de passe : <input type="passwd" name="pass"/></p>
    <p>Catégorie :
    Humain <input type="radio" name="cat" value="hu"/>
    Extraterrestre <input type="radio" name="cat" value="ex"/>
    </p>
    <p>Pour le petit-déjeuner : <br/>
    Lait <input type="checkbox" name="lait" value="lait" />
    Beurre <input type="checkbox" name="beurre" value="beurre" />
    Fromage <input type="checkbox" name="fromage"
value="fromage" />
    </p>
    <p><input type="button" value="Bouton"></p>
    <p><input type="submit" value="Envoyer"></p>
</form>
```

■ Les **inputs** peuvent être de types plus spécialisés comme `tel`, `search`, `url`, `email`, `number`, `range`, `color` ou `list`.

3 | Interaction sur la base d'un `<select>`

■ Un autre élément important d'interaction est la liste déroulante ou `<select>`. Exemple de code :

```
<select name="menu">
    <option value="volaille">Poulet frites</option>
    <option value="veggie">Riz et lentilles</option>
    <option value="poisson">Anchois marinés</option>
</select>
```

■ Les valeurs affichées sont les textes entre les balises ouvrantes et fermantes de l'élément `option`. Les attributs `value` sont utilisés en JavaScript ou côté serveur pour connaître le choix de l'utilisateur. Il est préférable qu'ils ne comportent ni espaces, ni caractères spéciaux. Le `select` autorise un seul choix par défaut mais peut être précisé `multiple` pour permettre de valider plusieurs choix simultanés. Dans ce cas les valeurs sélectionnées sont traitées comme un tableau, noté par [], exemple :

```
<select name="menu[]" multiple> ... </select>
```

21 Interaction client-utilisateur, éléments de JavaScript

En bref *JavaScript est un langage de programmation qui permet d'implémenter l'interactivité d'une page web. Il est le plus souvent utilisé côté client, dans un navigateur internet.*

I Introduction à JavaScript

■ **JavaScript** (JS) est l'un des langages pivots du Web. Il est principalement utilisé pour gérer l'interactivité dans un navigateur web (côté client) mais peut également être utilisé côté serveur *via* la plateforme NodeJS. Le format d'échange JSON (*JavaScript Object Notation*) est couramment utilisé dans les échanges sur le Web.

■ JavaScript a été ainsi nommé en référence au **langage Java**, bien qu'il en diffère sensiblement.

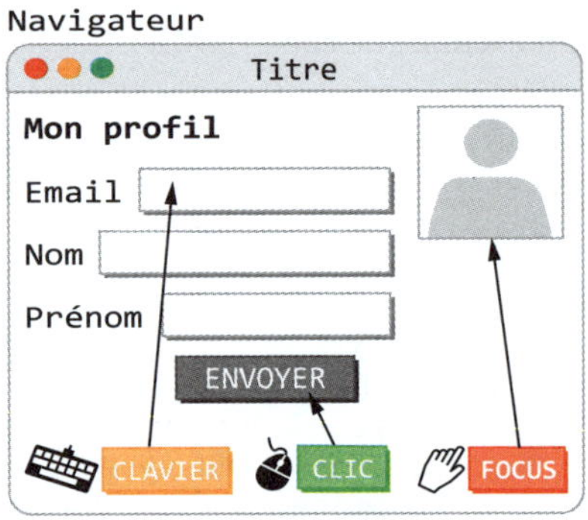

Interactions avec le navigateur

II JavaScript et HTML

■ De très nombreux **attributs événementiels** sont associés à des balises HTML et utilisés en lien avec JavaScript. Voici quelques-uns des plus importants :

Événement	Description	Domaine d'utilisation
`onclick`	Réponse à un clic	Pointage (souris ou autre)
`onchange`	Changement d'une valeur de champ	Formulaire (`select`, etc.)
`oninput`	Champ de formulaire modifié	Formulaire
`onkeyup`	Touche relâchée	Formulaire

■ On place le code JS dans un élément `script`, plutôt à la fin du document pour éviter que le script ne se déclenche avant le chargement de la page. L'attribut `type` n'est pas obligatoire :

```
<script type="text/javascript">
    alert('Bonjour à vous');
</script>
```

■ On peut aussi faire appel à un script placé dans un fichier externe d'extension .js avec l'attribut `src`.
Exemple : `<script src="monfic.js"></script>`.

III Traitements événementiels en JavaScript

1 Réponse à un clic sur un élément

■ Il s'agit de l'interaction la plus simple. Un élément avec l'attribut `onclick` déclenche une fonction JS lorsqu'il reçoit un clic.

■ Dans l'exemple suivant, cette fonction change la couleur de fond de la page lors d'un clic sur un bouton.

```
<input type="button" value="Changer couleur"
onclick="changeCouleur()"/>
<script>
    function changeCouleur(){
        const coul = document.body.style.backgroundColor;
        if (coul == 'Ivory') {
            document.body.style.backgroundColor = 'Orange';
        }
        else {document.body.style.backgroundColor = 'Ivory';}
    }
</script>
```

2 Choix dans une liste déroulante

■ On détecte un changement sur l'élément `select` *via* la méthode indiquée par l'attribut onchange, ici la méthode `selection()`.

```
<select id="choix" name="lang" onchange="selection()">
    <option value="fr">Français</option>
    <option value="zh">Chinois</option>
    <option value="it">Italien</option>
</select>
```

■ Dans la fonction `selection()`, on cible l'élément `select` par son identifiant (`id="choix"`).

Puis on accède au choix effectué à l'aide de `selecteur.selectedIndex`. Enfin on affiche, ici, la valeur et le texte de l'option choisie.

```
function selection() {
    const selecteur = document.getElementById('choix');
    const monChoix = selecteur[selecteur.selectedIndex];
    console.log(monChoix.value + ' ' + monChoix.text);
}
```

À NOTER

La déclaration de variables se fait en JS à l'aide des mots clefs `let` ou `const` selon que la variable sera ou non réallouée en cours de programme.
L'opérateur + réalise la concaténation des chaînes de caractères comme en Python.

22 Interactions client-serveur – HTTP

En bref *Le schéma client-serveur désigne un mode de communication entre programmes : l'un, qualifié de client, envoie des requêtes ; l'autre, le serveur, y répond. Dans le cas du Web, le client est le navigateur et le protocole utilisé est HTTP.*

I Client-Serveur – Dialogue HTTP

1 Le côté client ou *front-end*

■ Centré sur le navigateur, il est constitué par des pages HTML, les feuilles de style CSS et les codes JavaScript qui les accompagnent. Les métiers concernés sont, par exemple, *web designer*, intégrateur CSS ou développeur *front-end*.

■ Certaines vérifications de formulaires sont faites dans le navigateur *via* des attributs HTML spécialisés comme `pattern` ou en invoquant du code JS.

2 Le côté serveur ou *back-end*

■ Il assure la réponse à une demande faite lors de la soumission du formulaire par validation (*submit*) ou lors d'un appel ajax en JS.

■ Les technologies employées sont très variées : PHP, Python, .NET, Java, ainsi que des bases de données relationnelles.

■ Ces programmes s'exécutent le plus souvent sur des serveurs distants, sur Internet. Des vérifications sur les données sont également effectuées côté serveur pour assurer la sécurité de l'application.

3 Le dialogue entre client et serveur : HTTP

HTTP signifie *HyperText Transfer Protocol*, c'est le protocole de « haut niveau » permettant les échanges entre un navigateur et un serveur sur Internet. La transmission de paramètres (champs saisis dans le formulaire) se fait grâce à ce protocole.

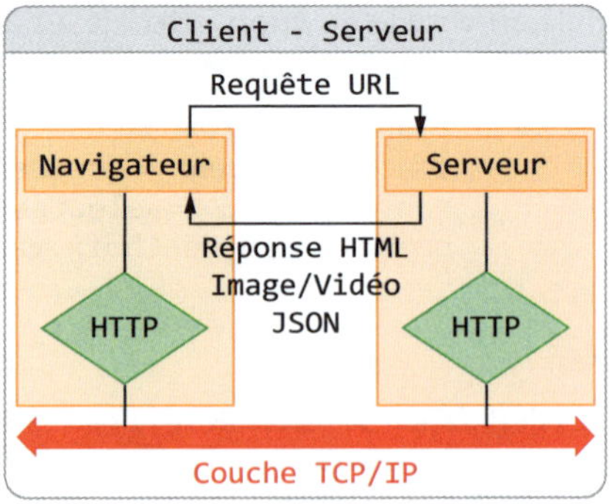

■ Dans le cas de sites sécurisés, le protocole HTTPS ajoute une couche SSL (*Secure Socket Layer*) à HTTP, assurant le chiffrement et la confidentialité des échanges.

4 | Méthodes GET et POST

- Avec la méthode GET, les paramètres sont transmis dans la variable d'environnement `QUERY_STRING` et visibles sur l'URL.
- Avec la méthode POST, les paramètres sont transmis au programme externe dans son entrée standard et sont invisibles sur l'URL.

II Un exemple de formulaire en HTML

- Voici un formulaire complet avec différents types d'`input` dotés de plusieurs attributs comme :
- `required` qui indique les champs obligatoires ;
- `placeholder` qui donne un exemple ;
- `pattern` qui précise la valeur attendue à l'aide d'une **expression régulière**.

MOT CLÉ

Les **expressions régulières** représentent des motifs, comme ici un numéro de téléphone comprenant uniquement des chiffres, d'où la plage de caractères [0-9], et de taille contrainte : {10,14} signifiant entre 10 et 14 éléments. Pour un email, l'expression régulière est étonnamment complexe et il vaut mieux laisser faire le navigateur avec sa valeur par défaut.

```
<form name="form1" action="reponse.php" method="GET">
    <fieldset>
        <legend>Formulaire de saisie</legend>
        <p><label for="nom1">Nom :</label>
            <input id="nom1" type="text" size="20"
name="nom" title="Entrez votre nom (au moins 2 caractères
alphabétiques)" pattern="[A-Za-z]{2,}" required
placeholder="Jean Dupont"/></p>
        <p><label for="email1">Email :</label>
        <input id="email1" type="email" name="email" required
placeholder="alain.dupond@monsite.fr"</p>
        <p><label for="tel1">Téléphone :</label>
        <input id="tel1" type="tel" name="tel" pattern="[0-9]
{10,14}" title="No de tél. entre 10 et 14 chiffres"/></p>
        <p><label for="rdv">Date du rendez-vous :</label>
        <input id="rdv" type="date" name="rdv"/></p>
        <p><input type="submit" value="Envoi"></p>
    </fieldset>
</form>
```

- Nous verrons une réponse en PHP à un formulaire → FICHE 23.

23 Développement web côté serveur : le PHP

En bref *En plus des langages « client » (HTML, CSS et JavaScript), les langages « serveur », dont PHP, servent à produire des pages web dynamiques pouvant interagir avec des bases de données.*

I Le langage PHP

- PHP est un langage multiplateforme, spécialisé dans la génération de texte ou de documents HTML et qui peut aussi permettre de produire des fichiers PDF et des images.
- PHP est un acronyme *récursif* signifiant « *PHP : Hypertext Preprocessor* ». PHP est inspiré par les langages Perl, Bash et Java pour son modèle objet.
- Les fichiers PHP portent l'extension **.php** et peuvent contenir un mélange de code HTML et PHP. Les sections de code PHP doivent être incluses entre les balises `<?php` et `?>`. Lors de l'exécution du fichier PHP par le serveur, le code HTML est recopié inchangé, tandis que le code PHP est interprété et remplacé par son résultat.
- Il est souvent couplé à une base de données comme MySQL ou MariaDB.

À NOTER
De nombreux systèmes de gestion de contenus (CMS) comme *Wordpress* ou *Drupal* ainsi que de très nombreux *Frameworks* comme *Symfony* ou *Laravel* utilisent PHP. Des centaines de millions de sites web l'utilisent à travers le monde.

II Formulaire simple et sa réponse en PHP

1 Éléments de PHP

- Lorsque PHP répond à un formulaire, il récupère les variables du formulaire *via* le tableau associatif `$_GET` indexé par les noms des champs du formulaire HTML.
- La méthode `echo` permet un affichage comme en Bash → FICHE 28, la fonction `isset` permet de savoir si une variable existe et la fonction `empty` si elle n'existe pas ou est vide. On utilise plutôt sa négation `!empty()` pour savoir si une variable **existe et est non vide**.
- Attention ! PHP utilise le point `.` pour la concaténation des chaînes et on place un `$` devant le nom de chaque variable comme en Bash. Le ET logique est noté `&&` et le OU est noté `||`.

2 Le formulaire et sa réponse en PHP

- Reprenons le formulaire → FICHE 22 demandant le nom, le téléphone, l'email et une date à l'utilisateur.
- La réponse comprend une alternance de HTML et de PHP et procède à quelques tests avec `isset()` et `!empty()` sur les données transmises par le formulaire avant d'afficher une partie des données saisies dans le formulaire.

```
<!DOCTYPE html>
<html>
    <head>
        <meta charset="utf-8" />
        <title>Réponse PHP</title>
    </head>
    <body>
        <?php
            if (isset($_GET['nom1'])) {
                $nom = $_GET['nom1'];
                }
            else {
                $nom = 'Inconnu';
                } ?>
        <h2>Bonjour, <?php echo $nom ?></h2>
        <?php
            if (!empty($_GET['email1'])) {
                echo "Votre email est : ".$_GET['email1'];
                }
            else {
                echo "Vous n'avez pas saisi d'email !";
            }
            echo "<br/>Les infos sur votre navigateur et
système sont : ".$_SERVER['HTTP_USER_AGENT'];
            echo "<br/>Votre adresse IP est :
".$_SERVER['REMOTE_ADDR'];
        ?>
    </body>
</html>
```

À NOTER

PHP utilise des tableaux associatifs comme $_GET, $_POST pour accéder aux données d'un formulaire, $_SERVER pour obtenir certaines informations sur le client ou le serveur lui-même ou encore $_SESSION pour gérer des sessions et conserver des informations spécifiques au client, comme son panier sur un site marchand.

24 Les grandes évolutions du Web

En bref *L'importance du Web aujourd'hui nous invite à retracer son histoire et à dessiner les grandes lignes de son évolution.*

I Le HTML et les langages de balisage

1 Historique

Tim Berners-Lee

- HTML signifie *Hypertext Markup Language* c'est-à-dire langage de balisage hypertexte. Il a été proposé par Tim Berners-Lee, chercheur anglais au CERN à Genève, fin 1990 en même temps que la version initiale du protocole HTTP (*Hypertext Transfer Protocol*) et le premier navigateur Internet appelé WorldWideWeb. HTML est conçu à ce moment-là comme un outil de partage et de diffusion de l'information au sein de la communauté scientifique principalement.

2 Les grands standards du Web

- HTML a connu depuis de nombreuses refontes dont la dernière est la définition standard d'**HTML 5** publiée en 2014 par le consortium W3C qui gère les standards du Web. HTML 5 continue d'évoluer sous son égide.
- HTML est un langage fondé sur des balises et reposant sur un socle plus large : SGML (*Standard Generalized Markup Language*). D'autres déclinaisons de SGML existent, comme XML pour décrire des documents semi-structurés ou SVG pour décrire des graphiques.
- Le langage **CSS** sert à **mettre en forme** et disposer le contenu HTML.
- Le protocole **HTTP** évolue également avec l'adoption progressive de HTTP/2 qui introduit le multiplexage de plusieurs requêtes HTTP en une seule connexion pour diminuer les temps de latence sur le Web.

II L'évolution du Web

- Bien au-delà de la communauté scientifique pour laquelle il a été développé initialement, HTML et les protocoles qui l'accompagnent sont mis gratuitement à disposition de tous par Tim Berners-Lee et le CERN et se diffusent à une vitesse foudroyante. On compte en 2019 près de 2 milliards de sites web de toutes sortes à travers le monde ! La moitié de l'humanité est régulièrement connectée. Les usages sont innombrables, l'information devient universellement accessible.
- Malgré cela, des nuages noirs assombrissent le Web, l'exploitation commerciale des données individuelles se fait à grande échelle par les géants du numérique ou dans un but de surveillance sociale dans certains pays. De vastes

manipulations sont déclenchées par des groupes de pression ou des gouvernements sur les réseaux sociaux comme lors du référendum sur le Brexit ou durant l'élection américaine de 2016. Le Web constitue aujourd'hui une caisse de résonance problématique pour les fausses nouvelles. Une étude de chercheurs du MIT parue dans Science en mars 2018 montre en particulier que sur Twitter, les informations vraies se propagent six fois plus lentement que les « *Fake News* ».

III L'avenir du Web

1 Reprendre le contrôle

■ Pour que les utilisateurs reprennent la main sur leurs données et leur destin numérique, des outils comme les alternatives libres aux solutions commerciales de navigateurs, de messagerie ou de partage de documents offrent aux utilisateurs des moyens leur permettant de contrôler l'accès aux données et aux contenus qu'ils génèrent sur le Web.

■ Pour contrer les fausses informations sur Internet, il n'existe pas de remède miracle sinon développer l'éducation et l'esprit critique et tout simplement éviter de trop utiliser certains réseaux sociaux...

2 Des pages HTML statiques aux API

■ Aux débuts du Web, il n'y avait que des sites statiques utilisant du HTML. Aujourd'hui, les pages de présentation (*landing pages*) sont encore très nombreuses sur la toile et utilisent HTML 5, des CSS, des images et souvent du JS. Lorsque l'on souhaite élaborer un site plus complet, couplé à des bases de données, on utilise un langage côté serveur comme PHP et on répond aux demandes des clients en interrogeant des sources de données diverses et en construisant à la volée des **pages dynamiques** en réponse.

■ Ainsi le site web de la SNCF présente des formulaires demandant où l'on veut aller et quand, et interroge des bases de données avant de renvoyer au client une liste de réponses. Un site partenaire, par exemple une agence de voyage, peut également accéder à ces informations pour en faire bénéficier ses clients. Le site de la SNCF propose ainsi une **API** permettant à des sites tiers d'accéder aux informations de voyage *via* des **URL** spécifiques.

MOTS CLÉS

- **URL** veut dire *Uniform Ressource Locator*. Il s'agit d'une adresse Internet telle que http://www.w3c.org.
- **API** signifie *Application Programming Interface*. Les API sont aujourd'hui omniprésentes sur le Web et permettent l'échange de données entre clients et serveurs, le plus souvent en JSON. Elles permettent l'utilisation d'architectures logicielles plus souples et plus évolutives.

Squelette d'une page web

```
<!DOCTYPE html>
<html lang="fr">
    <head>
        <title>Titre principal de la page</title>
        <meta charset="utf-8">
        <link rel="stylesheet" href="style.css">
    </head>
    <body>
        <header>
            <h1>Bienvenue <span id="user"></span></h1>
        </header>
    <nav>Menu principal de la page</nav>
    <article>
        <h2>Titre article</h2>
        <section>
            <form name="f1" action="reponse.php">
                <p>Nom <input id="nom" type="text"></p>
                <p><input id="btn" type="button" value="Afficher"
                onclick="affiche()"></p>
                <p><input type="submit" value="OK"></p>
            </form>
        </section>
    </article>
    <aside>Contenu secondaire</aside>
    <footer>Pied de page</footer>
        <script>
            function affiche(){
                const nom = document.getElementById("nom");
                console.log("Vous avez tapé : " + nom.value);
                let user = document.getElementById("user");
                user.innerHTML = nom.value;
                }
        </script>
    </body>
</html>
```

Balises de structure dans une page web

Le choix du charset est important, il représente l'encodage utilisé dans le document → FICHE 7 généralement utf-8

En-tête

Menu de la page (à compléter par une liste d'items)

Article principal

Titre (<h1>, <h2>…)

Section

Formulaire avec une action PHP en réponse à sa validation et une action JS lors du clic sur le bouton « Afficher »

Zone secondaire

Pied d'article ou de page

Script JS qui lit le nom saisi par l'utilisateur avant de l'afficher dans la console et dans le header de la page dans la balise d'identifiant "user"

Document Object Model

Tout document HTML présente une structure arborescente qu'il faut connaître pour pouvoir la manipuler en JavaScript. On l'appelle *Document Object Model* ou DOM.
Pour la page ci-contre, on a la structure (incomplète) suivante :

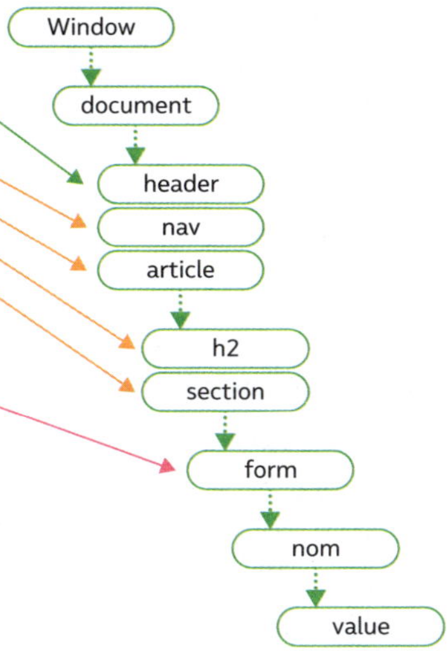

Une bonne indentation du fichier HTML permet de refléter cette hiérarchie.
JavaScript propose la méthode `getElementById()` pour récupérer un élément par son `id` et le champ `innerHTML` pour affecter le contenu HTML d'un élément de la page.

SE TESTER QUIZ

Vérifiez que vous avez bien compris les points clés des **fiches 20 à 24**.

1 L'interactivité sur une page HTML

→ FICHE 20

Parmi les affirmations suivantes, lesquelles sont vraies ?

☐ **a.** L'interactivité dans une page HTML ne peut se faire que grâce à JavaScript.
☐ **b.** L'interactivité dans une page HTML peut se faire à l'aide des CSS.
☐ **c.** L'interactivité dans une page HTML ne concerne que les clics sur boutons.
☐ **d.** L'attribut `onchange` sert à détecter un changement dans un élément `select`.

2 Les intrus

→ FICHES 20 à 23

Parmi les éléments HTML 5 de formulaires suivants se sont glissés des intrus, lesquels ?

☐ **a.** `<input>`
☐ **b.** `<button>`
☐ **c.** `<textarea>`
☐ **d.** `<panel>`
☐ **e.** `<select>`

3 L'attribut `onclick`

→ FICHE 21

L'attribut `onclick` dans un élément web :

☐ **a.** n'existe pas.
☐ **b.** sert à indiquer le nom d'une fonction JavaScript gérant le clic sur l'élément.
☐ **c.** est le seul attribut événementiel disponible en HTML 5.

4 Une fonction JavaScript

→ FICHE 21

La fonction JavaScript `getElementById()` :

☐ **a.** n'existe pas.
☐ **b.** permet de récupérer un élément de la page par son id.
☐ **c.** permet de récupérer un élément de la page par sa classe de style.

5 Côté client/côté serveur

→ FICHE 22

Parmi les technologies suivantes, quelles sont celles utilisées côté client ?

- ☐ a. JavaScript
- ☐ b. PHP
- ☐ c. HTML 5
- ☐ d. Python
- ☐ e. CSS
- ☐ f. Java

6 La concaténation de deux chaînes en PHP

→ FICHE 23

Pour concaténer deux chaînes en PHP :

- ☐ a. on utilise l'opérateur « + ».
- ☐ b. on utilise l'opérateur « . ».
- ☐ c. on les place juste l'une à côté de l'autre.

7 La fonction `empty` en PHP

→ FICHE 23

En PHP, la fonction `empty()` :

- ☐ a. n'existe pas.
- ☐ b. sert à savoir si une variable n'est pas définie.
- ☐ c. sert à savoir si une variable n'est pas définie ou est vide.
- ☐ d. sert à savoir uniquement si une variable est vide.

8 L'histoire du HTML

→ FICHE 24

HTML a été inventé par :

- ☐ a. Linus Torvalds
- ☐ b. Bill Gates
- ☐ c. Tim Berners-Lee
- ☐ d. Alan Turing
- ☐ e. Sergey Brin

9 Le HTML 5

→ FICHE 24 et MÉMO VISUEL

Le HTML 5 :

- ☐ a. est le premier langage de balises.
- ☐ b. ne s'occupe pas de JavaScript.
- ☐ c. est un standard obsolète.
- ☐ d. est un standard en évolution.
- ☐ e. date de 1990.

S'ENTRAÎNER

À NOTER

Pour tous les exercices, la documentation de référence sur JavaScript est à chercher sur https://developer.mozilla.org/fr/docs/Web/JavaScript. Concernant PHP, la documentation de référence se trouve sur https://php.net/manual/fr/getting-started.php.

10 Découvrir les outils de développement du navigateur

→ MÉMO VISUEL

Éditer un fichier nommé exemple.html et taper le code du mémo visuel. Ouvrir les outils de développement du navigateur et consulter la console web après avoir cliqué sur le bouton « afficher ». Ouvrir également l'onglet « réseaux » et vérifier que la case à cocher « désactiver le cache » est bien sélectionnée. Visiter un site web au choix et consulter sur ce même onglet réseaux les échanges entre le navigateur et le serveur et les codes HTTP correspondants.

11 Tester des fonctions d'interpolation à l'aide d'une transition CSS

→ FICHE 20

Les transitions CSS réalisent une interpolation entre deux valeurs distinctes de propriétés CSS comme la couleur de fond (`background-color`) ou la couleur du texte (`color`). La temporalité de cette transition est réglée par deux paramètres de temps : la durée souhaitée et le délai d'attente avant de déclencher la transition. Entre les deux, un paramètre précise la fonction d'interpolation dont la plus simple est `linear` pour une transition linéaire.

Dans l'exemple suivant, les éléments de classe de style `effet` déclenchent la transition lors du changement de valeur de la propriété `background-color`, elle-même déclenchée par leur survol.

```
.effet{
    background-color: Coral;
    transition: background-color 1s linear 0.6s;
}
.effet:hover{
    background-color: DodgerBlue;
}
```

Compléter la classe de style `effet` pour ajouter une transition au survol vers la couleur blanche du texte et vers une taille plus grande du texte.

Essayer différentes fonctions d'interpolation disponibles.

12 Changer la feuille de style d'une page à l'aide d'un bouton

→ FICHE 21

1. Préparer une page HTML 5 contenant un bouton appelé `changeCSS` et un titre.

2. Préparer deux feuilles de style CSS, l'une avec un fond sombre appelée fonce.css et l'autre avec un fond clair appelée clair.css.

Placer ces deux fichiers dans le même dossier.

3. Comment utiliser la feuille de style clair.css dans la page web ?

4. Configurer le bouton `changeCSS` de façon à déclencher la fonction JavaScript `changeCSS()` lorsqu'on clique dessus.

5. Coder le début de la fonction `changeCSS()` en utilisant la fonction JavaScript `querySelector()` pour sélectionner l'élément de type `link` de la page. `querySelector()` attend en entrée un sélecteur CSS quelconque comme ceux qu'on trouve dans les fichiers CSS et renvoie le premier élément de la page correspondant à ce sélecteur.

6. Compléter le code de la fonction `changeCSS()` en faisant usage de la fonction `getAttribute()` pour lire la valeur de la feuille de style utilisée (attribut `href`), puis la fonction `setAttribute()` pour modifier cette valeur et faire en sorte que la feuille de style soit modifiée à chaque clic sur le bouton.

13 Changer la couleur de fond d'une page avec une couleur aléatoire

→ FICHE 21

Concevoir une page web avec un bouton sur lequel sera affiché « Changer la couleur ».

Lorsqu'on clique sur ce bouton, une fonction JavaScript `changeCouleurFond` se lance et change la couleur de fond de la page en une couleur générée aléatoirement au format RGB.

Indications :

– Une couleur au format RGB s'écrit avec un # suivi de 6 caractères hexadécimaux.

– On peut tirer au sort un nombre décimal de l'intervalle [0 ; 1[avec la fonction JavaScript `random` de l'objet `Math`.

– On peut arrondir un nombre avec la méthode `floor` du même objet `Math`.

– On peut convertir un nombre en une base quelconque à l'aide la fonction `toString()` avec en paramètre la base souhaitée.

– On peut ainsi écrire une fonction intermédiaire `coulHexa()` qui tire au sort un nombre entre 0 et 256 puis le transforme en hexadécimal et enfin utiliser cette fonction pour générer une couleur aléatoire au format RGB.

14 Concevoir un formulaire HTML 5 avec vérification d'identifiant

→ FICHES 22 et 23

Proposer un formulaire nommé authentification.php qui présente un formulaire si on utilise la méthode HTTP « GET » et qui y réponde si c'est la méthode « POST » qui est utilisée. Ce formulaire comporte simplement deux champs : un login et un mot de passe. Le couple d'identifiants qui permet l'authentification sera par exemple « root » et « 4242 ». Une fois celle-ci acquise, on renverra vers une page suite.php qui saluera l'utilisateur ainsi authentifié.

Indications :

– Pour tester si la méthode « POST » est employée, on peut utiliser le test `if (!empty($_POST))`.

– Pour rediriger vers une autre page, on peut utiliser la méthode `header()` de PHP et on passe le login à la page suivante en concaténant à l'URL la chaîne `"?login=valeur du login"`.

15 Afficher ou masquer une zone dans une page web

→ FICHE 21

Préparer une page web dans laquelle on met un élément `div` dont l'identifiant (`id`) est `box1`.

Un clic sur un bouton doit permettre d'afficher ou de masquer le texte présenté dans l'élément `div` `box1`.

Indications :

On cible cette `div` à l'aide de la méthode `getElementById()` et on teste si sa propriété `hidden` est vraie ou fausse pour lui donner ensuite la valeur contraire.

16 Géolocaliser un internaute en JavaScript

→ FICHE 21

Construire une page HTML demandant le droit de localiser l'internaute, puis affichant sa latitude, longitude et altitude si c'est possible.

On veillera à traiter les cas d'erreurs possibles.

17 Afficher les informations d'un client à l'aide de JavaScript

→ FICHE 21

a. Rechercher les informations que l'on peut récupérer sur un internaute à l'aide de JavaScript.

b. Utiliser un script JS pour afficher toutes les informations accessibles dans le navigateur.

OBJECTIF BAC

18 Réaliser un quiz en JavaScript puis en PHP

90 min

Cet exercice de synthèse permet de réinvestir beaucoup de connaissances en HTML 5, JavaScript et PHP. On conçoit un petit questionnaire HTML puis on traite les réponses en JavaScript dans un premier temps, en PHP ensuite.

LE SUJET

On se propose d'écrire un mini-quiz en HTML 5 dont les réponses seront vérifiées en JavaScript et également postées en PHP. Ce quiz porte sur quelques questions de sport et de culture.

1. Écrire tout d'abord un formulaire composé de trois questions en HTML 5 :
- une question avec un choix de réponses binaire ;
- une question avec un champ de saisie et une réponse numérique attendue ;
- une question avec un choix de réponses multiples dont plusieurs réponses correctes.

2. Ajouter au quiz une question à choix multiples dont les réponses sont proposées dans une liste déroulante.

3. Ajouter une vérification de l'exactitude des réponses postées par l'utilisateur en vous aidant de fonctions JavaScript. Une fonction principale `score()` sera appelée lors d'un clic sur un bouton du formulaire. Cette fonction appellera des fonctions auxiliaires, une par question, qui vérifieront la validité de la question correspondante. Les affichages se feront grâce à l'utilisation de la fonction `alert()` de JS qui permet d'ouvrir une petite fenêtre de dialogue pour y afficher un message.

4. Attribuer à présent un score à l'utilisateur en fonction du nombre de bonnes réponses qu'il a fourni et l'afficher avec la fonction `alert()`.

5. Traiter les réponses en PHP avec affichage d'un récapitulatif des réponses de l'utilisateur en prenant en compte d'éventuels champs restés sans réponse (champs vides). Les réponses sont présentées dans l'ordre du formulaire, avec la réponse fournie, puis la réponse attendue, dans une liste à puces.

▶▶▶ LA FEUILLE DE ROUTE

1. Réaliser un formulaire en HTML 5 → FICHES 20 à 22

Pour la question à choix multiples et réponse unique, utilisez un `input` de type `radio`, pour la réponse numérique, un input de type `number` et pour la question à réponses multiples, une série d'items `checkbox`.

Pour chaque input, prévoir un attribut name pour pouvoir les identifier ainsi qu'un attribut title indiquant le type d'entrée attendue. L'attribut required indique qu'il est obligatoire de fournir une réponse.

2. Utiliser une liste déroulante → FICHE 20

Une liste déroulante est un élément select. Posez une question et proposez les réponses dans les champs option dont les attributs value doivent être uniques, en minuscules pour éviter au maximum les ambiguïtés et ne comporter ni espaces, ni accents.

3. Écrire des fonction JavaScript → FICHE 21

On ajoute à la fin du formulaire un input de type button avec un attribut onclick déclenchant la fonction score() qui vérifie la validité des réponses. Cette fonction JS appelle elle-même une fonction par question (appelées question1, question2, etc. et renvoyant un booléen). Chacune de ces fonctions accède aux différents champs du formulaire pour lire leurs valeurs et vérifier leur validité. Pour accéder, par exemple, à un champ nommé « foot » et d'id 'foot' d'un formulaire nommé « f1 », on utilise :

document.f1.foot.value ou document.getElementById('foot').value.

Remarque : un test d'égalité se fait à l'aide de l'opérateur == (ou === si on veut vérifier le type en même temps).

4. Installer une variable compteur → FICHE 21

On peut maintenant aisément calculer le score de l'utilisateur avec la fonction score() en cumulant des points dans une variable préalablement initialisée à zéro. Le cumul de points se fait uniquement si la fonction questionX() correspondante renvoie True.

5. Traiter les réponses à un formulaire en PHP → FICHE 23

Pour la réponse en PHP, il faut doter notre formulaire d'un attribut action dont la valeur est le nom du fichier PHP qui traitera la réponse, reponse.php par exemple, et un autre attribut method qui vaudra GET.

Le fichier reponse.php commence par les en-têtes HTML 5 classiques, puis on va interroger la valeur de $_GET['valeur'] pour le champ nommé "valeur" dans le formulaire pour voir si elle correspond à la réponse attendue. Si besoin, on teste d'abord si cette valeur n'est pas vide à l'aide de la fonction PHP empty().

Les affichages se font à l'aide de echo en PHP. Par exemple (le <ul> doit être préalablement ouvert) :

```
echo "<li>Selon vous, l’équipe opposée à la France en finale de
la coupe du monde de foot en 2018 était la ".$_GET['foot'].". ";
    if ($_GET['foot'] == 'croatie')
        echo "Bravo, il s’agissait bien de la Croatie !</li>";
    else
        echo "Non, hélas, il s’agissait de la Croatie !</li>";
```

CORRIGÉS

SE TESTER QUIZ

1 Interactivité sur une page HTML

Réponses b et d.

■ L'affirmation a est fausse, car si JavaScript est l'un des langages utilisés pour gérer l'interactivité dans un navigateur web, il existe d'autres façons d'introduire de l'interactivité dans une page HTML.

■ L'affirmation c est fausse, car il existe de nombreux autres événements concernant le focus, le clavier, les select, etc.

2 Les intrus

Réponses b et d. Les widgets `<button>` et `<panel>` n'existent pas en HTML 5. Pour afficher un bouton, on utilise `<input type= "button">`

3 L'attribut `onclick`

Réponse b. Il existe de nombreux autres attributs événementiels disponibles en HTML 5 comme `onfocus`, `oninput`, `onkeyup`, etc.

4 Une fonction JavaScript

Réponse b. Pour récupérer des éléments par leur classe de style, on utilise la fonction `getElementsByClassName()`.

5 Côté client/côté serveur

Réponses a, c et e. PHP, Python et Java sont des technologies serveur.

6 La concaténation de deux chaînes en PHP

Réponse b.

L'opérateur + sert à concaténer des chaînes en JavaScript ou en Python.

7 La fonction `empty` en PHP

Réponse c. Pour savoir uniquement si une variable existe on utilise `isset()`.
La fonction `empty()` teste si la variable n'existe pas ou si elle est vide.

8 L'histoire du HTML

Réponse c. Le langage HTML a été inventé par Tim Berners-Lee.
Linus Torvalds a créé Linux, Bill Gates, Microsoft, Alan Turing est le père fondateur de l'informatique moderne, et Sergey Brin, l'un des fondateurs de Google.

9 Le HTML 5

Réponse d. Le W3C notamment contribue à organiser cette évolution avec le consortium WHATWG.

S'ENTRAÎNER

10 Découvrir les outils de développement du navigateur

Ouvrir la console web est très important en développement web pour observer les messages sur la console et les éventuelles erreurs. Désactiver le cache est primordial pour être sûr que l'on observe bien la dernière version du fichier édité dans le navigateur et pas la version en cache. L'onglet réseau permet de visualiser les échanges entre le navigateur et un serveur distant. Le code HTTP 200 indique que tout s'est bien passé, le « célèbre » code 404 que la ressource n'a pas été trouvée.

11 Tester des fonctions d'interpolation à l'aide d'une transition CSS

Voici la classe de style `effet` complétée pour que l'on obtienne une transition sur les trois propriétés demandées : `background-color`, `color` et `font-size`.
Les fonctions d'interpolation choisies sont respectivement `linear`, `ease` et `ease-in`.

À NOTER
Voir https://developer.mozilla.org/fr/docs/Web/CSS/transition pour une documentation plus détaillée et des démonstrations.

```
.effet{
    padding: 5px 10px;
    background-color: Coral;
    font-size: 13pt;
    transition: background 1s linear 0.6s, color 0.2s ease
0.6s, font-size 0.5s ease-in 0.6s;
}
.effet:hover{
    background-color: DodgerBlue;
    color: white;
    font-size: 15pt;
}
```

12 Changer la feuille de style d'une page à l'aide d'un bouton

1. Voici le squelette du document :

```
<!doctype html>
<html>
    <head>
        <meta charset="utf-8">
        <title>Changement de CSS en JS</title>
    </head>
    <body>
        <header>Changement de CSS avec JS</header>
        <input type="button" value="ChangeCSS"/>
        <script>
        </script>
    </body>
</html>
```

2. On crée, par exemple, un fichier clair.css contenant simplement une couleur de fond et une couleur de texte :

```
body{
    background: Bisque;
    color: DarkGreen;
}
```

Puis un fichier fonce.css :

```
body{
    background:DarkSlateGrey;
    color: FloralWhite;
}
```

3. On ajoute le lien vers le fichier clair.css dans l'en-tête de la page :

```
<head>
    <meta charset="utf-8">
    <title>Changement de CSS en JS</title>
    <link rel="stylesheet" href="clair.css">
</head>
```

4. On ajoute au bouton un attribut `onclick="changeCSS()"`.

5. `document.querySelector("link[rel=stylesheet]")` permet de sélectionner la feuille de style.

6. Dans la fonction changeCSS, on sélectionne la feuille de style du document grâce à `querySelector` et on teste s'il s'agit de la version clair.css ou fonce.css à l'aide la méthode `getAttribute` avant de la changer avec la méthode `setAttribute`.

```
<!doctype html>
<html>
    <head>
        <meta charset="utf-8">
        <link rel="stylesheet" href="clair.css"/>
        <title>Changement de CSS en JS</title>
    </head>
    <body>
        <header>Changement de CSS avec JS</header>
        <input type="button" onclick="changeCSS()"
value="ChangeCSS"/>
        <script>
            function changeCSS(){
                const stylesheet = document.querySelector
("link[rel=stylesheet]");
                console.log(stylesheet);
                if (stylesheet.getAttribute('href') ==
'clair.css'){
                    stylesheet.setAttribute('href',
'fonce.css');
                    }
                else {
                    stylesheet.setAttribute('href',
'clair.css');
```

```
                }
            }
        </script>
    </body>
</html>
```

13 Changer la couleur de fond d'une page avec une couleur aléatoire

On décompose le problème à l'aide de trois fonctions JavaScript.

- La fonction `coulHexa` tire au sort un nombre décimal de l'intervalle [0 ; 256[puis l'arrondit en un entier entre 0 et 255 et le transforme en hexadécimal à l'aide la fonction `toString( )` avec le paramètre 16.
- La fonction `couleurAlea()` génère un triplet hexadécimal RGB au format `"#rrvvbb"` constitué de 6 chiffres hexadécimaux.
- La fonction `changeCouleurFond()` reçoit en entrée une couleur aléatoire renvoyée par `couleurAlea` et affecte au document cette couleur de fond.

Document HTML complété :

```
<!doctype html>
<html>
<head>
    <meta charset="utf-8">
    <title>Changer de couleur aléatoirement</title>
    <script>
        function coulHexa() {
            return Math.floor(Math.random()*256).toString(16);
        }
        function couleurAlea() {
            return "#"+coulHexa()+coulHexa()+coulHexa();
        }
        function changeCouleurFond(color) {
            document.body.style.backgroundColor = color;
        }
    </script>
</head>
<body>
    <header>
        <h1>Changer la couleur aléatoirement</h1>
    </header>
    <input type="button" value="Changer la couleur"
            onclick="changeCouleurFond(couleurAlea())"
    />
    </body>
</html>
```

14 Concevoir un formulaire HTML 5 avec vérification d'identifiant

Voici le formulaire `authentification.php` complet.

Si la requête POST est vide, on présente le formulaire (avec en méthode POST), sinon on y répond en traitant les différents cas.

À NOTER

Remarquez qu'un véritable formulaire d'authentification ne précise pas si le login existe ou pas pour des raisons de sécurité.

```
<?php
// Test de l'envoi du formulaire
// L'alternative sera la présentation du formulaire
// si la méthode GET est employée
if(!empty($_POST))
{
    // Les identifiants sont-ils présents ?
    if (!empty($_POST['login']) && !empty($_POST['password']))
{
        // Sont-ils ceux attendus ?
        if ($_POST['login'] != 'root'){
            $errorMessage = 'Mauvais login !';
        }
        elseif ($_POST['password'] != '4242'){
            $errorMessage = 'Mauvais password !';
        }
        else { //tout va bien, on redirige vers le fichier
                //suite.php en transmettant en paramètre
                //sur l'URL le login authentifié
            header('Location: suite.php?login='.$_POST['login']);
        }
    }
    else{
        $errorMessage = 'Veuillez inscrire vos identifiants
svp !';
    }
}
?>
<!DOCTYPE html>
<html>
    <body>
    <?php
        if (!empty($errorMessage)) echo $errorMessage;
    ?>
    <form action="authentification.php" method="post">
       <fieldset>
       <legend>Identifiez-vous</legend>
          <label for="login">Login :</label>
           <input type="text" name="login" placeholder="bob"
pattern=[a-z]{2,} required />
          <label for="password">Password :</label>
          <input type="password" name="password"/>
          <input type="submit" value="Se loguer"/>
        </fieldset>
    </form>
    </body>
</html>
```

Noter la redirection avec la méthode header en cas de succès de l'authentification en passant le login en paramètre sur l'URL par la méthode GET de HTTP. Cela se fait en concaténant la chaîne ?login=valeur au nom du script suite.php invoqué. Ce script n'a plus ensuite qu'à afficher le nom de la personne loguée :

```
<?php
echo "Bonjour ".$_GET['login'];
```

15 Afficher ou masquer une zone dans une page web

La page HTML est mise en place comme ci-dessous, elle contient un élément div d'identifiant « box1 », un formulaire avec un bouton et un script JS masquer(). Dans le script masquer(), la div « box1 » est ciblée par la méthode getElementById() et placée dans une variable div1. On teste la propriété hidden (un booléen) de cet élément. Si l'élément est caché, alors c'est que le bouton dit « Afficher », on change le texte du bouton à « Masquer », sinon on change le texte du bouton à « Afficher ». Enfin on inverse la valeur de la propriété hidden en prenant sa négation avec l'opérateur « ! ».

```
<!doctype html>
<html>
    <head>
        <meta charset="utf-8">
        <title>Afficher/masquer une zone dans une page web</title>
    </head>
    <body>
        <div id="box1">
            <p>Bonjour tout le monde !</p>
        </div>
        <form name="f1">
            <input type="button" name="bouton"
value="Masquer" onclick="masquer()"/>
        </form>
        <script>
            function masquer(){
                let div1 = document.getElementById('box1');
                // Si la div est cachée, on change le texte
du bouton à "Masquer"
                if (div1.hidden){
                    document.f1.bouton.value = 'Masquer';
                }
                else{
                // Sinon on change le texte du bouton à "Afficher"
                document.f1.bouton.value = 'Afficher';
                }
                // On change la propriété hidden en son contraire
            div1.hidden = !div1.hidden;
            }
        </script>
    </body>
</html>
```

16 Géolocaliser un internaute en JavaScript

Préparons tout d'abord une page HTML classique avec une fonction JavaScript `trouveMoi()` déclenchée par le clic sur un bouton. Prévoyons également une `div` d'identifiant « out » pour afficher les résultats, stockée dans la variable `output`.

On commence par tester si la géolocalisation est autorisée en testant la propriété `navigator.geolocation`. Si celle-ci est disponible et autorisée par l'internaute on obtient la position grâce à la fonction `getCurrentPosition()` accessible depuis `navigator.geolocation`. Cette fonction attend 3 paramètres :

- une fonction à exécuter en cas de succès ;
- une fonction à exécuter en cas d'erreur ;
- un délai limite sous forme d'objet JSON avec une valeur `maximumAge` en millisecondes.

Les fonctions `erreur()` et `succes()` sont définies à l'intérieur de la fonction `trouveMoi()` pour qu'elles puissent accéder à la variable `output` (qu'elles ne connaîtraient pas si déclarées à l'extérieur). Elles gèrent respectivement les cas d'erreur ou de succès de la géolocalisation. La fonction `succes()` affiche les coordonnées trouvées et pourrait également facilement afficher une carte.

```
<!doctype html>
<html lang="fr">
    <head>
        <meta charset="utf-8">
        <title>Géolocalisation en JS</title>
    </head>
    <body>
        <h1>Votre localisation :</h1>
        <p>
        <button onclick="trouveMoi()"> Afficher ma localisation
</button>
        </p>
        <div id="out"></div>
        <script>
            function trouveMoi() {
                let output = document.getElementById("out");
                if (!navigator.geolocation){
                    output.innerHTML = "Géolocalisation
impossible !";
                    return;
                }
            function erreur(err) {
                let message = "Géolocalisation impossible ! ";
                if (err.code == err.TIMEOUT)
                    message += "Délai d'attente dépassé !";
                if (err.code == err.PERMISSION_DENIED)
                    message += "Permission non accordée.";
                if (err.code == err.POSITION_UNAVAILABLE)
                    message += "Position indéterminée !";
                output.innerHTML = message;
```

```
                    return;
                };
                function succes(position) {
                    const latitude = position.coords.latitude;
                    const longitude = position.coords.longitude;
                    const altitude = position.coords.altitude;
                    output.innerHTML = '<p>Latitude : '+latitude+
'° <br>Longitude : '+longitude+ '°<br>'+'Altitude : '
+altitude+'</p>';
                    return;
                };
                // Suite du code de la fonction trouveMoi
                // On affiche d'abord un message pour patienter
                output.innerHTML="<p>Localisation en cours…</p>";
                // Puis on lance la géolocalisation
                // avec ses 3 paramètres :
                // - une fonction appelée en cas de succès
                // - une fonction appelée en cas d'erreur
                // - un délai limite (ici 60s) en JSON
                navigator.geolocation.getCurrentPosition(succes,
                erreur,{maximumAge: 60000});
                }
            </script>
        </body>
</html>
```

17 Afficher les informations d'un client à l'aide de JavaScript

a. On peut récupérer de nombreuses informations sur un client, comme :
- la langue préférée ;
- la hauteur et la largeur d'écran disponibles ;
- les plugins installés ;
- les types MIME reconnus ;
- le nom du navigateur et de l'OS.

En revanche, on ne peut pas récupérer le mail de l'utilisateur ou accéder aux logiciels installés, par exemple.

Pour accéder à l'adresse IP du client, il faut passer par un appel ajax au serveur web, qui lui peut avoir directement accès à l'adresse IP du client.

b. On accède aux propriétés du navigateur par l'objet `navigator` et ses différents champs. L'écran `screen` est une propriété de `window`.

On les affiche dans la console.

```
<!doctype html>
<html>
    <head>
        <meta charset="utf-8"/>
        <title>Tests sur le client</title>
    </head>
    <body>
        <script>
```

```
            console.log("Le nom de code de votre navigateur 
est "+window.navigator.appCodeName);
            console.log("Le nom ou la marque du navigateur 
est "+navigator.appName);
            console.log("Version du navigateur : "
+navigator.appVersion);
            console.log("Langage par défaut : "+navigator.
language);
            console.log("Nombre de types MIME reconnus : "
+navigator.mimeTypes.length);
            console.log("La plateforme du navigateur est : "
+navigator.platform);
            const nb=navigator.plugins.length;
            console.log("Il y a "+nb+ " plugins installés 
sur votre navigateur.");
            for(let i=0;i<nb;i++){
                console.log(navigator.plugins[i].name+" "
+navigator.plugins[i].version);
            }
            console.log("Nom d'agent utilisateur du 
navigateur : "+navigator.userAgent);
            console.log("Hauteur d'écran disponible : "
+window.screen.availHeight);
            console.log("Largeur d'écran disponible : "
+window.screen.availWidth);
        </script>
    </body>
</html>
```

OBJECTIF BAC

18 Réaliser un quiz en JavaScript puis en PHP

1. Voici un formulaire comme demandé.

```
<!DOCTYPE HTML>
<html lang="fr">
    <head>
        <meta charset="utf-8">
        <title>Quiz sport et culture</title>
    </head>
    <body>
        <form name="f1" method="GET" action="reponse.php">
            <fieldset>
                <legend>Quiz sport et culture</legend>
                <p>À qui était opposée la France en finale de 
la Coupe du monde de football en 2018 ?
                    <input type="radio" name="foot" 
value="belgique" checked> La Belgique
                    <input type="radio" name="foot" 
value="croatie"> La Croatie
```

```
                    </p>
                    <p>Quelle est la longueur maximale (en mètres)
des épreuves de natation aux JO ?
                        <input type="number" name="distance"
required title="Saisissez ici une distance en mètres sans
unités.">
                    </p>
                    <p>Quelle(s) invention(s) sont attribuée(s)
à Léonard de Vinci ?<br/>
                        <input type="checkbox"
name="scaphandre">Le scaphandre<br/>
                        <input type="checkbox"
name="tiede">L'eau tiède<br/>
                        <input type="checkbox"
name="parachute">Le parachute<br/>
                    </p>
                    <p>
                        <!-- Placer ici les boutons. -->
                    </p>
                </fieldset>
            </form>
            <script>
            </script>
        </body>
</html>
```

2. On ajoute la question suivante au formulaire avec un élément `select` avant les boutons de validation.

```
<p>Quelle épreuve n'existe pas en natation masculine aux JO ?
    <select name="masculine">
        <option value="314m">314 m nage libre</option>
        <option value="200m">200 m nage libre</option>
        <option value="50m">500 m nage libre</option>
    </select>
</p>
```

3. Tous les éléments de formulaire sont nommés grâce à leur attribut name, les attributs `title` servent à préciser le type d'entrée demandée.
Pour chaque fonction `questionX()`, on récupère la ou les valeur(s) de l'`input`, puis on compare cette valeur avec la bonne réponse. La fonction renvoie un booléen qui vaut `True` en cas de bonne réponse.
On place un `input` de type `button` pour déclencher la fonction JS `score()` à la fin du formulaire :

```
<input type="button" onclick="score()" value="Validation JS">
```

Les fonctions vont dans l'élément `script` à la fin de l'élément body.

```
function question1(){
    const reponse = document.f1.foot.value;
        return reponse == "croatie";
}
```

```
function question2(){
    const reponse = document.f1.distance.value;
        return (reponse=="10000");
}
function question3(){
    const invention1 = document.f1.scaphandre;
    const invention2 = document.f1.tiede;
    const invention3 = document.f1.parachute;
    return (invention1.checked) &&
    (!invention2.checked) &&
    (invention3.checked);
}
function question4(){
    const reponse = document.f1.masculine.value;
    return (reponse == "314m");
}
function score(){
    if (question1()) {
        alert("Question 1 : Bravo !");
        }
    if (question2()) {
        alert("Question 2 : Bravo !");
        }
    if (question3()) {
        alert("Question 3 : Bravo !");
        }
    if (question4()) {
        alert("Question 4 : Bravo !");
        }
}
```

4. On peut maintenant cumuler le score dans une variable JS, nommée ici `res`. Notez la déclaration de cette variable à l'aide du mot clef `let`. (Ici `const` peut également convenir.) Le résultat final est aussi affiché dans une boîte de dialogue à l'aide de la fonction `alert()`. Fonction `score()` modifiée :

```
function score(){
    let res=0;
    if (question1()) {
        res++;
        alert("Question 1 : Bravo !");
    }
    if (question2()) {
        res++;
        alert("Question 2 : Bravo !");
    }
    if (question3()) {
        res++;
        alert("Question 3 : Bravo !");
    }
    if (question4()) {
        res++;
```

```
        alert("Question 4 : Bravo !");
    }
    alert("Votre score est de " + res + " points !");
}
```

5. On commence par ajouter un bouton à la fin du formulaire :

```
<input type="submit" value="Validation PHP" />
```

Voici la réponse à la validation du formulaire en PHP. Notez les en-têtes HTML au début du document, puis les affichages à l'aide de echo et les concaténations à l'aide de « . » dans les chaînes de caractères. La liste à puce est insérée en affichant une balise `<ul>` initiale, puis un élément `li` au traitement de chaque question. Les tests d'égalité se font avec ==, comme en JavaScript ou en Python. Le tableau `$_GET[]` est utilisé avec, en index, le nom du champ dont on souhaite récupérer la valeur. `!empty()` est utilisée négativement pour tester si une variable existe *et* est non vide.

```
<!doctype html>
<html>
    <head>
        <meta charset="utf-8">
        <title>Réponse au formulaire :</title>
        </head>
    <body>
        <?php
            echo "Merci d'avoir répondu au quiz ! <ul>";
            /* Réponse pour le choix type radio sur le foot */
            echo "<li>Selon vous, l'équipe opposée à la
France en finale de la Coupe du monde de foot en 2018 était
la ".$_GET['foot'].". ";
            if ($_GET['foot'] == 'croatie')
                echo "Bravo, il s'agissait bien de la
Croatie !</li>";
            else
                echo "Non, hélas, il s'agissait de la
Croatie !</li>";
            /* Réponse pour les JO en natation : */
            if (!empty($_GET['distance'])){
                echo "<li>Selon vous, la plus longue épreuve
de natation aux JO est de ".$_GET['distance']." m. ";
                if ($_GET['distance'] == '10000')
                    echo "Bravo, la distance est de
10000 m !</li>";
                else echo "Non, la distance est de 10000 m
!</li>";
                }
            else{
                echo "<li>Vous n'avez pas répondu !</li>";
                }
            /* Les inventions de Léonard de Vinci */
```

```
            if ( (!empty($_GET['scaphandre'])) and
(!empty($_GET['parachute'])) and empty($_GET['tiede']) )
                echo "<li>Oui, les inventions de Léonard
sont le scaphandre et le parachute !</li>";
            else {
                echo "<li> Mauvaise réponse !";
                echo "Les inventions de Léonard sont le
scaphandre et le parachute !</li>";
                }
            /* L'épreuve de natation inexistante */
            if (!empty($_GET['masculine'])) {
                echo "<li>Selon vous, l'épreuve qui n'existe
pas est le ".$_GET['masculine']." nage libre. ";
                if ($_GET['masculine'] == '314m') {
                    echo "Bravo, il s'agit bien du 314 m
nage libre !</li>";
                    }
                else {
                    echo "Hé non, il s'agissait bien sûr du
314 m nage libre !</li>";
                    }
                }
            echo "</ul>";
        ?>
    </body>
</html>
```

Architectures matérielles et systèmes d'exploitation

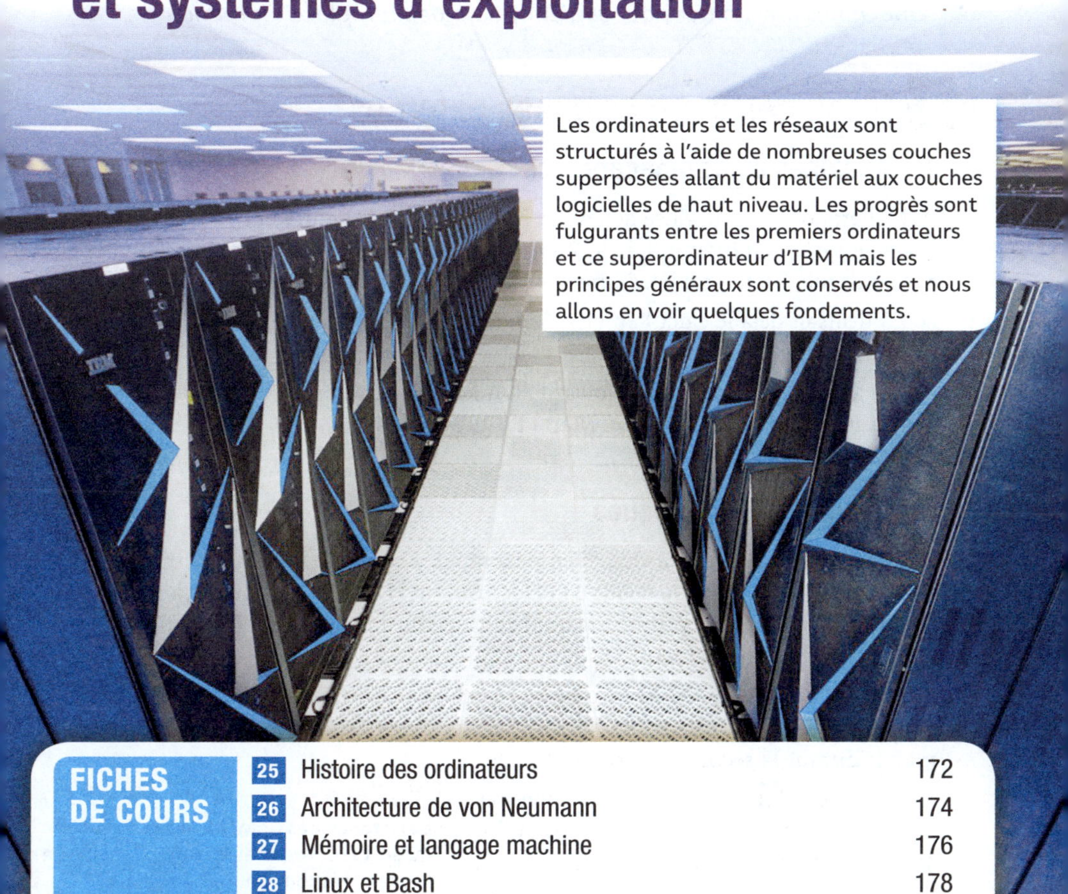

Les ordinateurs et les réseaux sont structurés à l'aide de nombreuses couches superposées allant du matériel aux couches logicielles de haut niveau. Les progrès sont fulgurants entre les premiers ordinateurs et ce superordinateur d'IBM mais les principes généraux sont conservés et nous allons en voir quelques fondements.

25 Histoire des ordinateurs

En bref *Le calcul électromécanique, puis électronique, succède aux machines mécaniques qui avaient peu à peu remplacé les humains.*

I Machines à programmes externes

1 Machines électromécaniques

- L'Allemand Konrad Zuse achève le Z1 en 1938, un ordinateur mécanique utilisant le système binaire, puis le Z3 en 1941, premier ordinateur complètement automatique, lisant son programme sur une bande perforée.

Le Z3 utilisait déjà le calcul en virgule flottante → FICHE 3 et réalisait 3 ou 4 additions à la seconde.

- Peu après, aux États-Unis, Howard H. Aiken construit l'ordinateur électromécanique Mark I (1944), inspiré par les travaux de Babbage → FICHE 8.

À NOTER
Le Mark I pesait environ 5 tonnes et était composé de plus de 750 000 pièces.

2 Machines électroniques

- L'apparition des tubes à vide, bien plus rapides que les relais des machines électromécaniques, marque le début de l'électronique. La construction de la première machine électronique est initiée par John Vincent Atanasoff en 1942. Il ne pourra pas l'achever complètement.

- Entre 1943 et 1945, les Britanniques Max Newman et Tomy Flowers mettent en service les Colossus utilisés pour déchiffrer le code de Lorenz employé par les Allemands durant la seconde guerre mondiale.

- Le célèbre ENIAC de John W. Mauchly et J. Presper Eckert Jr est achevé en novembre 1945 et effectue des calculs balistiques à l'aide de ses 18 000 tubes à vide.

À NOTER
L'existence des Colossus n'a été révélée qu'en 1970. Auparavant, on pensait que le premier ordinateur à tubes à vide complètement fonctionnel était l'ENIAC.

II Machines à programmes enregistrés

- Basées sur les travaux de Mauchly, Eckert et von Neumann, les machines à programmes enregistrés, ancêtres directs des ordinateurs actuels (les données et les programmes résident en mémoire) apparaissent dès 1948 avec les ordinateurs britanniques Baby et EDSAC, suivis par les machines américaines EDVAC et UNIVAC.

- Le début des années 1950 voit apparaître des ordinateurs commerciaux et les réalisations se succèdent avec comme acteurs principaux IBM, Digital Equipment Corporation (DEC), et Bull (installé en France depuis 1931).

III Du mini-ordinateur à la micro-informatique

1 Miniaturisation et explosion du marché

■ Le transistor (1947) devient un produit industriel très fiable qu'on peut fabriquer à faible coût au milieu des années 1950. C'est la fin des tubes à vide. Le circuit intégré, qui rassemble de nombreux composants sur une petite surface, apparaît en 1958 et ne cessera de se perfectionner.

■ Durant plus de 10 ans, IBM et DEC dominent le marché alors que la science informatique, naissante dans les universités, forme des personnes se spécialisant dans l'utilisation des ordinateurs et leur programmation.

■ L'apparition du microprocesseur (Intel 4004 en 1971) permet à de nouveaux acteurs aux moyens moins colossaux d'apparaître et d'innover : l'informatique s'ouvre aux particuliers.

■ De multiples machines sont commercialisées : l'Altair 8008, premier ordinateur grand public, sans clavier ni écran, l'Apple II (1977), l'IBM PC (1981), le commodore 64 (1982), le Macintosh (1984) et de nombreux autres.

2 Langages et systèmes d'exploitation

■ Après les premiers compilateurs, conçus par Grace Hopper à partir de 1951, le langage Fortran est spécifié en 1954 puis achevé en 1956 par John Backus. Il est suivi par Lisp, Cobol et enfin Basic en 1964. Les principes des langages de programmation sont formulés et de nombreux langages voient le jour durant les années 1970 et 1980 : le C (1972), ML (1973) dont est issu Caml, Ada (1983) et C++ (1986).

À NOTER
La première version de Python date de 1991, et JavaScript a été publié en 1995.

■ Au milieu des années 1960, chaque constructeur développe son propre système : OS/360 puis MVS chez IBM, le système Unix (1970) chez AT&T (dans les Bell Labs)...

C'est finalement MS-DOS, écrit par Microsoft pour IBM, qui s'imposera sur les micro-ordinateurs, suivi par Windows, en 1985.

L'année précédente, Richard Stallman (anciennement au MIT) entame la création du système GNU et promeut le mouvement du logiciel libre.

L'incroyable diversité des machines se réduira peu à peu jusqu'à ce qu'il n'en reste essentiellement qu'un type, sur lequel différents systèmes peuvent être exécutés : Windows, macOS, GNU/Linux, et quelques autres.

26 Architecture de von Neumann

En bref *L'architecture des ordinateurs est conforme à un schéma qui a peu évolué depuis son origine en 1945 : le modèle dit de von Neumann.*

I L'architecture de von Neumann

1 Les structures principales

■ Dans l'architecture de von Neumann, un ordinateur est constitué de quatre parties distinctes :
- le CPU (*Central Processing Unit* ou unité centrale de traitement), plus communément appelée le **processeur** ;
- la **mémoire** où sont stockés les données et les programmes ;
- des **bus** qui sont en fait des fils conduisant des impulsions électriques et qui relient les différents composants ;
- des **entrées-sorties** (E/S ou I/O *input/output*) pour échanger avec l'extérieur.

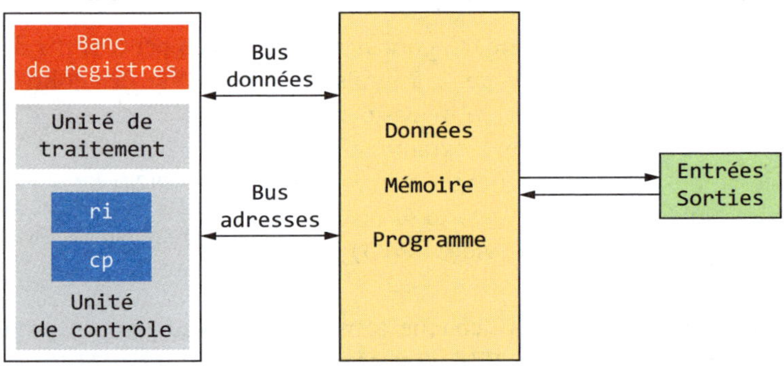

2 Les sous-structures

■ Les échanges entre la mémoire et les registres du CPU se font *via* des bus selon une chronologie organisée par l'horloge et suivant la nature des échanges (données ou adresses) → FICHE 27.

■ Un programme est enregistré dans la mémoire.

■ L'adresse (un nombre entier) de l'instruction en cours de traitement est stockée dans une mémoire interne au processeur nommée « registre compteur de programme » (cp ou pc).

■ La valeur de cette instruction (un entier) est stockée dans une autre mémoire interne : le « registre d'instruction » (ri).

■ Le CPU dispose aussi de mémoires internes dans le « banc de registres » où sont placées les données du programme avant utilisation.

■ L'UAL ou ALU (unité arithmétique et logique) effectue les opérations arithmétiques et logiques, sur les données et les adresses, en interprétant les impulsions électriques sortant de ses circuits combinatoires fabriqués à l'aide de circuits élémentaires (NAND en particulier → FICHE 6).

II Le rôle de l'horloge

1 Cadence d'un processeur

■ Le CPU dispose d'une horloge qui cadence l'accomplissement des instructions. L'unité est appelée cycle.

■ Lorsqu'on parle d'un processeur cadencé à 3 GHz, cela signifie qu'il y a 3 milliards de cycles d'horloge par seconde. Jusqu'en 2004 environ, la fréquence des processeurs a augmenté linéairement. Depuis, elle stagne. En effet, au-delà, la chaleur produite devient trop importante et pourrait perturber la lecture des tensions lues aux bornes des circuits de l'UAL voire détériorer physiquement ses circuits.

2 Cycle d'instructions

■ Dans une machine de Turing → FICHE 32, un cycle représente l'ensemble des quatre actions : lire, écrire, changer d'état, se déplacer.

■ Dans un processeur, ce que l'on appelle cycle est un peu différent. En effet, chacune des cinq actions suivantes est exécutée lors d'un cycle : lire l'instruction (LI), décoder l'instruction (DI), exécuter l'opération dans l'UAL (EX), accéder à la mémoire en lecture ou en écriture (M), écrire le résultat dans les registres (ER).

À NOTER
Voir une machine de Turing cadencée à 0,5 Hz en action : https://youtu.be/VpDMAVKWvb4).

■ Pour gagner du temps, le processeur n'exécute pas les instructions de manière séquentielle mais exécute simultanément plusieurs instructions qui sont à des étapes différentes de leur traitement. C'est le principe du « pipeline d'instructions »

Exemple : Dans la figure ci-dessous, on a 5 instructions qui devraient demander 25 cycles pour être exécutées. Ici, il en faut seulement 9. Cette optimisation peut être freinée par des branchements → FICHE 27 ou accélérée par une meilleure organisation de la mémoire.

1	2	3	4	5	6	7	8	9
LI	DI	EX	M	ER				
	LI	DI	EX	M	ER			
		LI	DI	EX	M	ER		
			LI	DI	EX	M	ER	
				LI	DI	EX	M	ER

27 Mémoire et langage machine

En bref *En son cœur, la machine effectue des calculs à partir d'instructions simples en binaire qui peuvent être directement traduites dans un langage (assembleur) qui prend, traite et remplit des cases mémoires.*

I L'organisation de la mémoire

1 Les différents types de mémoire

- Il existe de nombreux **mécanismes de mémoire** qui se distinguent par leur coût, leur vitesse, leur durabilité (volatile ou permanente), leur mode d'accès (par adresse ou dans l'ordre de leur rangement). En règle générale, plus une mémoire est efficace, plus elle est chère.
- On parle de **mémoire vive** quand le contenu est perdu lorsque le courant s'arrête : il s'agit des registres, des mémoires cache, de la mémoire centrale. Les autres mémoires sont **persistantes** : les SSD (*Solid State Drive*), les disques magnétiques.
- Il existe une troisième catégorie, la **ROM** (*Read Only Memory*) qui, comme son nom l'indique, ne fonctionne (en principe) qu'en lecture seule.

2 Les registres

Un registre est un emplacement mémoire interne au processeur pour stocker des opérandes et des résultats intermédiaires lors des opérations effectuées dans l'UAL notamment. Leur capacité, leur nombre et leurs rôles varient selon les processeurs.

> **À NOTER**
> La plupart des PC actuels ont des registres de taille 64 bits. Ils sont accessibles *via* le jeu d'instructions.

3 Mémoires centrales et mémoire cache

- La **mémoire centrale** est une mémoire vive qui contient les programmes en cours et les données qu'ils manipulent. Elle est de taille importante (plusieurs Go). Elle est organisée en cellules qui contiennent chacune une donnée ou une instruction repérées par un entier : une **adresse mémoire**. Le temps d'accès à chaque cellule est le même : on parle donc de mémoire à accès aléatoire (RAM : *Random Access Memory*) mais il est plus précis de parler de mémoire à accès direct.
- Pour pouvoir adapter la très grande vitesse du processeur à celle plus faible de la mémoire centrale, on place entre eux une mémoire plus rapide, la **mémoire cache**, qui contient les instructions et données en cours d'utilisation car, la plupart du temps, les données qui viennent d'être utilisées ont une probabilité plus grande d'être réutilisées que d'autres.

> **MOT CLÉ**
> Il s'agit le plus souvent de mémoire de type RAM statique (SRAM) plus rapide mais plus chère que la mémoire de type RAM dynamique (SDRAM, DDR...) utilisée dans la mémoire centrale.

II Jeu d'instructions

1 Nature des instructions

■ Un programme écrit dans un **langage de haut niveau** (plus proche du langage « humain », Python par exemple, mais éloigné du langage machine, dit de bas niveau) dépend le moins possible du processeur et du système d'exploitation utilisés.

■ Chaque processeur a son langage. Une chaîne de production permet de passer du langage de haut niveau au langage machine écrit en binaire correspondant à un **jeu d'instructions** spécifique compris par la machine. Ces jeux ont toutefois des structures communes.

■ Chaque instruction contient un code correspondant à l'opération à effectuer et aux opérandes. Une opération peut être :
- une opération de **transfert** entre les registres et la mémoire par exemple ;
- une opération de **calcul** arithmétique ou logique (addition, comparaison...) ;
- un **branchement** *via* des sauts vers une certaine adresse selon le résultat de l'opération précédente (branchement conditionnel) ou non (inconditionnel).

2 Assembleur

■ Il est parfois utile de programmer au plus bas de la machine. On utilise l'assembleur, un programme qui permet de passer directement du langage machine à un **langage dit d'assemblage** plus lisible pour l'être humain :
- le jeu d'instruction est exactement identique à celui du langage machine ;
- les opérations sont désignées par des mnémoniques comme par exemple `add` (addition), `lw` (charge mot *load word*), `sw` (range mot *store word*)... ;
- les registres ont des noms : `$t0`, `$t1`, `$a0`... ;
- les constantes sont exprimables en hexadécimal, en binaire... ;
- les branchements se font *via* des étiquettes, par exemple :

```
bne $t1 $t0 _plusLoin
```

signifie que si les contenus des registres `$t1` et `$t0` sont différents alors il faut aller à la ligne repérée par `_plusLoin`.

■ *Exemple* : Dans le langage d'assemblage d'un processeur MIPS 32 bits, pour additionner dans le registre `$t0` la somme des valeurs contenues dans les registres `$a0` et `$v0`, l'instruction :

```
add $a0 $v0 $t0
```

est traduite en langage machine par :

```
0b00000000100000100100000000100000.
```

28 Linux et Bash

En bref *Linux est l'un des systèmes d'exploitation importants aujourd'hui, notamment dans le domaine des serveurs. Nous allons nous initier à l'usage de Bash, l'interpréteur de commandes de ce système.*

I Le système Linux

1 Histoire

L'histoire du système d'exploitation (OS) Linux commence en 1991, date à laquelle l'étudiant finlandais **Linus Torvalds** propose le noyau d'un système d'exploitation libre et *open source*, bientôt nommé Linux en référence à son prénom et au système Unix existant. Avant lui, Richard Stallman, un des pionniers de l'*open source* avait déjà appelé de ses vœux la création d'un système libre baptisé GNU (acronyme récursif : *Gnu is Not Unix*) → FICHE 25.

2 Déclinaisons

Depuis lors, Linux s'est développé de manière très rapide et a donné lieu à de multiples systèmes partageant le même noyau dont Ubuntu et Debian sont aujourd'hui les plus connus. Le noyau de Linux contient des millions de lignes de code, pour la plupart écrites en langage C. Le système Android est également basé sur le noyau Linux.

3 Installation

Au départ réservé à des initiés, Linux est aujourd'hui d'installation aisée sur la plupart des matériels courants à l'aide d'une simple clé USB. Il faut fournir quelques informations sur le partitionnement souhaité, le réseau et donner un nom d'utilisateur qui aura par défaut des droits d'administration *via* la commande sécurisée `sudo`.

II Le Bash

1 Le terminal

Quelle que soit la déclinaison de Linux, on trouve une application « terminal » qu'on peut lancer et l'interpréteur de commandes avec lequel on interagit est par défaut Bash (*Bourne Again Shell*) qui est l'interpréteur de commande le plus courant sous Linux et aussi sous Mac OSX. Il est également possible de l'activer sous Windows 10.

2 Les commandes de bases

Toutes ces commandes acceptent de nombreuses options dont on peut consulter la documentation en tapant : `man ls` par exemple pour la commande `ls`. Celle-ci comporte des options pour afficher les fichiers cachés `ls -a` ou encore pour afficher les détails et droits d'un fichier `ls -l`.

Commande	Description
`ls`	Lister le contenu du répertoire courant
`cp`	Copier des fichiers ou des répertoires
`mv`	Déplacer ou renommer des fichiers ou des répertoires
`rm`	Effacer des fichiers ou des répertoires
`cd`	Se déplacer dans l'arborescence
`cat`	Visualiser le contenu d'un fichier
`echo`	Afficher un message ou le contenu d'une variable
`touch`	Réinitialiser le *timestamp* d'un fichier ou créer un fichier vide

3 Les répertoires fondamentaux

Dans un système Unix, on dispose d'une arborescence de fichiers ancrée sur `/`, la « racine » du système de fichiers. Voici quelques points d'entrée de cette arborescence :

```
/
├ bin   ← Commandes de base du système
├ dev   ← Fichiers représentant les dispositifs matériels (devices) du système
├ etc   ← Fichiers de configuration du système
├ home  ← Répertoires d'accueil (HOME) des utilisateurs
├ lib   ← Librairies
├ mnt   ← Points de montage (clés USB, etc.)
├ proc  ← État du système et de ses processus
├ root  ← Répertoire de l'administrateur du système, pas stocké dans /home
├ run
├ sys
├ usr   ← Logiciels installés avec le système, bases de données, etc.
├ var   ← Données fréquemment utilisées et réécrites
```

29 Arborescences et flux

En bref *Observons quelques moyens de naviguer dans l'arborescence d'un système Unix, puis voyons comment manipuler les entrées/sorties et les redirections.*

I Navigation et entrées/sorties en shell Bash

1 Naviguer dans une arborescence, les chemins

- Pour aller dans son HOME en utilisant un « chemin absolu », c'est-à-dire un chemin qui part de la racine, l'utilisateur bob peut faire : `cd /home/bob/`
- Il peut aussi utiliser le raccourci ~, et faire `cd ~` ou plus simplement `cd`
- Pour remonter dans le répertoire parent, on utilise `cd ..` et on désigne le répertoire courant avec un point « . ».
- Ainsi, si on veut copier le fichier toto qui se trouve dans le répertoire parent vers le répertoire courant, on tape : `cp ../toto .`

Nous utilisons cette fois un « chemin relatif », partant de la position actuelle.

2 Entrées et sorties

- **Entrées**

La commande `read` permet d'effectuer une saisie utilisateur.

```
read var # Saisie de var (stdin)
echo $var # Réaffichage, remarquez le $ comme en PHP
```

- **Sorties**

Une commande affiche normalement son résultat sur la sortie standard *stdout*. On peut aussi envoyer ce résultat de commande vers un fichier.

Exemple : `echo "Bonjour" > salut.txt` envoie le mot « Bonjour » dans le fichier salut.txt qui est créé (ou réinitialisé s'il existait préalablement), puis si on tape ensuite `echo "Tout le monde" >> salut.txt`, on ajoute une nouvelle ligne au fichier existant qui contient maintenant 2 lignes.

- **Sortie d'erreur**

Les sorties d'erreur ne s'affichent pas sur la sortie standard, il existe un troisième flux, le flux de sortie d'erreur dénommé *stderr*.

Par exemple, s'il n'y a pas de fichier toto dans le répertoire courant, la commande :

```
cat toto
```

déclenche une erreur indiquant que le fichier toto n'existe pas. Si l'on ajoute

```
cat toto 2>/dev/null
```

on effectue la même commande, mais on redirige vers le périphérique « null » les éventuelles sorties d'erreur pour qu'elles ne s'affichent pas.

3 Les filtres, tubes et redirections

■ Unix permet aussi l'utilisation de filtres comme :
- `wc` pour compter des lignes ou des caractères ;
- `sort` pour trier ;
- `cut` pour extraire des colonnes dans un fichier ;
- `tr` pour transposer ou supprimer des caractères.

■ Ces filtres s'utilisent généralement avec des tubes (*pipes*) notés « | ».

Exemple :

```
cat monfic | wc -l
```

compte le nombre de lignes dans le fichier monfic et :

```
cat monfic | sort > fictrie
```

trie les lignes du fichier monfic selon l'ordre lexicographique puis place le résultat correspondant dans le fichier fictrie.

II Scripts Bash

■ Une suite de commandes permet à l'administrateur d'automatiser certaines tâches, on parle alors de « script », stocké dans un fichier d'extensions `.sh`. Les arguments du script peuvent être invoqués avec `$1`, `$2`, etc., leur nombre avec `$#` et leur liste avec `$*`.

■ Voici par exemple un script efface.sh qui, au lieu d'effacer le fichier qu'on passe en argument, le déplace dans un dossier « poubelle » à la racine du HOME de l'utilisateur (la première ligne indique l'interpréteur utilisé) :

```
#! /bin/bash
# Ce script a un argument: un nom de fichier
#  - crée si besoin un répertoire poubelle dans le répertoire
# HOME de l'utilisateur
#  - déplace le fichier donné en argument dans ce répertoire
# poubelle
# vérifie d'abord si ce dossier existe dans ~ :
if [ -d ~/poubelle ]
then
    echo "Le répertoire poubelle existe déjà dans votre Home."
else # sinon, on le crée
    mkdir ~/poubelle
    echo "Répertoire poubelle inexistant. Il est créé."
fi
# On déplace dans poubelle le fichier donné en argument
mv $1 ~/poubelle
```

30 Droits et permissions sous Unix

En bref *Le système de droits et de permissions sous Unix est un des aspects fondamentaux de la gestion de la sécurité du système.*

I Droits et groupes

1 Le monde selon Unix

Unix sépare le monde en trois catégories du point de vue des droits :
- l'utilisateur (user) ;
- le groupe (group) ;
- le reste du monde (others).

2 Exemple de lecture de droits

■ En utilisant la commande `ls -l monfic.sh` par exemple, on obtient :

```
-rwxr--r--  1 roza  staff  0  6 mai 11:56 monfic.sh
```

■ La partie `-rwxr--r--`, indiquant les droits du fichier, se lit en omettant le tiret du début, puis en décomposant en trois parties :
• `rwx` (utilisateur) ;
• `r--` (groupe) ;
• `r--` (autres).

■ Chaque partie est elle-même composée de trois lettres :
• droit de lecture `r` ;
• droit d'écriture `w` ;
• droit d'exécution `x` : on peut exécuter le fichier en l'invoquant par son nom, dans cet exemple : `./monfic.sh`.

■ On sait donc que monfic.sh est accessible en lecture au groupe Staff et aux autres.

■ On sait en outre que le fichier appartient à l'utilisateur « roza ».

3 Les droits d'un répertoire

■ Créons un répertoire `www` dans notre `HOME` et lisons les droits correspondants avec la commande `ls -l www`, on obtient par exemple :

```
drwxr-xr-x  2 roza  staff    64  6 mai 14:17 www
```

■ Le d initial signifie qu'il s'agit d'un répertoire.

À NOTER
Le droit x pour un répertoire est le droit de **traverser ce répertoire**.

II Changer des droits

1 La commande chmod

Seul le propriétaire d'un fichier (ou l'utilisateur « root ») peut changer ses permissions d'accès. Il le fait avec la commande `chmod` dont voici quelques exemples d'utilisation.

Droits	Syntaxe
Donner les droits de lecture au groupe g	`chmod g+r monfic.sh`
Donner les droits d'écriture au propriétaire u	`chmod u+w monfic.sh`
Donner les droits d'exécution aux autres (others) o	`chmod o+x monfic.sh`
Donner les droits d'exécution à tous	`chmod ugo+x monfic.sh`

À NOTER
On peut aussi utiliser la lettre **a** (all) en raccourci à la place de **ugo**.

2 Droits symboliques et numériques

Il est également possible d'utiliser un codage octal pour les droits.

L'écriture symbolique : `rwx r-x r-x`

correspond à l'écriture binaire : `111 101 101` soit 755 en octal.

Par exemple : `chmod 755 monfic.sh` donne les droits `-rwxr-xr-x` au fichier monfic.sh.

3 Lancement d'un script et fichiers exécutables

- On peut lancer un script en l'invoquant par son nom s'il est exécutable. On précise parfois que le script est dans le répertoire courant en ajoutant `./` devant son nom :

```
./monfic.sh
```

- Si le script n'est pas exécutable, on peut toujours le lancer en tapant :

```
source monfic.sh
```

- Ces deux méthodes ne sont pas équivalentes : dans le premier cas, un nouveau *shell* est créé tandis que dans le second, les commandes du script s'exécutent dans le *shell* courant.

À NOTER
Tous les fichiers exécutables posent des problèmes potentiels de sécurité, tout fichier exécutable pouvant se transformer en éventuel « cheval de Troie » (logiciel malveillant). Dans un site web par exemple, les fichiers HTML, CSS, images, JavaScript ou PHP n'ont pas à être exécutables, le droit de lecture suffit !

31 Réseaux et modèles en couches

En bref *En 2019, environ 30 milliards d'objets sont connectés à un réseau : quelles sont les grandes lignes des protocoles qui permettent d'organiser ces échanges à si grande échelle ?*

I Les réseaux informatiques

1 Définition

■ Un **réseau** est un système composé d'éléments matériels (contrôleur Ethernet, fibre optique, routeur...) et de logiciels (pilotes des interfaces, *firmwares* des équipements...) dont la fonction est le transport de flux d'informations. Il sert à mettre en œuvre des services (mise à disposition d'imprimantes, d'applications, amélioration des performances...).

■ Les contraintes sont nombreuses : il faut transporter n'importe quelle information, de n'importe quelle taille, n'importe où et concilier sécurité, fiabilité...

2 Étendue, mode de fonctionnement et topologie

Les réseaux se différencient en particulier par :

• Leur **taille** : PAN (*Personnal Area Network*), LAN (*Local Area Network*), MAN (*Metropolitan Area Network*), WAN (*Wide Area Network*).

• Leur **mode de fonctionnement** : on peut envoyer un message à tous les équipements (*broadcast*), ou certains seulement (*multicast*). Cela correspond aux réseaux de petite taille. Pour les grands réseaux (Internet), on communique avec un seul équipement (*unicast*) *via* de nombreux supports. Il existe au moins un chemin entre deux équipements.

• Leur **topologie** : on peut disposer les équipements en étoile, en bus, en maillage complet ou partiel...

3 Architecture en couches

■ On découpe un problème (faire communiquer deux ordinateurs par exemple) en sous-problèmes hiérarchisés. Pour les réseaux, on distingue des **couches** de différents niveaux, des couches de même niveau communiquant entre elles et assurant un **service** pour les couches supérieures en supposant que les services des couches inférieures sont bien assurés.

■ Conceptuellement, le dialogue entre couches de même niveau est horizontal selon un **protocole**, mais en pratique il est vertical : il passe par l'utilisation des services des niveaux inférieurs.

II Le modèle OSI

■ Le modèle OSI (*Open Systems Interconnection*) est une norme ISO permettant d'organiser la communication entre des systèmes informatiques. Il contient 7 couches (le modèle TCP/IP vu en seconde en contient 4).

7. Application	Interface utilisateur (SMTP, HTTP, SSH...)
6. Présentation	Assure que les données sont présentées sous un format acceptable (ASCII, Unicode, JPEG...) s'occupe de compresser, coder, décoder le message
5. Session	Décide d'établir ou de terminer la connexion (*socket*), le « droit à la parole », la synchronisation...
4. Transport	Casse et reconstitue le message en segments numérotés et vérifie la fiabilité de la transmission (TCP, UDP)
3. Réseau	S'occupe du routage des paquets, du trajet entre source et destination, donne une adresse logique (IP)
2. Liaison	S'occupe des adresses physiques (MAC) des trames au niveau local (LAN)
1. Physique	Transmet de manière effective les bits (Ethernet, wifi...)

■ **Couches 7, 6, 5 :** le message est au bon format, doit être utilisé pour une certaine tâche et doit bien être transmis vers un certain destinataire qui peut, par exemple, être repéré par une adresse e-mail pour POP et SMTP.

■ **Couche 4 :** le message est découpé en **segments** numérotés et avec un numéro de **port** qui correspond à l'application qui l'utilise (80 pour HTTP, 25 pour SMTP...). On vérifie si l'ordre est respecté, si chaque segment a été reçu, quel est l'état de la connexion (en écoute, en attente de fermeture).

■ **Couche 3 :** les segments sont encapsulés dans des **paquets IP** qui contiennent en plus les adresses logiques (IP fournies selon la position dans le réseau *via* DHCP, *Dynamic Host Configuration Protocol*) de la source et du destinataire, la longueur du paquet, sa durée de vie. On teste si la source et le destinataire sont dans le même réseau, sinon la source au niveau de cette couche devient un routeur (un relais) disposant d'une table de routage.

■ **Couche 2 :** atteinte lorsque le dernier routeur et le destinataire sont dans le même réseau. Une machine contient une carte réseau physique associée à une interface réseau logique qui lui donne un nom et une adresse unique fournie par le fabricant (adresse MAC, *Media Access Control*). Le paquet, encapsulé dans une **trame** qui contient les adresses source et destination à l'intérieur d'un réseau local (LAN), est le plus souvent transmis à tous les membres du réseau (*broadcast*).

■ **Couche 1 :** le message transite par ondes radio, signaux électriques, câble. Il peut être déformé en réception, les couches supérieures vont alors effectuer contrôles et corrections.

MÉMO VISUEL

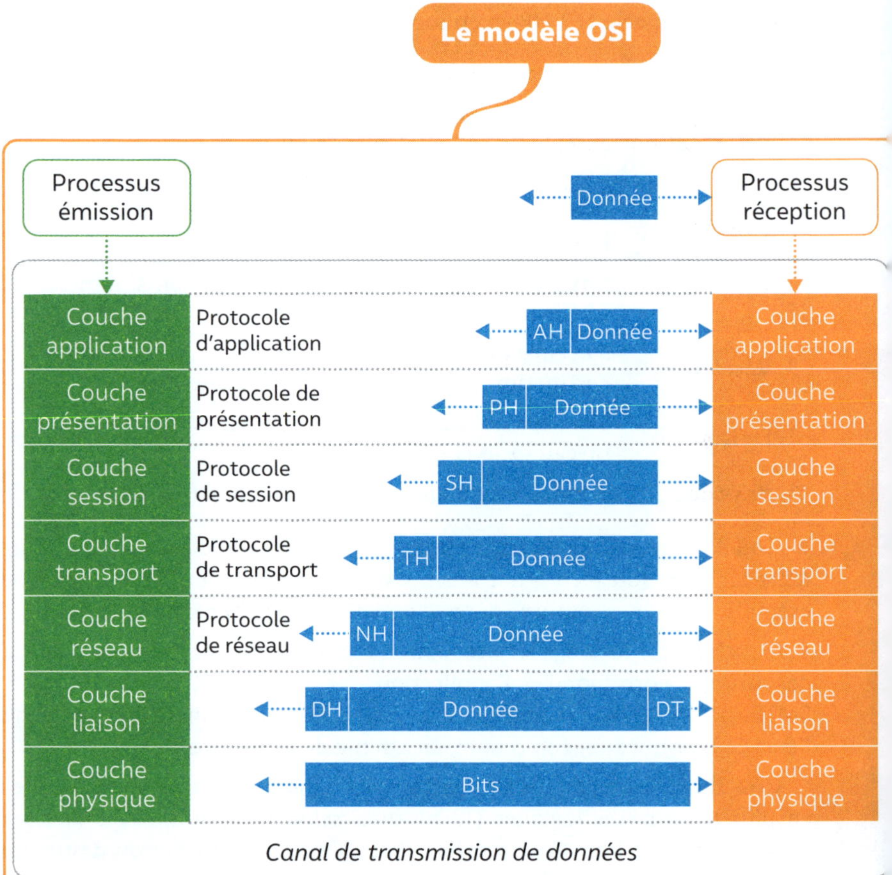

AH : en-tête d'application
PH : en-tête de présentation
SH : en-tête de session
TH : en-tête de transport
NH : en-tête de réseau
DH : en-tête de liaison de données
DT : délimiteur de fin de trame

Les scripts Bash

Les répertoires et chemins

Répertoire	Description
/	Racine du système de fichiers
~	Répertoire d'accueil (HOME)
.	Répertoire courant
..	Répertoire parent

Les variables réservées en Bash

Variable	Description
`$0`	Nom du shell courant
`$1, $2, …`	Arguments du script
`$#`	Nombre d'arguments du script
`$*`	Liste des arguments du script
`$?`	Code retour de la dernière commande

Raccourcis

Raccourci	Description
CTRL D	Quitter le shell (EOF)
CTRL C	Arrêter un script
TAB	Autocomplétion
CTRL R	Rechercher une commande dans l'historique

Filtres et redirections

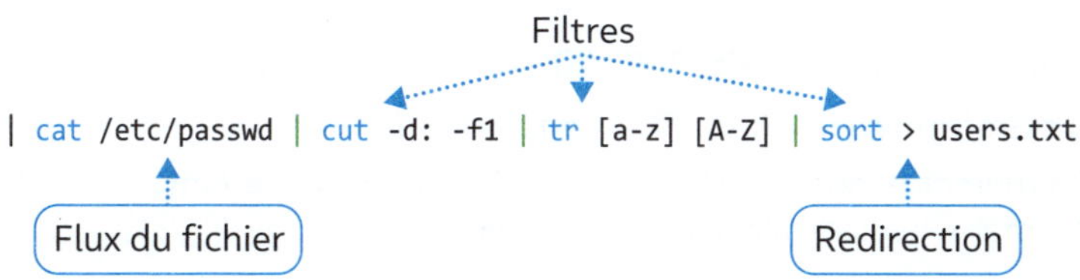

SE TESTER QUIZ

Vérifiez que vous avez bien compris les points clés des **fiches 25 à 31**.

1 Histoire des machines

→ FICHE 25

1. Les tubes à vide, volumineux et peu fiables, ont été remplacés au milieu des années 1950 par :

☐ **a.** les cartes perforées
☐ **b.** les bouteilles à oxygène
☐ **c.** les transistors
☐ **d.** les écrans à tubes cathodiques

2. Le premier microprocesseur (Intel 4004) a permis :

☐ **a.** l'ouverture du marché aux particuliers
☐ **b.** de miner des Bitcoins
☐ **c.** de déchiffrer le code de la machine Enigma

3. Le premier langage informatique de haut niveau (autre que le langage machine) a été :

☐ **a.** Python
☐ **b.** C
☐ **c.** Fortran
☐ **d.** Java
☐ **e.** Kotlin

2 Architecture de von Neumann

→ FICHE 26

1. Un pipeline d'instruction permet :

☐ **a.** de faire passer des instructions dans un tunnel
☐ **b.** d'exécuter des instructions séquentiellement
☐ **c.** d'exécuter des instructions simultanément

2. L'UAL :

☐ **a.** permet de gérer la mémoire
☐ **b.** permet de gérer les entrées/sorties
☐ **c.** est une adresse internet
☐ **d.** est l'endroit où les calculs sont effectués

3 Mémoire et langage machine

→ FICHE 27

Parmi ces affirmations, lesquelles sont vraies ?

☐ **a.** La mémoire morte s'efface lorsque le courant est éteint.
☐ **b.** La mémoire centrale est une mémoire vive.

4 Bash

→ FICHES 28 à 30

1. La commande `ls -al` :

☐ **a.** permet de lister les fichiers du répertoire courant sans détail.
☐ **b.** permet de lister les fichiers standards et cachés du répertoire courant.
☐ **c.** permet d'afficher des détails sur un fichier comme son propriétaire ou ses droits.
☐ **d.** n'existe pas en Bash.

2. La commande `mv` :

☐ **a.** sert à copier des fichiers ou répertoires.
☐ **b.** sert à déplacer des fichiers ou répertoires.
☐ **c.** peut servir à renommer un fichier ou un répertoire.
☐ **d.** n'existe pas en Bash.

3. La commande `ls -l toto.sh` affiche :

```
-r-xr--r--  1 john  staff  128  18 mai 11:56 toto.sh
```

☐ **a.** toto.sh appartient à john.
☐ **b.** toto.sh appartient à staff du groupe john.
☐ **c.** Personne n'a le droit d'écriture sur toto.sh.
☐ **d.** Personne n'a le droit de lire toto.sh.

4. Logé sous Linux, dans un terminal on tape cd pour se placer dans HOME. Quelle commande doit-on ensuite taper pour déplacer dans le répertoire courant le fichier exo1.py qui se trouve dans Documents/python/ en sachant que Documents est dans HOME ?

☐ **a.** `cp Documents/python/exo1.py`
☐ **b.** `mv /Documents/python/exo1.py`
☐ **c.** `mv ./Documents/python/exo1.py`
☐ **d.** `rm Documents/python/exo1.py`

5 Réseaux

→ FICHE 31

1. Une adresse IP est une adresse :

☐ **a.** physique
☐ **b.** logique

2. Une adresse MAC permet de repérer un appareil Apple.

☐ **a.** vrai
☐ **b.** faux

S'ENTRAÎNER

6 Se déplacer dans le système de fichiers

→ FICHES 28 et 29

Observer l'arborescence suivante :

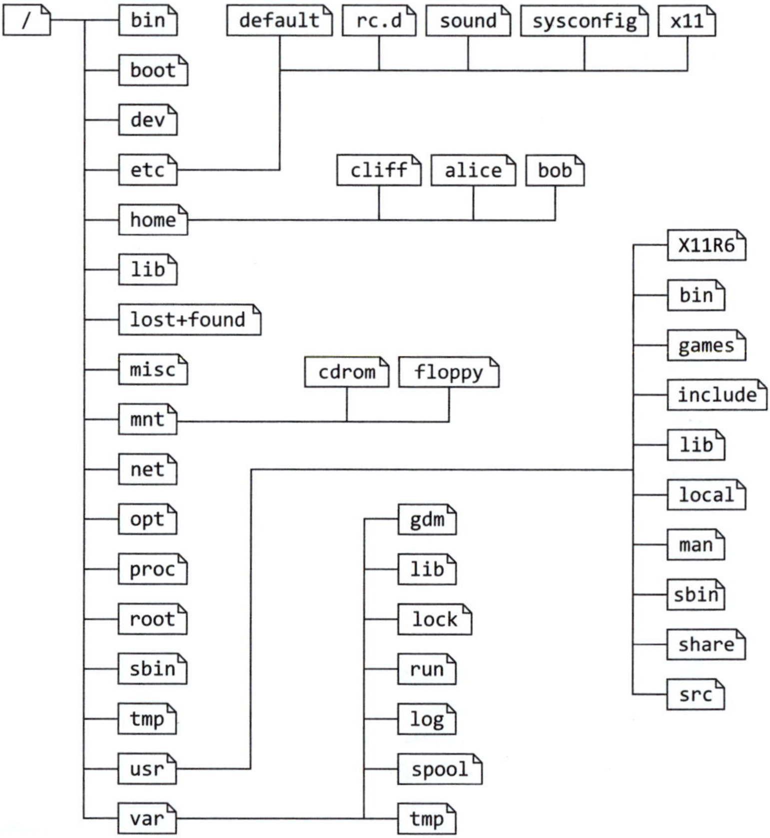

1. Proposer une commande qui permette de se déplacer du répertoire HOME de Alice à celui de Bob :

a. en utilisant un chemin relatif ;

b. en utilisant un chemin absolu.

2. Alice est à la racine /. Proposer trois commandes qui peuvent lui permettre de se déplacer dans son répertoire d'accueil (HOME).

3. Bob est dans son HOME. Aidez-le à :

a. lister le contenu de son HOME ;

b. lister le contenu de son HOME y compris les fichiers et répertoires cachés ;

c. lister le contenu du répertoire share sans quitter son HOME.

7 Créer une arborescence et se déplacer dedans

→ FICHES 28 et 29

1. Créer dans le répertoire d'accueil l'arborescence ci-dessous dans laquelle A, B, C, D, E, F et G sont des répertoires :

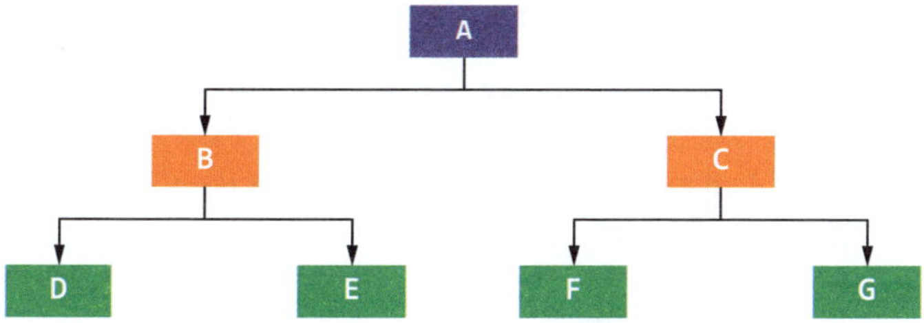

2. Quelle commande Unix permet de créer un fichier vide ?

Créer deux fichiers vides appelés « un » et « deux » dans votre répertoire d'accueil.

3. Quelle commande permet de copier des fichiers ou répertoires ? Copier le fichier « un » dans le répertoire « A » en lui donnant le nom « trois ».

4. Comment réaliser la copie précédente en utilisant un chemin relatif si vous êtes :

a. dans le répertoire A ?

b. dans le répertoire B ?

5. Si votre nom d'utilisateur est alice, comment réaliser cette copie en utilisant un chemin absolu ?

6. Comment renommer le fichier « trois » en « quatre » ?

8 Mettre en majuscules

→ FICHE 29

1. Expliquer ce que fait la commande suivante (respecter les espaces) :

```
echo 'bonjour' | tr [a-z] [A-Z]
```

> **À NOTER**
> Consultez la page de manuel (`man tr`) correspondante.

2. Écrire un script à un argument qui met en majuscules l'unique argument fourni.

9 Tester l'existence d'un fichier et en afficher le contenu

→ FICHES 29 et 30

1. Quelle option de la commande echo faut-il utiliser pour « rester sur la même ligne » ?

2. Comment faut-il faire pour afficher un message sur plusieurs lignes avec cette même commande ?

3. Rappeler la commande permettant de lire au clavier et de stocker le résultat dans une variable Bash.

4. Comment affiche-t-on le contenu d'un fichier sur le terminal ?

5. Pour tester l'existence d'un fichier, en Bash on utilise le test suivant :

```
fic='monfic'
if [ -f $fic ]
    then
        echo Le fichier $fic existe
    else
        echo Le fichier $fic n\'existe pas !
fi
```

Écrire un script qui demande à l'utilisateur de saisir un nom de fichier, teste si ce fichier existe, puis en affiche son contenu sur le terminal.

10 Lire les droits d'un fichier

→ FICHE 30

Pour chacun des fichiers suivants, répondre aux deux questions.

```
-rwx------    1 alice etu   43M 14 jui 11:55 fichier1
-rw-r--r--    1 roza  staff 54K 14 jui 11:56 fichier2
-rwx--x--x    1 bob admin 3M  14 jui 11:57 fichier3
-r-xr-----    1 john john 1B  14 jui 11:58 fichier4
```

a. Donner le nom de l'utilisateur auquel il appartient, les droits qu'il a sur le fichier, ceux du groupe et des autres.

b. Quel est l'équivalent en octal du droit correspondant ?

11 Rendre exécutable un fichier

→ FICHE 30

a. Rappeler la commande qui permet de rendre exécutable un fichier pour tous les utilisateurs.

b. Rappeler la manière de tester l'existence d'un fichier.

c. Utiliser ces connaissances pour construire un script `rendExecutable` à un argument qui teste si cet argument désigne un fichier existant, et le rend exécutable si besoin.

Pour tester si un fichier est exécutable, on peut utiliser le test similaire :

```
if [ -x $fic ]
    then
        echo Le fichier $fic est exécutable
    else
        echo Le fichier $fic n\'est pas exécutable !
fi
```

12 Rendre exécutables plusieurs fichiers

→ FICHE 30

a. Rappeler comment on accède à la liste des arguments d'un script.

b. Comment parcourir cette liste dans un script ?

c. Utiliser ce parcours pour proposer un script ajouteDroits.sh qui attend en entrée une liste de fichiers et les rend tous exécutables (si besoin).

13 Utiliser telnet ou netcat

a. Un serveur web est habituellement hébergé sur le port 80 d'un ordinateur. Utiliser `telnet`, `netcat` ou `gnetcat` pour vous connecter sur ce port et récupérer la page d'accueil du site dans votre terminal.

b. Un serveur SMTP (*Simple Mail Transfer Protocol*) est habituellement hébergé sur le port 25 d'un serveur. Utiliser `netcat` ou `gnetcat` pour vous connecter sur ce port et envoyer un mail simple depuis votre terminal.

c. Écrire un script automatisant la séquence d'échange précédente et permettant à l'utilisateur de saisir l'expéditeur, le destinataire et le message à envoyer.

14 Utiliser des adresses IP avec la norme CIDR

→ FICHE 29

À l'intérieur d'un même réseau, toute machine reçoit une adresse IP unique. Il existe deux formats :
- une adresse de longueur 4 octets → IPv4 ;
- une adresse de longueur 6 octets → IPv6.

1. Expliquer pourquoi un codage sur 6 octets a été introduit il y a quelques années.

2. Les adresses IPv4 sont souvent notées en décimal, la valeur de chaque octet étant séparée par un point. Voici par exemple une adresse IP : `188.72.99.81`. Écrire une fonction Python qui convertit en binaire une adresse IPv4 donnée sous forme d'une chaîne de caractères.

On pourra utiliser la méthode `split` et son homologue `join`, et commencer par fabriquer une fonction qui transforme un entier inférieur à 255 en une chaîne de 8 bits.

3. L'adresse IPv4 contient deux parties : la première partie identifie le réseau auquel appartient la machine et la seconde identifie la machine dans le réseau.

Deux machines peuvent ainsi savoir si elles sont dans le même réseau. L'adresse du réseau commun est connue car elles sont données en suivant la méthode CIDR (*Classless Inter-Domain Routing*). Par exemple, si j'ai besoin dans mon école de 100 adresses, on peut me donner l'adresse `206.65.12.0/25` : cela signifie que les 25 bits de poids forts seront les mêmes pour toutes les machines du réseau, et cela nous laisse 7 bits pour distinguer les machines dans ce réseau. La valeur 25, ici, est appelée le masque.

a. Est-ce assez pour donner une adresse aux 100 machines ?

b. Imaginer un moyen de vérifier que deux machines sont dans le même réseau si l'on connaît leur adresse selon la méthode CIDR. Le coder en Python.

15 Tester et écrire du code assembleur

→ FICHE 27

Chaque processeur a son langage assembleur. Un langage assez simple et bien documenté est celui des processeurs MIPS qui ont été principalement utilisés dans des systèmes embarqués. Vous pouvez installer le simulateur MARS (http://courses.missouristate.edu/KenVollmar/MARS/) si vous disposez de Java.

Pour cet exercice, nous utiliserons un assembleur en ligne : https://alanhogan.com/asu/assembler.php à exécuter sur cette page : https://alanhogan.com/asu/simulator.php.

1. Étudier et faire fonctionner les deux exemples suivants.

Premier exemple : Hello Dave

Voici par exemple un code permettant d'afficher "*Hello Dave*" :

```
1  .text # ce qui suit est le texte d'un programme à assembler
2      main:
3          li $v0, 4 # Charge 4 dans $v0 ce qui indique
4                    # qu'il faudra afficher une chaine
5          la $a0, salutation # Met dans $a0 l'adresse de la
6                             # salutation, drapeau repérant la
7                             # donnée qui sera introduite ligne 14
8          syscall    # Execute l'action codée dans $v0
9          li $v0, 10 # 10 code la terminaison du programme
10         syscall    # Exécute l'action codée dans $v0
11                    # : fin du programme
12 .data # Les données du programme stockées dans la 1re
13      # adresse disponible
14 salutation: .asciiz "Hello Dave"
```

Sur MARS, on peut voir ce que contiennent les registres et la mémoire à chaque étape de l'exécution.

Sur la version en ligne on récupère la sortie de l'assembleur et on la copie dans la fenêtre de la seconde page web pour simuler l'exécution.

Second exemple : doublement d'un nombre

Voici un programme plus sophistiqué interactif : on demande un nombre et on fait afficher son double.

```
.text
    main:
        # Demande d'entrer un nombre
        li $v0, 4
        la $a0, lecture
        syscall
        # Lit le nombre et le stocke dans $s0
        li $v0, 5  # code 5 : lecture d'une donnée
        syscall
        move $s0, $v0
        # double le nombre
        # En fait add Rr, R1, R2 stocke dans le registre Rr
        # la somme des contenus des registres R1 et R2
        add $s0, $s0, $s0
        # Affiche le texte d'introduction du résultat
        li $v0, 4
        la $a0, affichage
        syscall
        # Affiche le nombre obtenu
```

```
        li $v0, 1
        move $a0, $s0
        syscall
        # termine le programme
        li $v0, 10  # 10 code la terminaison du programme
        syscall  # exécute l'action dans $v0 : fin du programme

.data
    lecture: .asciiz "Entrez un nombre : \n"
    affichage: .asciiz "\nLe double du nombre entré est :"
```

On obtient bien :

```
Entrez un nombre :
12345
Le double du nombre entré est :24690
-- program is finished running -
```

2. Proposer un code assembleur qui demande la saisie de deux entiers et renvoie leur somme.

OBJECTIF BAC

16 Étudier un paquet IPv4

90 min

Ce problème, assez complexe, a pour but de récupérer des trames au niveau le plus bas du modèle OSI, d'extraire les paquets IP de la couche 3 et de faire une vérification sommaire de leur intégrité à l'aide d'une « somme de contrôle ». Ce sera également l'occasion de mêler la programmation Python et la programmation Bash.

LE SUJET

Le but du problème est de fabriquer une fonction Python extrayant un paquet IPv4 et vérifiant la somme de contrôle.

Avant de pouvoir répondre aux questions posées dans les deux parties suivantes, il faut étudier certaines notions présentées ici en préambule et installer des outils comme Wireshark.

À NOTER

Wireshark est un outil libre et puissant d'analyse des réseaux informatiques. Il est installable sur toute machine mais n'est pas forcément disponible sur les postes de votre lycée. Vous pourrez cependant l'utiliser sur votre réseau personnel en toute sécurité.

Préambule 1 Calcul de la somme de contrôle de l'en-tête IPv4

Document 1 Capture de trame

Voici un extrait d'une capture de trame avec l'outil wireshark.

```
Frame 253: 169 bytes on wire (1352 bits), 169 bytes captured
(1352 bits) on interface 0
    […]
Ethernet II, Src: BoiteS_a3:6c:dd (00:24:d4:25:a3:ef), Dst:
WistronI_89:22:a7 (3c:97:0e:89:22:a7)
        Destination: WistronI_89:22:a7 (3c:97:0e:89:22:a7)
        Source: BoiteS_a3:6c:dd (00:24:d4:25:a3:cj)
        Type: IPv4 (0x0800)
Internet  Protocol  Version  4,  Src:  80.243.180.87,  Dst:
192.168.0.25
        0100 .... = Version: 4
        .... 0101 = Header Length: 20 bytes (5)
        Differentiated Services Field: 0x00 (DSCP: CS0, ECN:
Not-ECT)
        Total Length: 155
        Identification: 0x5bff (23551)
        Flags: 0x4000, Don't fragment
        Time to live: 52
        Protocol: TCP (6)
        Header checksum: 0x2452 [correct]
        [Header checksum status: Good]
        [Calculated Checksum: 0x2452]
        Source: 80.243.180.87
        Destination: 192.168.0.25
```

■ On voit que la trame est au format IPv4 (Internet Protocol version 4) et utilise des adresses sur 32 bits. On y lit l'adresse de la source (80.243.180.87) et celle du destinataire (192.168.0.25). L'adresse du destinataire étant dans la plage 192.168.xxx.xxx, c'est une adresse du réseau privé non visible à l'extérieur.

■ Wireshark nous donne la version hexdump du paquet, où chaque ligne contient 16 octets, est précédée du numéro du premier octet de la ligne (en hexadécimal) et est suivie de la traduction de la ligne en ASCII :

```
0000  00 24 d4 a3 6c dd 3c 97 0e 89 22 a7 08 00 45 00   .$..l.<...."...E.
0010  00 9b 5b ff 40 00 34 06 24 52 c0 a8 00 19 50 f3   ...V@.@.......P.
0020  b4 57 9e 98 00 50 0d 88 4e 7e 37 5e ec 5f 80 18   .W...P..N~7^._..
0030  05 a4 c6 b9 00 00 01 01 08 0a 01 a6 d5 d6 45 e4   ..............E.
0040  ca b0 00 85 32 91 9d 43 6d 6c 66 93 ef b7 32 94   ....2..Cmlf...2.
0050  dc 24 a2 71 8b b4 02 d9 17 e0 37 00 9b dc 8e 88   .$.q......7.....
0060  85 bd bb bd 26 0a 2d 2b 40 f7 bd f5 f6 5f ff 1a   ....&.-+@...._..
0070  68 e9 15 b3 af bf 4b 4a 57 0a bf 99 b3 68 55 64   h.....KJW....hUd
0080  ef 0e af ab 90 d8 ee b6 73 70 05 60 7a 2a f1 41   ........sp.`z*.A
0090  ed de 04 22 f3 71 5a 41 e4 17 3c f4 ea 4b a6 5d   ...".qZA..<..K.]
00a0  49 8e 7a 07 df 07 49 63 e1 9a 13 17 e4 4d 94 25   I.z...Ic.....M.%
```

```
00b0  ea 33 ea 49 9a ca 31 32 b5 8e c7 bf 57 49 59 24   .3.I..12....WIY$
00c0  60 b6 4b a2 16 d2 a2 a7 11                        `.K......
```

■ Ce qui nous intéresse ici, c'est la somme de contrôle de l'en-tête (*header checksum*) qui est calculée par l'émetteur et le destinataire et permet de détecter dans certains cas si le message a été mal transmis.

Pour effectuer ce calcul, il faut récupérer l'en-tête avec `wireshark` en cliquant sur la ligne commençant par `Internet Protocol Version 4` :

```
▾ Internet Protocol Version 4, Src : 80.243.180.87, Dst : 192.168.0.25
    0100 .... = Version : 4
    .... 0101 = Header Length : 20 bytes (5)
```

■ Voici un exemple de paquet IPv4 au format hexadécimal représenté par 10 groupes de 16 bits (4 caractères hexadécimaux) :

```
4500 009b 5bff 4000 3406 2452 c0a8 0019 50f3 b457
```

La somme de contrôle correspond au sixième groupe (2452). Elle est obtenue en faisant tout d'abord la somme des 9 groupes de 16 bits du paquet en excluant le groupe contenant la somme de contrôle.

Ici on obtient :

```
4500 + 009b + 5bff + 4000 + 3406 + c0a8 + 0019 + 50f3 + b457
= 2dbab
```

Comme le nombre dépasse la taille de 16 bits, on additionne le caractère de poids fort (ici 2) aux quatre plus faibles (dbab) et on obtient :

```
2 + dbab = dbad
```

On recommence éventuellement si le nombre obtenu est de taille supérieure à 16 bits.

On prend ensuite le complément à 1 de ce nombre en passant par son écriture binaire :

```
dbad -> 1 1 0 1 1 0 1 1 1 0 1 0 1 1 0 1
        0 0 1 0 0 1 0 0 0 1 0 1 0 0 1 0 -> 2452
```

On obtient bien 2452 en hexadécimal comme précisé dans l'en-tête (`Header checksum: 0x2452 [correct]`).

Préambule 2 Utiliser la commande tshark

■ On va récupérer un paquet IPv4 quelconque grâce à `tshark`, une version en ligne de commande de `wireshark` qu'on peut installer simplement, par exemple sous Debian/Ubuntu :

```
$ sudo apt-get install tshark
```

- On utilise tshark avec certaines options :
- l'option `-i2` indique que l'on choisit la seconde interface (ici `enp0s25`), on obtient la liste des interfaces avec `tshark -D` ;
- l'option `-c1` indique que l'on ne capturera qu'un seul paquet ;
- l'otion `-f 'ip'` indique qu'on ne sélectionne que les paquets correspondant au champ `ip` (`IPv4` ici) ;
- enfin l'option `-x` indique qu'on veut obtenir le format du paquet en hexadécimal accompagnée de sa traduction en ASCII (format habituel des fichiers binaires).

Dans un premier temps, il s'agit d'extraire la partie codant l'en-tête, c'est la partie qui commence au quinzième octet, donc ici 45 :
4 pour indiquer la version d'IP ;
5 qui donne la longueur de l'en-tête en nombre de mots de 32 bits.
On utilise la commande `tshark` :

```
$ sudo tshark -i2 -c1 -f 'ip' -x
```

On obtient :

Document 2 **Capture d'un paquet IPv4**

```
Capturing on 'enp0s25'
0000  3c 97 0e 89 22 a7 00 24 d4 a3 6c dd 08 00 45 00   <..."..$..l...E.
0010  00 34 1e b3 40 00 34 06 62 05 50 f3 b4 57 c0 a8   .4..@.4.b.P..W..
0020  00 19 00 50 9e 98 3b 2e e0 df 0d d7 4f dd 80 10   ...P..;.....O...
0030  bf 4a 3d 79 00 00 01 01 08 0a 46 53 c6 d0 01 c2   .J=y......FS....
0040  8c 5                                               .\
1 packet captured
```

Partie 1 Extraction d'un paquet IPV4

1. D'après les renseignements fournis dans les deux préambules, donner l'en-tête IPv4 qui correspond au paquet capturé ci-dessus (document 2).

2. On voudrait enlever la première colonne du tableau qui numérote les mots de 32 bits du paquet.

Expliquer les valeurs inscrites dans cette colonne (`0000`, `0010`, `0020`...).

3. À l'aide de la commande système `cut`, transformer la sortie donnée par `tshark` afin d'enlever les numéros de mots de 16 bits et la traduction ASCII afin d'obtenir, en reprenant l'exemple :

```
3c 97 0e 89 22 a7 00 24 d4 a3 6c dd 08 00 45 00
00 34 1e b3 40 00 34 06 62 05 50 f3 b4 57 c0 a8
00 19 00 50 9e 98 3b 2e e0 df 0d d7 4f dd 80 10
bf 4a 3d 79 00 00 01 01 08 0a 46 53 c6 d0 01 c2
8c 5c
```

4. À l'aide de la commande système `tr`, écrire le dernier flux obtenu sous forme d'une seule ligne sans espace :

```
3c970e8922a70024d4a36cdd0800450000341eb340003406620550f3b457
c0a8001900509e983b2ee0df0dd74fdd8010bf4a3d7900000101080a4653
c6d001c28c5c
```

5. Sélectionner maintenant l'en-tête IPv4 à l'aide de `cut`.

Partie 2 Vérification de la somme de contrôle avec Python

Nous voudrions à présent récupérer les en-têtes et les traiter avec Python. Pour cela, la bibliothèque `subprocess` de Python permet de lancer un processus et de récupérer le flux sortant dans une variable. La syntaxe est la suivante :

```
sortie = subprocess.check_output(commande, shell=True)
```

`commande` est ce que l'on entrerait dans le terminal, sous forme de chaîne de caractères.

Attention ! `sortie` est de type `byte` : il faut la convertir en chaîne de caractères pour la traiter avec les méthodes habituelles et chaîner les filtres :

```
import subprocess

cmd = "sudo tshark -i2 -c1 -f 'ip' -x | cut --delimiter=' '
-f 3-18 | tr -d '\n ' | cut -c 29-68"
octets = subprocess.check_output(cmd, shell=True)
```

Alors on observe :

```
>>> octets
b'450000abb89340004006bbadc0a8001950f3b457\n'

>>> type(octets)
bytes
```

1. Créer une variable `entete` qui ne contiendra que les 20 octets de l'en-tête sous forme de chaîne de caractères ne contenant plus de `\n`.

2. Faire la somme des mots de 32 bits qui forment l'en-tête comme expliqué dans le préambule. On doit calculer :

```
4500 + 00ab + b893 + ...
```

3. Si la somme s'écrit sur plus de 2 octets, il faut récupérer la retenue et l'ajouter à la troncature de la somme sur 2 octets jusqu'à obtenir un nombre sur 2 octets (voir préambule 2). Effectuer cette transformation à l'aide de Python.

4. Il reste à vérifier que la somme de contrôle est encore correcte côté récepteur. Relire le préambule qui explique la fabrication de la somme de contrôle et imaginer un moyen simple et astucieux d'effectuer cette vérification.

5. Proposer un script 100 % Bash accomplissant la même tâche.

▶▶▶ LA FEUILLE DE ROUTE

Partie 1 Extraction d'un paquet IPV4

1. Calculer avec des nombres en binaire et en hexadécimal → FICHE 1

Les 4 premiers chiffres ne font pas partie du paquet. Ensuite, chaque paquet de deux chiffres en hexadécimal correspond à un octet. Le 5 qui suit le 4 indique qu'il faut considérer 5 mots de 32 bits : combien de bits cela représente-t-il ? combien d'octets ? combien de paquets de 2 chiffres ?

2. Calculer en hexadécimal → FICHE 1

Comment s'écrit seize en hexadécimal ? Combien y a-t-il de paquets de 2 caractères par ligne ?

3. Exécuter une commande Bash → FICHE 29

La syntaxe de `cut` qui nous intéresse ici est `cut --delimiter=d  -f a-b` pour sélectionner les champs (*fields*) du numéro `a` au numéro `b` inclus, ces champs étant délimités par le caractère `d`. Attention ! Il y a deux espaces entre les deux premières colonnes puis un seul entre les 16 suivantes puis à nouveau deux espaces.

4. et 5. Utiliser les codes ASCII de caractères → FICHE 7

La syntaxe de `tr` est `tr -d chaîne` où `d` signifie *delete*. Cela permet de supprimer dans le flux courant toutes les occurrences des caractères contenus dans `chaîne`. Le passage à la ligne est codé par `\n` (code ASCII 10).

La syntaxe pour sélectionner des caractères repérés par leurs rangs avec `cut` est `cut -c  a-b` pour sélectionner les caractères du numéro `a` au numéro `b` (il n'y a maintenant qu'une seule ligne).

Partie 2 Vérification de la somme de contrôle avec Python

1. Extraire une partie d'une chaîne de caractères → FICHE 13

Observez ce que donne `str(octets)` et ne sélectionnez que les caractères souhaités avec `[début:fin]`.

2. Il y a 10 mots de 32 bits dans l'en-tête. Pour transformer la chaîne `'4500'` en l'entier en base 16 correspondant, on peut le faire avec `eval('0x4500')`. Il s'agit donc de parcourir les dix paquets de la liste, d'effectuer cette transformation puis de faire la somme.

3. Utiliser un masque → FICHE 6

L'usage de masque est ici approprié en utilisant les opérateurs bit à bit. Par exemple, effectuer l'opération `n & 0xff` permet de sélectionner les huit bits de poids faible du nombre `n`. Pour diviser un nombre par 2^k on peut utiliser l'opérateur : `nombre >> k`.

4. Calculer un complément à 1 → FICHE 2

En relisant le préambule, on s'aperçoit que le complément à 1 de la somme sans la *checksum* est égal à la *checksum*. Si l'on note $\overline{x}$ le complément à 1 d'un nombre

x, c la *checksum* et s la somme qui vient d'être calculée à la question précédente, alors cela signifie que $\overline{s-c} = c$ donc que $\overline{s} = c + \overline{c}$. Que vaut donc s ?

5. Récupérer le flux résultant d'une commande → FICHE 29

On peut utiliser la notation $(cmd) pour récupérer le flux résultant d'une commande et $((a + b)) pour une opération arithmétique :

```
entete=$(sudo tshark -i3 -c1 -f 'ip' -x | cut --delimiter=' '
-f 3-18 | tr -d '\n ' | cut -c 29-68)
```

Pour découper l'en-tête et en faire la somme, on peut utiliser `cut` et rajouter `0x` devant le paquet de quatre caractères hexadécimaux :

```
$ chaine="deadcafe"
$ un=$(echo "$chaine" | cut -c 1-4)
$ deux=$(echo "$chaine" | cut -c 5-)
$ un="0x"$un
$ deux="0x"$deux
$ echo $((un + deux))
108971
```

En effet, on vérifie sur Python :

```
>>> 0xdead + 0xcafe
108971
```

CORRIGÉS

SE TESTER QUIZ

1 Histoire des machines

1. **Réponse c.** Au milieu des années 1950, les tubes à vide ont été remplacés par les transistors, plus petits, moins chers et plus fiables.

2. **Réponse a.** C'est, entre autres, le prix peu élevé d'un circuit intégré contenant des milliers de transistors (maintenant des milliards) qui a permis d'ouvrir le marché de la micro-informatique aux particuliers.

3. **Réponse c.** Le langage Fortran est le plus ancien langage de haut niveau compilé. Il a été inventé par John Backus en 1954. Le premier compilateur Fortran sera publié 2 ans plus tard. La première version du langage C a été publiée en 1972, Python date de 1991, Java de 1995 et Kotlin a été inventé en 2011.

2 Architecture de von Neumann

1. **Réponse c.** Un pipeline permet d'exécuter des instructions de natures différentes en même temps.

2. **Réponse d.** L'unité arithmétique et logique regroupe en particulier les circuits permettant d'effectuer les opérations arithmétiques de base sur les entiers.

3 Mémoire et langage machine

Réponse b. L'affirmation **a** est fausse : la mémoire est morte dans le sens où on ne peut (presque) plus la modifier. Elle reste inchangée, machine éteinte ou allumée. L'affirmation **b** est vraie : la mémoire centrale s'efface quand la machine est éteinte.

4 Bash

1. **Réponses b. et c.** La commande `ls -al` combine l'option `-a` qui permet d'afficher les fichiers cachés (commençant par `.`) et l'option `-l` qui donne tous les détails sur le fichier.

2. **Réponses b et c.** La commande `mv` sert à déplacer des fichiers ou répertoires mais peut aussi servir à renommer un fichier ou un répertoire.

3. **Réponses a et c.** toto.sh appartient à john, le droit `w` ne figure pas et le droit `r` est positionné pour user, group et others donc tout le monde a le droit de lire le fichier toto.sh.

4. **Réponse c.** `./` indique que Documents se trouve dans le répertoire courant et `.` désigne le répertoire courant. La réponse **a** est une simple copie, pas un déplacement, la réponse **d**, un effacement et la réponse **b** ne convient pas car elle suppose que le dossier Documents se trouve à la racine / du système de fichiers.

5 Réseaux

1. **Réponse b.** Une adresse IP est l'adresse logique de la machine.

2. **Réponse b.** Toute machine connectée a une adresse physique MAC.

S'ENTRAÎNER

6 Se déplacer dans le système de fichiers

1. Pour aller du HOME d'Alice à celui de Bob :
a. en utilisant un chemin relatif :

```
cd ../bob
```

b. en utilisant un chemin absolu :

```
cd /home/bob
```

2. Alice est à la racine /. Pour se déplacer dans son répertoire d'accueil (HOME), elle peut faire :

```
cd ~
cd
cd /home/alice
```

3. a. Pour lister le contenu de son HOME, Bob utilise la commande `ls`.
b. Avec les fichiers et répertoires caché : `ls -a`.
c. Pour lister le contenu du répertoire `share`, le plus simple est de faire : `ls /usr/share` en utilisant un chemin absolu.

7 Créer une arborescence et se déplacer dedans

1. Suite de commandes à taper pour créer l'arborescence souhaitée (on se place dans le répertoire d'accueil au début et à la fin) :

```
cd
mkdir A
cd A
mkdir B C
cd B
mkdir D E
cd ../C/
mkdir F G
cd
```

2. La commande `touch` permet de créer un ou plusieurs fichiers vides.
On fait `cd` pour aller dans son HOME, puis `touch un deux`.

3. La commande `cp` permet de copier des fichiers ou des répertoires.
Pour copier le fichier « un » dans le répertoire « A » en lui donnant le nom « trois » :

```
cp un A/trois
```

4. Pour réaliser la copie précédente en utilisant un chemin relatif si vous êtes :
a. Dans le répertoire A :

```
cp ../un ./trois
```

ou

```
cp ../un trois/
```

b. En étant dans le répertoire B :

```
cp ../../un ../trois
```

5. Si votre nom d'utilisateur est `alice`, pour faire cette copie à l'aide d'un chemin absolu :

```
cp /home/alice/un /home/alice/A/trois
```

6. Pour renommer le fichier « trois » en « quatre », on se place dans le bon répertoire et on renomme le fichier avec la commande `mv` :

```
cd
cd A
mv trois quatre
```

8 Mettre en majuscules

1. Comme on peut le lire dans le `man`, la commande `tr` peut servir à transposer des caractères (ou à en supprimer). Ici la plage des caractères en minuscules sera transposée dans la plage des caractères correspondants en majuscules.

2. La transformation de cette commande en script à un argument est directe :

```
#!/bin/bash
# Ce script met en majuscules le premier argument fourni
# et l'affiche

echo $1 | tr [a-z] [A-Z]
```

9 Tester l'existence d'un fichier et en afficher le contenu

1. L'option `-n` de la commande `echo` permet de rester sur la même ligne.

2. La commande `echo -e` avec des sauts de lignes marqués par `\n` permet de réaliser des affichages sur plusieurs lignes.

3. La commande `read a` permet de lire la saisie au clavier et de la stocker dans la variable a dont le contenu sera retrouvé dans `$a`.

4. La commande `cat fic` permet d'afficher le contenu du fichier `fic` sur le terminal.

5. Le `-f` du test signifie qu'on vérifie l'existence d'un fichier ordinaire. On peut ensuite rassembler ces commandes en un seul script :

```
#!/bin/bash
# Ce script:
#   - lit un paramètre en demandant à l'utilisateur un nom
#     de fichier
#   - vérifie que ce fichier existe
#   - affiche le contenu du fichier correspondant

echo -n "Veuillez entrer un nom de fichier : "
read nomFic
if [ -f $nomFic ]
    then
        echo -e "Voici le contenu de $nomFic\n"
        cat $nomFic
```

```
    else
        echo "$nomFic n\'existe pas !'"
fi
```

10 Lire les droits d'un fichier

a.

```
-rwx------    1 alice etu   43B 14 jui 11:55 fichier1
```

fichier1 est à alice qui dispose de tous les droits sur fichier1, tandis que le groupe etu et les autres n'en ont aucun.

```
-rw-r--r--    1 roza  staff 54K 14 jui 11:56 fichier2
```

fichier2 est à roza qui dispose des droits de lecture/écriture sur fichier2, tandis que le groupe staff et les autres ont seulement le droit de lecture.

```
-rwx--x--x    1 bob admin 3M  14 jui 11:57 fichier3
```

fichier3 est à bob qui dispose de tous les droits sur fichier3, tandis que le groupe admin et les autres ont seulement le droit d'exécution.

```
-r-xr-----    1 john john 1B  14 jui 11:58 fichier4
```

fichier4 est à john qui dispose des droits de lecture et d'exécution sur fichier4, tandis que le groupe john a le droit de lecture et les autres n'en ont aucun.

b.
`-rwx------` correspond en octal à 700.
`-rw-r--r--` correspond en octal à 644.
`-rwx--x--x` correspond en octal à 711.
`-r-xr-----` correspond en octal à 540.

11 Rendre exécutable un fichier

a. `chmod a+x nomfic`, où nomfic est le fichier à rendre exécutable pour tous.
b. Le test `if [ -f $fic ]` permet de tester si le fichier dont le nom est stocké dans la variable `$fic` existe ou non.
c. L'argument du script est désigné par `$1`, on utilise les tests d'existence et d'exécution suggérés et la commande `chmod u+x $1`.
Ce script prend en entrée un nom de fichier, rend exécutable ce fichier pour l'utilisateur et affiche un compte-rendu :

```
#! /bin/bash
# Script rendExecutable.sh
# on teste d'abord si le fichier en argument existe
if [ -f $1 ]
    then
        echo Le fichier $1 existe
        # On va rendre $1 executable s'il ne l'est pas :
        if [ -x $1 ]
            then
                echo Le fichier $1 est déjà exécutable
```

```
            else
                chmod u+x $1
                echo Le fichier $1 devient exécutable pour
$USER
        fi
    else
        echo Le fichier $1 n\'existe pas !
fi
```

À NOTER

Notez les deux `if` imbriqués avec leurs deux alternatives `then` et `else` ainsi que la clôture de chaque `if` avec un `fi`.

12 Rendre exécutables plusieurs fichiers

a. La liste des arguments d'un script se retrouve dans la variable `$*`.

b. Pour parcourir une telle liste, on utilise la structure de contrôle `for/do/done` :

```
for fic in $*
    do
     .../... $fic
    done
```

c. On réutilise le script de l'exercice 11, ce qui simplifie le script résultant :

```
#! /bin/bash
# Ce script prend en entrée une liste de fichiers
# et les rend exécutables si nécessaire
for fic in $*
    do
    ./rendExecutable.sh $fic
    done
```

13 Utiliser telnet ou netcat

a. On peut ici utiliser la commande `netcat` ou `gnetcat` ou `telnet` pour ouvrir une telle session. Si votre ordinateur héberge un serveur web (Apache par exemple), on peut taper :

```
netcat localhost 80
GET /
```

et obtenir la page d'accueil de ce serveur (`index.html` ou `index.php` généralement). On peut également faire `GET /toto` (dans une autre session) et obtenir une erreur 404 pour un fichier qui n'existe pas.

b. Avec `netcat`, voici un exemple des commandes que vous pouvez taper (la session est interactive). On commence par ouvrir une session avec le port 25 (SMTP) du serveur.

La commande `HELO` vous présente. L'objet du message (`subject`) fait partie de la section `DATA` qui se termine par un `.` tout seul sur une ligne.

```
netcat smtp.example.net 25
HELO machine.sitedebob.fr
Mail From: bob@exemple.net
RCPT TO: alice@exemple.net
DATA
Subject: Envoi mail avec netcat
Bonjour Alice,
Connais-tu le protocole SMTP ?
Moi, je commence à le découvrir.

Amicalement
Bob
.
QUIT
```

c. On reprend ces éléments pour écrire un script d'envoi de mail. On peut utiliser `echo` et `read` pour les entrées/sorties. La difficulté est d'insérer l'équivalent de la session interactive dans le script. On utilise l'astuce suivante : pour envoyer un message sur plusieurs lignes à la commande `netcat`, on utilise la redirection `<<EOF` pour indiquer que tout ce qui suivra, jusqu'au prochain marqueur `EOF` de fin de fichier (EOF signifie *End Of File*), sera envoyé sur le port auquel nous sommes connectés. L'utilisateur marque le symbole `EOF` en tapant `CTRL D` à la fin de son message.
Pour tester, il faut avoir un serveur SMTP accessible et mettre sa valeur dans la variable `smtp` du script.

```
#! /bin/bash
# Connexion a un serveur "smtp" pour y envoyer
# un message via SMTP
smtp="smtp.example.net"
# Lecture du nom de l'émetteur du message
echo -n "Expéditeur : "
read from
# Lecture du destinataire
echo -n "Destinataire : "
read to
echo -n "Sujet : "
read sujet
echo "Tapez votre message et terminez par CTRL D."
cat >msg # Édition de texte rustique avec cat
message=$(cat msg)
echo
netcat $smtp 25 <<EOF
Mail From: $from
RCPT TO: $to
DATA
Subject: $sujet
$message
.
QUIT
EOF
echo "Message envoyé, au revoir..."
```

14 Utiliser des adresses IP avec la norme CIDR

1. Sur 32 bits on peut coder au maximum 2^{32} adresses soit théoriquement de l'ordre de 4 milliards. En pratique, il y a encore moins d'adresses utilisables. En 2011, toutes les adresses étaient utilisées. Un effort pour optimiser leur allocation a été fait et permet de continuer à utiliser les adresses IPv4 malgré la prolifération des appareils connectés. On estime le nombre d'appareils connectés dans le monde à 27 milliards en 2019, ce nombre devant passer à 75 milliards en 2025 !

2. On définit la fonction `dec2octet()` qui transforme un entier inférieur ou égal à 255 en une chaîne de 8 bits.

```
def dec2octet(d):
    """ On entre un nombre < 256 en base 10 sous forme de
    chaîne
    On obtient son écriture en base 2 sur un octet
    """
    assert int(d) < 256, "Le nombre {} ne peut pas être écrit
sur un octet.".format(d)
    b = bin(int(d))[2:]
    return ('0'*(8-len(b))) + b
```

`bin(int(car))` transforme un entier en base 10 entré sous forme de chaîne de caractères en une chaîne représentant son écriture en base 2.
La fonction `ip2bin()` accepte l'adresse IP sous forme de chaîne de caractères. On utilise `split` qui explose une chaîne et `join` qui au contraire la reconstruit.

```
def ip2bin(ip):
    """
    Renvoie la représentation binaire d'une adresse IP sur
    32 bits
    """
    octets = [dec2octet(x) for x in ip.split('.')]
    return ''.join(octets)
```

On teste la fonction, on obtient :

```
>>> ip2bin('12.23.33.48')
'00001100000101110010000100110000'
```

3. a. On dispose de 7 bits, donc $2^7 = 128$ possibilités d'adresses. C'est suffisant.
b. Il faut comparer les 25 premiers bits de chaque adresse. Pour cela, on peut les extraire en utilisant les fonctions de la question précédente et en tronquant les chaînes obtenues :

```
def meme_reseau(ip1, ip2, masque):
    """ Teste si 2 adresses IP correspondent au même réseau
    en travaillant sur les chaînes
    masque est le nombre de bits après le '/' de l'adresse
    """
    ipb1 = ip2bin(ip1)
    ipb2 = ip2bin(ip2)
    return ipb1[:masque] == ipb2[:masque]
```

Autre version :

```
def meme_reseau(ip1, ip2, masque):
    """ Teste si 2 adresses IP correspondent au même réseau
    en travaillant sur les entiers et les opérations bit à bit
    """
    ipb1 = eval('0b' + ip2bin(ip1)) >> (32 - masque)
    ipb2 = eval('0b' + ip2bin(ip2)) >> (32 - masque)
    return ipb1 == ipb2
```

RAPPEL

n >> 3, par exemple, décale de 3 bits vers la droite le nombre n ce qui correspond à une division par 2^3.

Par exemple :

```
>>> meme_reseau('206.65.12.67', '206.65.12.129', 25)
False
>>> meme_reseau('206.65.12.67', '206.65.12.127', 25)
True
```

15 Tester et écrire du code assembleur

2. Voici le code assembleur du programme :

```
# Programme somme de 2 nombres
.text
    main:
        # demande d'entrer un nombre
        li $v0, 4
        la $a0, lecture
        syscall
        # Lit le nombre et le stocke dans $s0
        li $v0, 5  # code 5 : lecture d'une donnée
        syscall
        move $t0, $v0
        # idem pour le 2e nombre
        li $v0, 4
        la $a0, lecture2
        syscall
        # Lit le nombre et le stocke dans $s1
        li $v0, 5
        syscall
        move $t1, $v0
        add $t0, $t0, $t1
        # Affiche le texte d'introduction du résultat
        li $v0, 4
        la $a0, affichage
        syscall
        # Affiche le nombre obtenu
        li $v0, 1
        move $a0, $t0
```

```
        syscall
        # termine le programme
        li $v0, 10  # 10 code la terminaison du programme
        syscall     # exécute l'action codée dans $v0 :
                    # fin du programme

.data
    lecture: .asciiz "Entrez un nombre : \n"
    lecture2: .asciiz "Entrez un autre nombre : \n"
    affichage: .asciiz "\nLa somme de ces deux nombres est :"
```

OBJECTIF BAC

16 Étudier un paquet IPv4

Partie 1 Extraction d'un paquet IPv4

1. $5 \times 32 = 160$: il y a donc 10 mots de 16 bits soit le double d'octets. On sélectionne donc les 20 groupes de 2 caractères hexadécimaux (c'est-à-dire un octet → FICHE 1). Il y a 16 groupes de 2 caractères par ligne donc l'en-tête est :

```
45 00 00 34 1e b3 40 00 34 06 62 05 50 f3 b4 57 c0 a8 00 19
```

2. Il y a 16 groupes de 2 caractères donc 16 octets par ligne. Or 16 s'écrit 10 en base 16. Donc les nombres en début de ligne désignent le rang du premier octet de la ligne en base 16.

3. On veut donc sélectionner les colonnes de la numéro 3 à la numéro 18. On entre donc `cut --delimiter=' ' -f 3-18` pour obtenir :

```
$ sudo tshark -i2 -c1 -f "ip" -x  | cut --delimiter=' ' -f 3-18

Capturing on 'enp0s25'
1
00 24 d4 a3 6c dd 3c 97 0e 89 22 a7 08 00 45 00
00 7b 7e 3c 40 00 40 06 f6 34 c0 a8 00 19 50 f3
b4 57 9e 98 00 50 0d f1 42 db 3b 78 03 f9 80 18
05 a4 c6 79 00 00 01 01 08 0a 01 e4 0e cf 46 d9
a8 7f 00 45 37 05 2e 49 7c 20 6d b8 16 ae 4f 55
d2 37 9b c4 3b 3f 16 ff 9e 66 06 db 8e 72 8c 52
aa c8 a9 4f 73 58 f1 7d c0 2c 83 a4 0f 43 5f 38
e4 ed 0d 03 0d e4 e6 46 83 39 87 8b e9 50 81 94
26 5d d0 24 1e 77 97 28 58
```

4. On doit éliminer les sauts de ligne et les espaces. On entre donc `tr -d '\n '` et on obtient :

```
$ sudo tshark -i2 -c1 -f "ip" -x  | cut --delimiter=' ' -f
3-18 | tr -d '\n '

Capturing on 'enp0s25'
1
0024d4a36cdd3c970e8922a708004500008b82d940004006f187c0a80019
```

```
50f3b4579e9800500df2eb263b7b82b1801805a4c68900000101080a01e6
510046e2cdab005537e8256cc0259803b5c634f28c219836bd82f8227119
165f547469f378fe201846ded3107faaa053a60e7e32781b40fa2c41ed87
9cd45ffb7f6fd5ac3d9504c166f0cf932af8fd946ce125baa83c6cbda6c8
d8e3cf
```

5. Il faut sélectionner 20 octets donc 40 caractères hexadécimaux, à partir du 29ᵉ. On entre `cut -c 29-68` et on obtient :

```
$ sudo tshark -i2 -c1 -f "ip" -x | cut --delimiter=' ' -f 3-18
| tr -d '\n ' | cut -c 29-68

Capturing on 'enp0s25'
1
45000034991e40003406e79950f3b457c0a80019
```

Partie 2 Vérification de la somme de contrôle avec Python

1. `entete = str(octets)[2:-3]` permet d'obtenir :

```
>>> entete
'450000abb89340004006bbadc0a8001950f3b457'
```

2. On peut créer une variable somme nulle au départ. On parcourt ensuite les groupes de 16 bits de la liste avec une boucle, on rajoute le préfixe `0x` et on ajoute l'évaluation de ce nombre à la somme :

```
somme = 0
for k in range(10):
    somme += eval('0x' + entete[4 * k : 4 * (k+1)])
```

ou plus sommairement :

```
s = sum(eval('0x' + entete[4*k:4*(k+1)]) for k in range(10))
```

3. Si un nombre ne peut pas s'écrire sur 2 octets, c'est qu'il est plus grand que `0xffff`. On sélectionne donc les deux octets de poids faible et on ajoute les bits au-delà du deuxième octet :

```
while s > 0xffff:
    s = (s & 0xffff) + (s >> 16)
```

4. La somme d'un nombre plus son complément à 1 donne 0 donc le complément à 1 de s vaut 0, et s doit être égal à `0xffff` qui est un nombre écrit sur 2 octets et rempli de 1.

```
if s == 0xffff:
    print('Checksum OK')
else:
    print('Checksum non vérifiée !')
```

On peut réunir le tout en une unique fonction :

```
import subprocess
def checksum():
    cmd = "sudo tshark -i2 -c1 -f 'ip' -x | cut --delimiter=
' ' -f 3-18 | tr -d '\n ' | cut -c 29-68"
```

```
    octets = subprocess.check_output(cmd, shell=True)
    entete = str(octets)[2:-3]
    s = sum(eval('0x' + entete[4*k:4*(k+1)]) for k in range(10))
    while s > 0xffff:
        s = (s & 0xffff) + (s >> 16)
    assert s == 0xffff, 'Checksum non vérifiée !'
    return True
```

5. Voici une proposition pour tout faire en Bash :

```
#! /bin/bash
entete=$(sudo tshark -i3 -c1 -f 'ip' -x |
cut --delimiter=' ' -f 3-18 | tr -d '\n ' | cut -c 29-68)
sum=0
while [ -n "$entete" ]
do
    rem=$(echo "$entete" | cut -c 1-4)
    rem="0x"$rem
    sum=$((sum+rem))
    entete=$(echo $entete | cut -c 5- )
done
while [[ "$sum" -gt 0xffff ]]
do
    mask=$((sum&0xffff))
    ret=$((sum>>16))
    sum=$((mask+ret))
done
[[ "$sum" -eq 0xffff ]] && echo OK || echo Problème
```

Le premier test `[ -n  "$entete"]` permet de relancer la boucle conditionnelle tant que la variable `entete` n'est pas vide.
On emploie des doubles parenthèses ou crochets quand des opérations arithmétiques sont effectuées.
La dernière ligne correspond à un « si ... alors ... sinon ».

Algorithmes fondamentaux

Tout comme les plus grands chefs conçoivent leurs recettes à partir de recettes de base classiques, on retrouve dans les algorithmes les plus complexes des résolutions de problèmes simples et récurrents : parcourir une liste, trier…

32 La machine de Turing

En bref *En 1936, Alan Turing présente sa « machine » théorique afin de répondre à un défi mathématique lancé 36 ans plus tôt.*

I Fonctionnement de la machine de Turing

1 Description de la machine

■ Le premier élément est un ruban ayant un commencement mais une longueur infinie et qui représente la mémoire d'un ordinateur (qui, elle, est finie). Le second élément est une tête de lecture qui lit, écrit et se déplace sur le ruban.

■ Il faut s'imaginer une machine de Turing comme ceci par exemple :

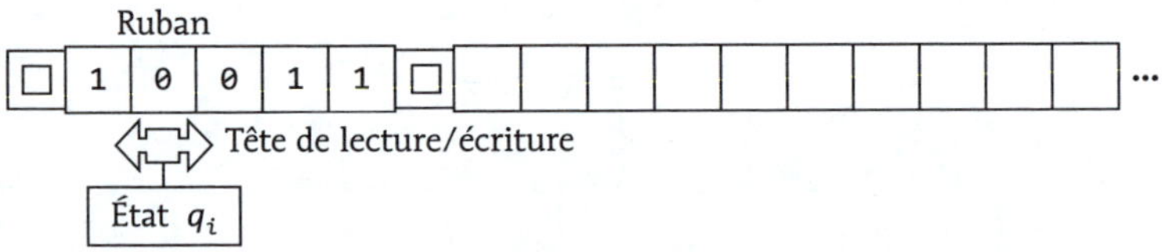

Machine de Turing

■ Un □ symbolise une case « blanche » et occupe la première case. Il est suivi par des 0 et des 1. Une autre case blanche marque la fin de la chaîne.

L'ensemble des symboles {0 ; 1 ; □} forme un alphabet.

Le pointeur indique au départ la première case.

■ Il est possible d'effectuer trois actions qui dépendent de l'état du pointeur et du caractère pointé :
- changer l'état du pointeur ;
- changer le caractère pointé sur le ruban ;
- déplacer le pointeur d'une case vers la gauche ou vers la droite.

2 Exemple de programme sur la machine de Turing

■ Imaginons que nous voulions, par exemple, changer les 0 en 1 et vice-versa puis remettre le pointeur dans sa position initiale.

L'algorithme serait donc :
- lorsque le pointeur rencontre le premier blanc, il se déplace vers la droite ;
- chaque fois que le pointeur rencontre un 0 ou un 1, il le change en son complémentaire et se déplace vers la droite ;
- lorsqu'il rencontre le deuxième blanc, il recule d'une case vers la gauche jusqu'à ce qu'il rencontre le premier blanc.

■ Ceci constitue un algorithme que nous pouvons représenter par l'**automate** suivant :

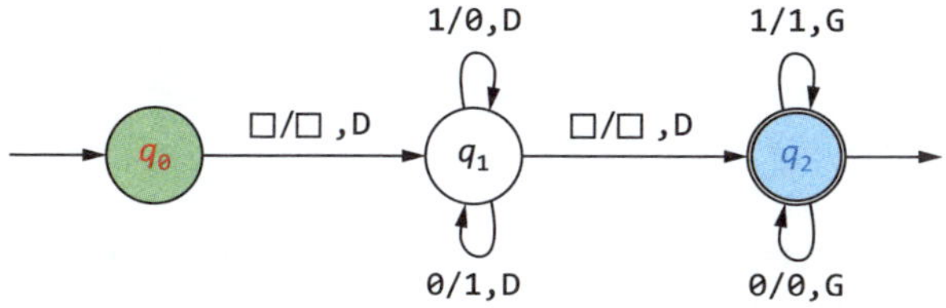

• Les cercles correspondent aux **différents états** de la machine : il y en a trois. Les flèches décrivent, elles, les actions accomplies par la machine.

• La flèche entrante en q_0 indique qu'il s'agit de l'état initial. Le double cercle autour de q_2 indique qu'il s'agit de l'état final.

• Une flèche allant de q_i à q_j surmontée d'un couple $a/b,c$ signifie que si la machine est dans l'état q_i et qu'elle pointe sur une case contenant a alors elle remplace a par b et bouge d'une case vers la direction indiquée par c : gauche (G), droite (D), reste sur place (R).

■ On voit qu'un nombre fini d'instructions permet de traiter une chaîne de longueur aussi longue que l'on veut.

II Complexité

■ Ce modèle sert en particulier d'étalon pour mesurer la **complexité** d'un algorithme : c'est l'ordre de grandeur du nombre d'actions élémentaires (lire, déplacer la tête de lecture) qu'effectuerait une machine de Turing pour exécuter l'algorithme.

■ Un algorithme formel est la description d'une machine de Turing. Même si cela apparaît fastidieux, la modélisation d'un algorithme par une machine de Turing permet de répondre à trois questions fondamentales :

• Est-ce que l'algorithme va se terminer ? (Est-il « calculable » ?)

• Quelle est « l'efficacité » en temps d'un algorithme pour traiter des données ? Cela revient à savoir combien de mouvements la tête de lecture va effectuer.

• Quelle place en mémoire va demander l'exécution de l'algorithme ? Cela revient à compter le nombre de cases du ruban nécessaires.

■ Dans la pratique, il serait trop fastidieux de traduire tous les algorithmes en machines de Turing. On se contente plutôt de décomposer l'algorithme en « opérations élémentaires » de complexité constante : une opération arithmétique sur un flottant, une comparaison entre deux nombres, etc.

33 Parcours séquentiel d'une liste

En bref *Voici quelques exemples classiques d'algorithmes qui nécessitent un parcours simple d'une collection (une seule boucle for). Leur complexité est linéaire.*

Dans l'ensemble de cette fiche, les exemples utilisent des listes de personnes. Une personne est modélisée par un tuple (nom, age).

I Algorithmes de cumul

1 Exemple de moyenne

Voici une fonction qui renvoie la moyenne d'âge, arrondie à l'entier inférieur, d'une liste de personnes.

```
def moyenne(liste_personnes):
    somme = 0
    for (nom, age) in liste_personnes:
        somme = somme + age
    return somme // len(liste_personnes)

assert moyenne([('Zoé', 17), ('Léa', 19), ('Léo', 12)]) == 16
```

2 Exemple de comptage

Voici une fonction qui compte le nombre de personnes d'une liste qui ont strictement moins de 15 ans.

```
def nb_bebes(liste_personnes):
    compteur = 0
    for (nom, age) in liste_personnes:
        if age < 15:
            compteur = compteur + 1
    return compteur

assert nb_bebes([('Ano', 14), ('Léa', 19), ('Léo', 12)]) == 2
```

3 Autres exemples d'algorithme de la même famille

- Calculer la somme des nombres positifs d'une liste de nombres.
- Compter le nombre de voyelles dans une chaîne de caractères.

II Recherche d'un extremum (maximum ou minimum)

- Voici une fonction qui renvoie le nom de la personne la plus âgée d'une liste.

```
def le_plus_vieux(liste_personnes):
    (nom_vieux, age_max) = liste_personnes[0]
    for (nom, age) in liste_personnes:
        if age > age_max:
            (nom_vieux, age_max) = (nom, age)
    return nom_vieux

assert le_plus_vieux([('Zoé', 17), ('Léa', 19),
                     ('Léo', 12)]) == 'Léa'
```

- Autres problèmes de la même famille :

- trouver le nombre le plus proche de zéro dans une liste de nombres ;
- trouver l'indice du mot qui contient le plus de « a » dans une liste de mots.

III Algorithmes de vérification

- On parcourt la liste en faisant une recherche/vérification à chaque étape. On s'arrête dès qu'on trouve ce que l'on cherche ou un contre-exemple dans le cas d'une vérification.

- Voici une fonction qui renvoie l'indice de la première personne qui a au moins 15 ans dans une liste (et `None` si aucune personne ne correspond au critère).

```
def premier_ado(liste_personnes):
    for i in range(len(liste_personnes)):
        (nom, age) = liste_personnes[i]
        if age >= 15:
            return i
    return None

assert premier_ado([('Léo', 12), ('Léa', 19),
                    ('Zoé', 17)]) == 1
assert premier_ado([('Léo', 12), ('Zu', 11),
                    ('Dora', 14)]) == None
```

À NOTER

Ici, nous utilisons `return` en milieu de boucle pour quitter la fonction. C'est tolérable dans le cas d'une fonction très simple, comme c'est le cas ici, mais souvent à éviter dans des fonctions plus complexes.

- Autres problèmes de la même famille :

- vérifier qu'une personne dont le nom est passé en paramètre est bien membre d'une liste de personnes ;
- vérifier qu'une liste de personnes est rangée en ordre décroissant d'âges ;
- chercher le premier mot de plus de 5 lettres dans une liste de mots.

34 Recherche dichotomique dans une liste triée

En bref *La recherche d'un élément dans une liste fait partie des problèmes récurrents. Lorsque la liste est triée, la recherche dichotomique est beaucoup plus rapide que la recherche séquentielle* → FICHE 33.

I Problème posé

- Nous voulons rechercher l'élément 7 dans la liste `[1, 2, 5, 9, 10, 14, 17, 24, 41]`.
- Avec une recherche séquentielle ou recherche par balayage → FICHE 33, on parcourt la liste du début à la fin en comparant chaque valeur à l'élément recherché. Dans le pire des cas, on parcourt la liste en entier. Dans notre exemple, il faut faire 9 comparaisons.
- Comme la liste de départ est triée, la recherche **dichotomique** permet d'améliorer la performance de la recherche.

MOT CLÉ
Le nom **dichotomie** provient du grec ancien *dikhotomia* qui signifie « couper en deux ».

II Principe de la recherche dichotomique

- Voici le principe de la recherche dichotomique avec une liste triée dans l'ordre croissant :

• Si la liste est vide : répondre négativement, la recherche est finie.

• Sinon, trouver la valeur la plus centrale de la liste et comparer cette valeur à l'élément recherché :
– si la valeur est celle cherchée : répondre positivement, la recherche est finie ;
– si la valeur est strictement plus petite que l'élément recherché, reprendre la procédure avec la seconde moitié de la liste ;
– sinon reprendre la procédure avec la première moitié de la liste.

- *Exemple* : Recherche de l'élément 5 dans la liste triée `[1, 2, 5, 9, 10, 14, 17, 24, 41]` :

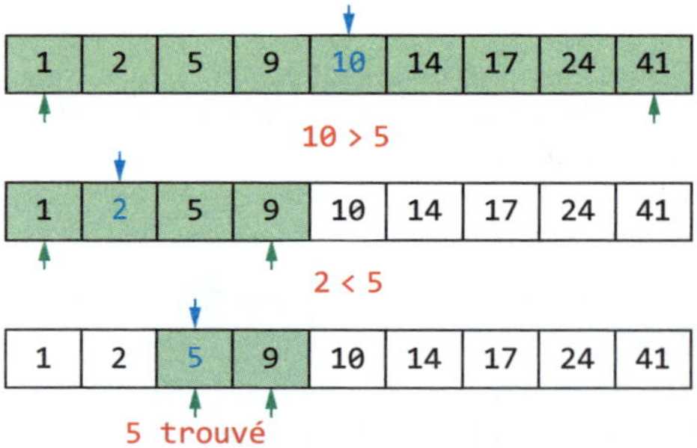

- Recherche de l'élément 7 dans la liste triée `[1, 2, 5, 9, 10, 14, 17, 24, 41]` :

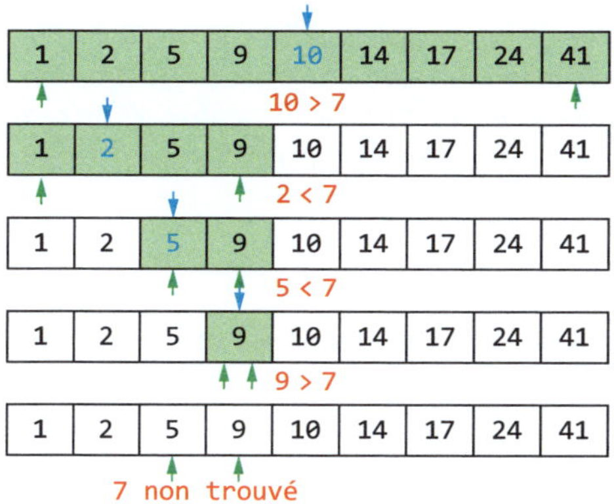

Il suffit de 4 tours de boucle pour conclure qu'un élément n'est pas dans une liste de taille 9.

III Nombre de tours de boucle maximum

Taille de la liste	0	1	2	4	8	16	32	64	128	N
Recherche séquentielle	0	1	2	4	8	16	32	64	128	N
Recherche dichotomique	0	1	2	3	4	5	6	7	8	$\log_2 N$

Le nombre de tours de boucle de la recherche dichotomique est donc de l'ordre de $\log_2(n)$ où n est la taille de la liste.

IV Exemple de mise en œuvre

Recherche dichotomique d'un élément dans une liste triée :

```python
def recherche_dicho(liste, element):
    """ 'liste' doit être triée dans l'ordre croissant
    Renvoie True si element est dans la liste, False sinon
    """
    indice_debut = 0
    indice_fin = len(liste) - 1
    while indice_debut <= indice_fin:
        indice_centre = (indice_debut + indice_fin) // 2
        valeur_centrale = liste[indice_centre]
        if valeur_centrale == element:
            return True
        elif valeur_centrale < element:
            indice_debut = indice_centre + 1
        else:
            indice_fin = indice_centre - 1
    return False
```

35 Tri par insertion

En bref *Le tri par insertion est un tri facile à implémenter. Son coût dans le cas le pire est quadratique. Toutefois, il offre de bons résultats sur des listes de peu d'éléments ou partiellement triées.*

I Présentation de l'algorithme

- On parcourt tous les éléments, chacun est inséré à sa place dans les éléments déjà triés qui le précèdent.
- Propriétés du tri par insertion :
  - tri **en place**, il n'est pas nécessaire de faire une copie de la liste ;
  - tri **stable**, deux éléments égaux resteront dans le même ordre ;
  - tri **en ligne**, les éléments de la liste pourraient être fournis au fur et à mesure.
- Exemple en Python d'une fonction de tri par insertion :

```
1  def tri_insertion(lst):
       """ Modifie la liste 'lst' passée en paramètre de façon
       à ce qu'elle soit triée en ordre croissant
       """
2      for j in range(1, len(lst)):
3          cle = lst[j]
4          i = j - 1
5          while i >= 0 and lst[i] > cle:
6              lst[i + 1] = lst[i]
7              i = i - 1
8          lst[i + 1] = cle
```

II Preuve de correction

Montrons qu'à la fin d'un tour de la boucle `for`, les valeurs de la liste `lst` sont triées jusqu'à la case `j` incluse.

- Au début, `j` vaut 1 et la liste, réduite à la case d'indice 0, est bien triée.
- Supposons qu'à la fin du tour `j - 1` les valeurs de la liste soient triées jusqu'à la case `j - 1` incluse. On montre que lors du tour `j`, la case `cle = lst[j]` sera insérée correctement et que la liste sera ainsi triée jusqu'à la case `j` incluse. On envisage deux cas.

Cas 1 : `lst[j] >= lst[0]`.

- On est dans cette situation avant la ligne 3 :

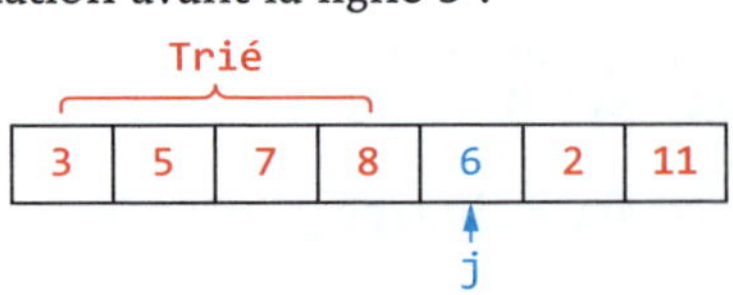

• Puis après la ligne 4 :

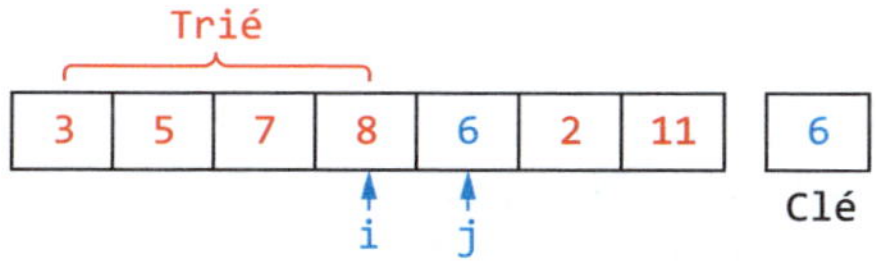

• On entre dans la boucle `while`. À la fin de la boucle, avant la ligne 8, la situation est :

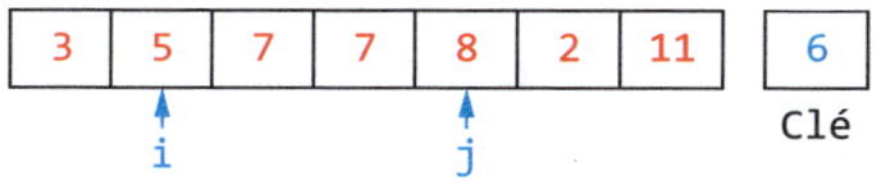

• Puis après la ligne 8, à la fin du tour de la boucle `for` :

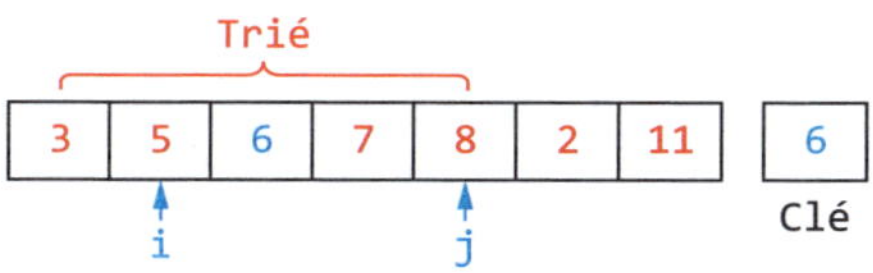

La liste est donc triée jusqu'à la case `j` incluse.

Cas 2 : `lst[j] < lst[0]`. On vérifie sans mal que la boucle `while` quitte pour `i = -1` et que la clé est bien insérée dans la case `0`.

■ En conséquence, lorsque la boucle `for` termine son dernier tour, `j` désigne la dernière case et on a montré que la liste était triée jusqu'à cette case. La liste est donc entièrement triée.

III Complexité de l'algorithme

Supposons que la taille de la liste est n.

■ La boucle `for` tourne toujours exactement $n - 1$ fois. Les lignes 3, 4 et 8 s'exécutent en un temps constant (notons-le c_1), indépendant de n.

■ La boucle `while` tourne j fois dans le pire cas (liste triée par ordre décroissant), ou pas du tout si la liste est déjà triée. Dans le cas moyen, elle tournera $\frac{j}{2}$ fois. Le corps de la boucle `while` s'exécute en un temps c_2 indépendant de n.

■ Le temps d'exécution total dans le cas moyen est donc :

$$\sum_{j=1}^{n-1}(c_1 + c_2 \times \frac{j}{2}) = (n-1)\, c_1 + \frac{c_2}{2}\frac{n(n-1)}{2} = \Theta(n^2)$$

Dans le cas le pire, en changeant $\frac{j}{2}$ en j, le coût reste quadratique. Il est par contre linéaire si la liste est déjà triée.

36 Tri par sélection

En bref *Le tri par sélection, comme le tri par insertion, a un coût quadratique dans le pire cas, mais aussi dans le cas d'une liste presque triée. Il a par contre l'avantage de déplacer moins de valeurs que le tri par insertion.*

I Présentation de l'algorithme

■ On recherche le plus petit élément et on le met à sa place (en l'échangeant avec le premier). On recherche le second plus petit et on le met à sa place, etc.

■ Propriétés du tri par insertion :

• tri **en place**, il n'est pas nécessaire de faire une copie de la liste ;

• tri **non stable**, deux éléments égaux ne resteront pas nécessairement dans le même ordre.

■ Exemple standard en Python d'une fonction de tri par sélection :

```
def tri_selection(lst):
    for i in range(0, len(lst) - 1):
        # recherche le plus petit élément de i à la fin
        mini = i
        for j in range(i + 1, len(lst)):
            if lst[j] < lst[mini]:
                mini = j
        # échanger les cases i et mini
        tmp = lst[i]
        lst[i] = lst[mini]
        lst[mini] = tmp
```

À NOTER
En Python, l'échange des cases pourrait être écrit simplement : `lst[i], lst[mini] = lst[mini], lst[i]`.

II Preuve de correction

Montrons qu'à la fin du tour `i` de la boucle `for`, les cases `lst[0]` à `lst[i]` incluses sont à leur place définitive.

■ Au premier tour de boucle (`i` vaut `0`), le plus petit élément est recherché dans toute la liste. Puis il est placé (par échange) dans la case `0`.

■ Supposons qu'à la fin du tour `i - 1` tous les éléments de la case `0` à la case `i - 1` sont à leur place définitive :

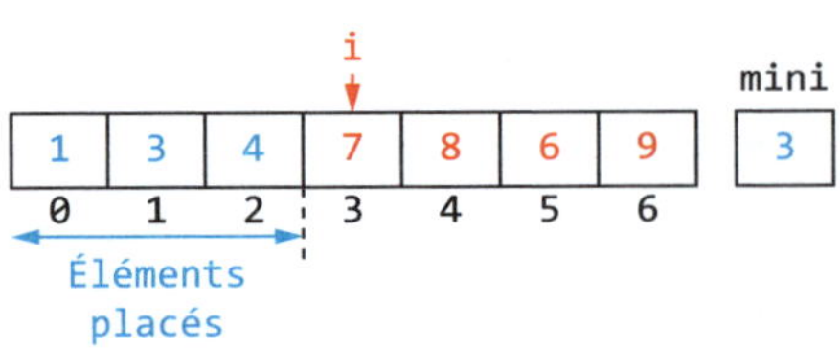

- Au début du tour `i`, on recherche le plus petit élément de la case `i` à la fin :

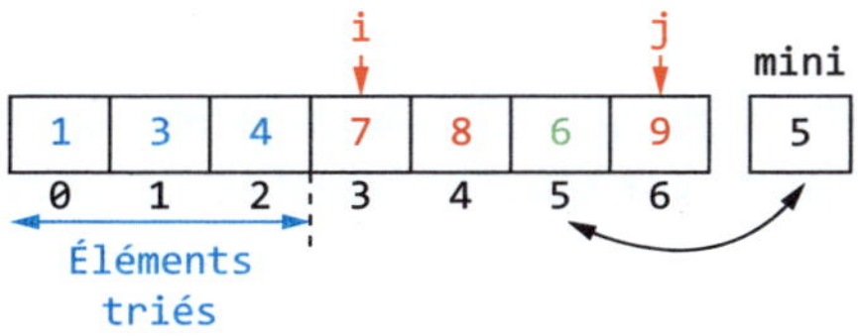

- Or toutes ces cases contiennent des valeurs supérieures ou égales à `lst[i - 1]`, puisque les cases `0` à `i - 1` sont à leur place. Ce plus petit élément est donc celui qui vient juste après `i - 1`. Il est donc échangé avec le contenu de la case `i`. Les éléments d'indices `0` à `i` sont maintenant à leur place.

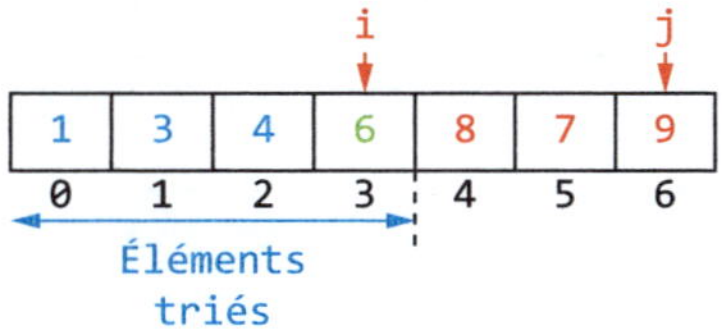

- Lors du dernier tour de boucle, `i` vaut `len(lst) - 1`. À la fin de ce tour, tous les éléments jusqu'à la case `len(lst) - 1` incluse sont à leur place définitive. Toute la liste est donc triée.

III Complexité de l'algorithme

Supposons que la taille de la liste est n.

- La boucle `for` tourne toujours pour i variant de 0 à $n - 2$. Les lignes 4, 9, 10 et 11 s'exécutent en un temps constant (notons le c_1), indépendant de n.
- La boucle `for` des lignes 5, 6 et 7 fait varier j de $i + 1$ à $n - 1$ inclus. Elle tourne donc $n - 1 - i$ fois. Les lignes 6 et 7 s'exécutent en un temps constant, majoré par c_2 dans le cas où le test est vérifié.
- Le temps d'exécution total est donc :

$$\sum_{i=0}^{n-2}(c_1 + c_2 \times (n - 1 - i)) = (n - 1)c_1 + c_2\frac{n(n - 1)}{2} = \Theta(n^2)$$

Le résultat est un algorithme quadratique dans tous les cas, ce qui est moins bon que le tri par insertion. En revanche, le nombre d'échanges de valeurs est de l'ordre de n.

Recherche linéaire ou dichotomique

Recherche linéaire

Pour 16 éléments → 1 à 16 étapes, 8 en moyenne.
Exemple : recherche de l'élément 13 en 10 étapes.

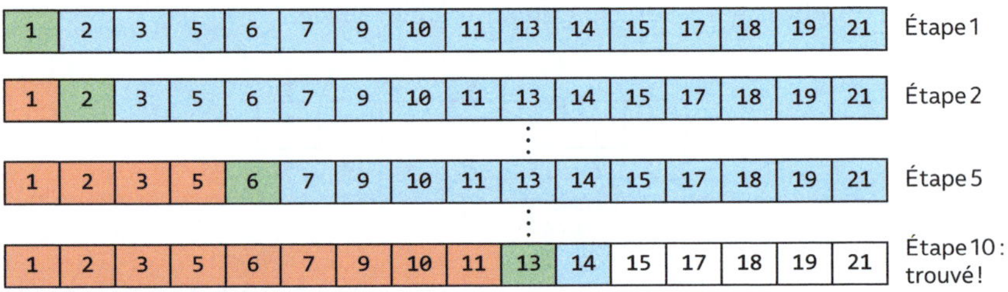

Recherche dichotomique

Pour 16 éléments → maximum 5 étapes.
Exemple : recherche de l'élément 13 en 3 étapes.

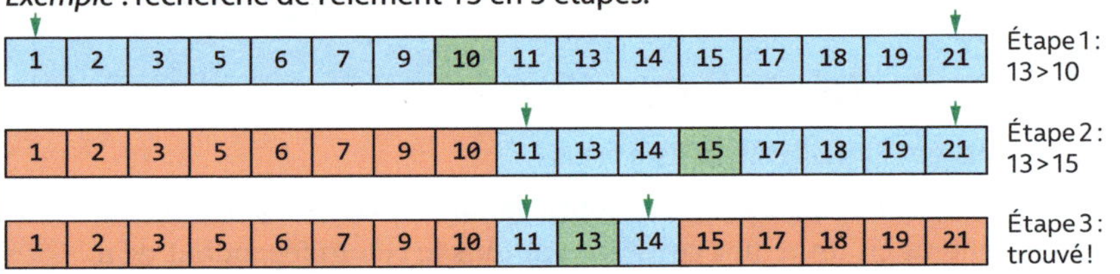

Complexité

1 000 recherche dans une liste de 10 000 000 éléments :

- recherche linéaire → ≈ 20 min ;
- recherche dichotomique → ≈ 16 ms.

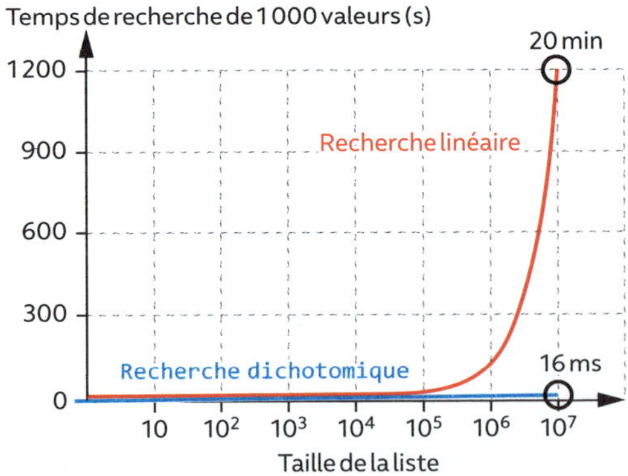

Tri par insertion

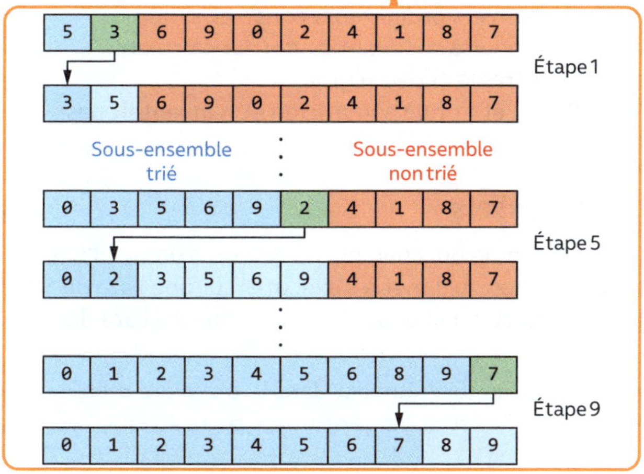

Tri par sélection

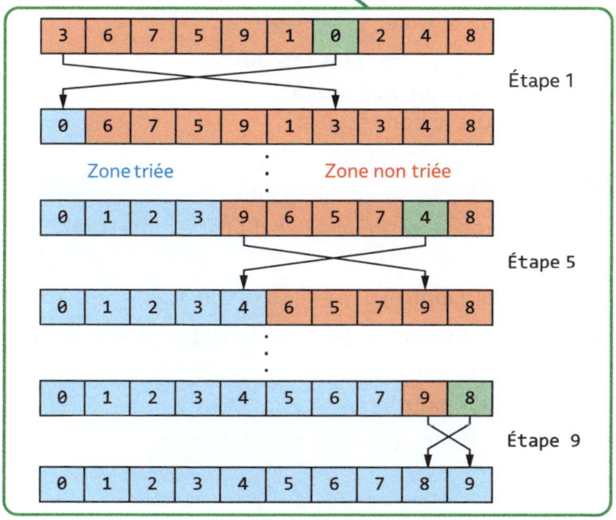

SE TESTER QUIZ

Vérifiez que vous avez bien compris les points clés des **fiches 32 à 36**.

1 Machine de Turing

→ FICHE 32

La machine de Turing :

☐ **a.** est un des tous premiers ordinateurs construits.
☐ **b.** est un modèle théorique décrivant ce qui est calculable.
☐ **c.** a permis de déchiffrer le code Enigma.
☐ **d.** n'existe pas, Turing était mathématicien et n'inventait pas de machines.

2 Parcours séquentiels

→ FICHE 33

On dispose d'un algorithme qui cherche la valeur maximale d'une liste non triée. On mesure le temps qu'il met à s'exécuter sur une liste de 10 000 valeurs. Quel temps mettra-t-il pour s'exécuter sur une liste de 20 000 valeurs ?

☐ **a.** Le même temps si le maximum est dans la première moitié de la liste.
☐ **b.** On a ajouté 10 000 valeurs, l'algorithme mettra 10 000 fois plus de temps.
☐ **c.** Le temps sera simplement doublé.
☐ **d.** On ne peut pas savoir, tout dépend de l'endroit où est le maximum.

3 Recherche dichotomique

→ FICHE 34

Par rapport à la recherche séquentielle dans une liste, la recherche dichotomique dans une liste triée :

☐ **a.** est systématiquement un peu plus rapide.
☐ **b.** est en moyenne beaucoup plus rapide.
☐ **c.** ne donne pas toujours le bon résultat.

4 Algorithmes de tri

→ FICHES 35 et 36

1. Quel est le coût en temps dans le pire cas du tri par insertion (pour une liste de taille n) ?

☐ **a.** $\Theta(n)$ ☐ **b.** $\Theta(n \log(n))$ ☐ **c.** $\Theta(n^2)$ ☐ **d.** $\Theta(2^n)$

2. Quel est le coût en temps dans le pire cas du tri par sélection (pour une liste de taille n) ?

☐ **a.** $\Theta(n)$ ☐ **b.** $\Theta(n \log(n))$ ☐ **c.** $\Theta(n^2)$ ☐ **d.** $\Theta(2^n)$

3. Lequel des deux algorithmes suivants est un tri stable ?

☐ **a.** Le tri par insertion
☐ **b.** Le tri par sélection

S'ENTRAÎNER

5 Calculer le successeur d'un entier avec une machine de Turing

→ FICHE 32

Nous voudrions construire une machine de Turing qui calcule le successeur de la représentation unaire d'un entier.

Doc Représentation unaire d'un entier

Un nombre entier $n \in \mathbb{N}$ a pour représentation unaire 1^{n+1} c'est-à-dire la concaténation de $n + 1$ symboles de l'alphabet $X = \{1\}$.

Ainsi, la représentation de 0 est 1, celle de 1 est 11, celle de 2 est 111, etc.

On notera $\overline{n}$ la représentation de l'entier n.

Ainsi, le successeur de n est obtenu en ajoutant un 1 à son écriture unaire.

La configuration initiale est le mot $\square\,\overline{n}\,\square$ et l'état est q_0.

Le pointeur rencontre le premier blanc et change donc d'état et se dirige vers la droite jusqu'à rencontrer un deuxième blanc qui est alors remplacé par un 1. Le pointeur change d'état et se déplace vers la gauche tant qu'il pointe sur un 1.

La machine s'arrêtera lorsqu'elle rencontrera à nouveau un blanc si $f(q_2, \square)$ n'est pas définie.

a. Construire une machine de Turing résolvant le problème en dessinant l'automate correspondant.

b. Construire ensuite une autre machine qui calcule le prédécesseur de la représentation unaire d'un entier.

6 Rechercher une occurrence dans une liste

→ FICHE 33

On veut écrire une fonction `recherche` qui prend en paramètres une liste d'entiers et un entier `x`. Cette fonction devra renvoyer `True` si l'entier `x` est dans la liste et `False` sinon.

a. Proposer des tests pour cette fonction.

b. Donner le code de cette fonction.

7 Vérifier qu'une liste est triée

→ FICHE 33

On veut écrire une fonction `verifie_trie` qui prend en paramètre une liste d'entiers et qui renvoie `True` si la liste est correctement triée dans l'ordre croissant et `False` sinon.

a. Proposer des tests pour cette fonction.

b. Donner le code de cette fonction.

8 Calculer une moyenne

→ FICHE 33

On veut écrire une fonction qui permet de calculer la moyenne de notes en tenant compte de leurs coefficients.

On propose le code suivant :

```
def moyenne_ponderee(lst_notes, lst_coefs):
    """ lst_notes et lst_coefs sont deux listes de nombres
    Renvoie la moyenne pondérée des notes (float)
    """
    somme_pond = 0
    somme_coefs = 0
    # LA
    for i in range(len(lst_notes)):
        somme_pond = somme_pond + \
                        lst_notes[i] * lst_coefs[i]
        somme_coefs = somme_coefs + lst_coefs[i]
        # ICI
    return somme_pond / somme_coefs
```

a. On utilise la fonction ainsi :

```
notes = [12, 5, 9, 23]
coefficients = [3, 2, 5, 1]
print(moyenne_ponderee(notes, coefficients))
```

Compléter le tableau avec les valeurs des expressions à chaque passage par la ligne indiquée (LA et ICI).

	i	lst_notes[i]	lst_coefs[i]	somme_pond	somme_coefs
#LA	X				
#ICI	0				
#ICI	1				
#ICI	2				
#ICI	3				

b. Que se passe-t-il lors de l'exécution du code suivant ?

```
notes2 = [12, 5, 9, 23]
coefficients2 = [3, 2, 5, 1, 7]
print(moyenne_ponderee(notes2, coefficients2))
```

c. Que se passe-t-il lors de l'exécution du code suivant ?

```
notes3 = [12, 5, 9, 23]
coefficients3 = [3, 2, 5]
print(moyenne_ponderee(notes3, coefficients3))
```

d. On décide de modéliser les données à l'aide d'une liste de tuples (`note, coefficient`). Proposer le code d'une fonction qui permet de calculer la moyenne pondérée de ces notes.

9 Chercher un nombre d'occurrences

→ FICHE 33

Écrire une fonction `frequence` qui prend en entrée une chaîne de caractères et un caractère et renvoie le nombre de fois que ce caractère apparaît dans la chaîne (sans utiliser la méthode `count` ou la classe `Counter`). Par exemple :

```
>>> frequence("bonjour tout le monde", "o")
4
>>> frequence("salut !!", "o")
0
```

10 Rechercher un extremum

→ FICHE 33

On modélise une étape du Tour de France à l'aide de deux listes : la liste des points de passage et la liste des altitudes de ces points de passage.

Par exemple :

```
points=['Vervier', 'Côte de Sart', 'Stavelot', 'Trois-Ponts',
'Vielsalm', ...]
altitudes=[212, 543, 317, 251, 361, ...]
```

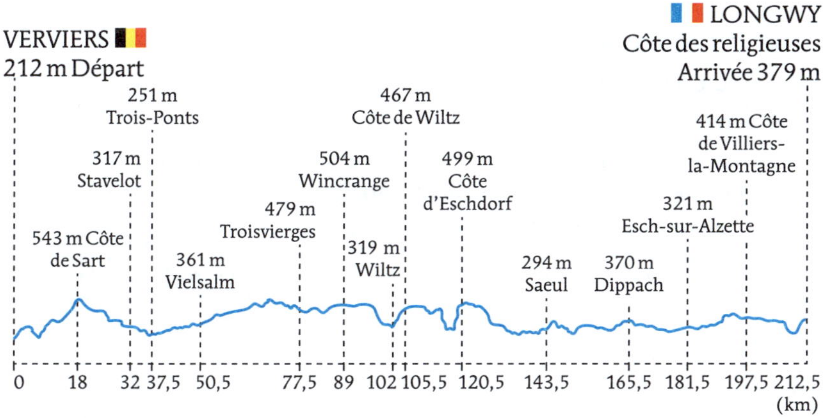

a. Modéliser les données avec deux listes n'est pas une très bonne idée. Proposer une autre modélisation possible.

b. Écrire une fonction qui prend en paramètre les données qui modélisent une étape du Tour de France (structure de données de la question **a.**) et renvoie le point de passage le plus haut de cette étape.

Pour notre exemple, cette fonction doit renvoyer `'Côte de Sart'`.

c. Écrire une fonction qui prend en paramètre la liste des altitudes d'une étape du Tour de France et renvoie le nombre de descentes.

Avec notre exemple, la liste des altitudes est `[212, 543, 317, 251, 361, 479, 504, 319, 467, 499, 294, 370, 321, 414, 379]` et cette fonction doit renvoyer `6`.

11 Faire une recherche dichotomique dans une liste triée → FICHE 34

On propose la fonction suivante :

```
def appartient(liste, element):
    """ indique si element est dans liste
    liste doit être triée dans l'ordre croissant
    """
    gauche = 0
    droite = len(liste) - 1
    trouve = False
    # AVANT
    while gauche <= droite and not trouve:
        milieu = (gauche + droite) // 2
        # ICI
        if liste[milieu] == element:
            trouve = True
        elif liste[milieu] < element:
            gauche = milieu + 1
        else : # liste[milieu] > element
            droite = milieu - 1
        # LA
    return trouve
```

1. On exécute `appartient([1, 3, 5, 17, 17, 19], 3)`.

a. Que renvoie cet appel de fonction ?

b. Le tableau suivant précise les valeurs de certaines variables à chaque tour de boucle. Remplacer les « ? » par les valeurs attendues.

c. Dans l'exemple, pourquoi sort-on de la boucle ?

	gauche	milieu	droite	liste[milieu]	trouve
#AVANT	0	-	5	-	False
#ICI	0	2	5	5	?
#LA	0	2	1	5	?
#ICI	0	0	1	1	?
#LA	1	0	1	1	?
#ICI	1	1	1	3	?
#LA	1	1	1	3	?

2. On exécute `appartient([1, 3, 5, 17, 17, 19], 4)`.

a. Que renvoie cet appel de fonction ?

b. Construire un tableau similaire à celui de la question précédente.

c. Pourquoi sort-on de la boucle ?

3. On exécute `appartient([1, 3, 5, 17, 17, 19], 27)`.

a. Que renvoie cet appel de fonction ?

b. Combien de fois va-t-on passer par la ligne `# ICI` ?

4. En vous inspirant de la fonction `appartient`, écrire le code de la fonction suivante :

```
def indice(liste, element):
    """ renvoie un indice i tel que liste[i] == element
    s'il y en a un, None sinon.
    """
    # À FAIRE

assert indice([1, 3, 5, 17, 17, 19], 3) == 1
assert indice([1, 3, 5, 17, 17, 19], 4) == None
assert indice([1, 3, 5, 17, 17, 19], 17) == 3 or \
       indice([1, 3, 5, 17, 17, 19], 17) == 4
```

12 Évaluer le nombre de déplacements des valeurs à trier

→ FICHES 35 et 36

a. Reprendre le programme du tri par sélection. Pour une liste de n valeurs, combien de valeurs seront déplacées, dans le pire des cas, pour trier toute la liste ?

b. Même question dans le cas du tri par insertion.

c. Comparer les algorithmes du tri par sélection et du tri par insertion en terme de nombre de déplacements de valeurs effectués.

13 Étudier le tri à bulles

→ FICHES 35 et 36

Le tri à bulles fonctionne sur le principe suivant :
- on regarde si les deux premières valeurs sont rangées en ordre croissant, si ce n'est pas le cas, on les échange ;
- on regarde si les deux valeurs suivantes sont rangées en ordre croissant, si ce n'est pas le cas, on les échange ;
- …
- enfin, on regarde si les deux dernières valeurs sont rangées en ordre croissant, si ce n'est pas le cas, on les échange.

Une fois la première « passe » finie, on recommence. Si la liste contient n valeurs, le tableau sera trié au bout de $n - 1$ passes au plus.

1. Écrire le programme du tri à bulles.

2. À la fin de la première passe, où se trouve la plus grande valeur de la liste ? Dans ces conditions, la seconde passe doit-elle aller jusqu'à comparer les deux dernières valeurs de la liste ? Proposer une version du tri à bulles dans laquelle les passes s'arrêtent de plus en plus tôt dans la liste.

3. Quelle est la complexité du tri à bulles dans la version que vous venez de proposer à la question **2** ?

4. Parmi les caractéristiques suivantes, lesquelles s'appliquent au tri à bulles ?

a. stable **b.** en place

14 Programmer un tri par insertion dichotomique

→ FICHES 34 et 35

Dans le tri par insertion, on insère une valeur dans la partie gauche de la liste, déjà triée. La recherche du point d'insertion peut être réalisée par une méthode dichotomique.

a. Proposer une fonction qui prend en paramètres une liste triée et une valeur et indique à quel indice la valeur devrait être insérée (ou ajoutée) pour que la liste reste triée. Cette fonction devra procéder par dichotomie.

b. Proposer une seconde version de cette fonction (procédant toujours par dichotomie) qui prend en paramètre la liste partiellement triée sur ses éléments d'indice 0 à n, la valeur de n et la valeur à insérer, et renvoie l'indice (de 0 à n inclus) d'insertion de la valeur.

c. Proposer une procédure de tri par insertion qui utilise la fonction de recherche dichotomique du point d'insertion de la question **b**.

d. La valeur moyenne de la complexité en temps de l'algorithme de tri est-elle modifiée par la recherche dichotomique ? Peut-on néanmoins s'attendre à un gain de performance ?

15 Rechercher le second plus petit élément d'une liste

→ FICHE 33

On souhaite écrire une fonction qui prend en paramètre une liste et renvoie le second plus petit élément de la liste. S'il n'y en a pas, la fonction devra renvoyer la valeur `None`.

Par exemple, si la liste d'entrée contient `[4, 7, 1, -1, 3]`, la fonction devra renvoyer `1`. Si la liste d'entrée est `[4]`, `[]` ou `[3, 3]`, la fonction devra renvoyer `None`.

a. Écrire l'algorithme « naïf » qui consiste à rechercher le plus petit élément, puis à recommencer la recherche en retenant le plus petit élément qui soit différent du plus petit élément déjà trouvé. Attention à la manière d'initialiser la seconde recherche !

b. Étudier la complexité en temps et en nombre de comparaisons de cet algorithme.

OBJECTIF BAC

16 Résoudre numériquement une équation

60 min

Les méthodes numériques permettent de calculer de manière effective des solutions numériques à divers problèmes, souvent liés à la physique. Nous abordons ici la méthode dichotomique utilisée pour résoudre des équations.

LE SUJET

La méthode dichotomique → FICHE 34 est employée dans la résolution de nombreux problèmes. En particulier, elle permet de trouver une solution à l'équation $f(x) = 0$ où f est une fonction continue d'une variable réelle.

Cette méthode peut être utilisée dans les cas où une solution analytique n'est pas connue.
Dans toute la suite, on supposera que f est une fonction continue.
On admet que s'il existe $a < b$ tels que $f(a)f(b) < 0$ alors, il existe $c \in [a\,;b]$ tel que $f(c) = 0$.

1. L'algorithme de recherche de solution par la méthode dichotomique consiste, à partir d'un intervalle $[a\,;b]$ contenant une solution x à l'équation $f(x) = 0$, à trouver un nouvel intervalle, deux fois plus petit, qui contient aussi une solution. Pour cela, on évalue $f(m)$ avec $m = \frac{a+b}{2}$. Alors, au moins un des deux intervalles, $[a\,;m]$ ou $[m\,;b]$, contient une solution.

Écrire une fonction nommée `iteration_dicho` qui prend en paramètres la fonction f, les deux valeurs a et b et renvoie les bornes du nouvel intervalle (plus petit) contenant la solution.

2. La probabilité pour que la solution soit trouvée exactement est très faible (et il faut aussi tenir compte des erreurs de calcul sur les nombres flottants). Nous allons donc nous contenter de considérer que si l'intervalle est suffisamment petit ($b - a$ inférieur à ε fixé), alors une solution approchée est $\frac{a+b}{2}$, ce qui garantit une erreur sur la solution inférieure à $\frac{\varepsilon}{2}$.
Écrire une fonction nommée `dichotomie` (itérative) qui prend en paramètre f, les bornes d'un intervalle a et b, la valeur de ε et renvoie la solution approchée de l'équation $f(x) = 0$, ou `None` s'il n'y a *a priori* pas de solution dans l'intervalle considéré (car $f(a)f(b) > 0$ par exemple, ce qui ne signifie pas qu'il n'y a pas de racine dans l'intervalle, mais ne permet pas non plus d'assurer qu'il y en a une).

3. Tester la méthode de résolution pour une équation dont la solution exacte est connue. Par exemple :

```
def fonction(x):
    return (x-1)*(x+3)**2*(x-4)
dichotomie(fonction, 0, 2, 1e-3)
```

Ou encore, en utilisant `lambda` :

```
dichotomie(lambda x: (x-1)*(x+3)**2*(x-4), 0, 2, 1e-3)
```

La seule racine entre 0 et 2 est 1. Vérifier que la valeur approchée de la racine est correcte (faire varier ε).

4. Utiliser la fonction `dichotomie` pour trouver une solution de l'équation $\cos(\sqrt{x}) = 0$ comprise entre 10 et 30.

5. Le nombre d'étapes de l'algorithme dépend uniquement de la largeur de l'intervalle et de la borne ε choisie. En supposant que $a = 0$, $b = 8$, et $\varepsilon = 10^{-2}$, combien d'étapes (tours de boucle) réalisera la fonction `dichotomie` ?

6. À supposer que l'appel précédent renvoie une solution en 0,1 milliseconde, à combien pourrait-on estimer le temps de calcul si la valeur de ε était maintenant 10^{-6} ?

LA FEUILLE DE ROUTE

1. Passer une fonction en paramètre d'une autre fonction

On peut passer une fonction en paramètre d'une autre fonction en Python. Par exemple :

```
def carre(x):
    return x ** 2
def appliquer(f, x):
    return f(x)

>>> appliquer(carre, 3)
9
```

Il est aussi possible d'utiliser `lambda` :

```
def appliquer(f, x):
    return f(x)

>>> appliquer(lambda x: x**2, 3)
9
```

2. et 3. Programmer un algorithme itératif

→ FICHES 13

Après avoir vérifié que $f(a)f(b) \leqslant 0$ (si ce n'est pas le cas, la fonction devra renvoyer `None`), écrire une boucle qui tournera tant que la largeur de l'intervalle (initialement, l'intervalle est $[a\,;b]$) est supérieure à ε. À chaque tour de boucle, a ou b (un seul des deux) sera modifié, et deviendra égal à $m = \dfrac{a+b}{2}$.

4. Utiliser un programme de résolution numérique

Les fonctions cos est `sqrt` (racine carrée) sont dans le module de math, il faut importer ce module (`import math`) et préfixer les commandes, exemples : `math.cos(1)`, `math.sqrt(9)`.

5. Évaluer le nombre d'étapes d'un algorithme itératif

→ FICHES 34 à 36

À chaque tour de boucle, la largeur de l'intervalle est divisé par 2. La question est de savoir combien de fois l'intervalle doit être divisé par 2 avant que la largeur ne devienne inférieure à ε.

6. Évaluer la complexité en temps d'un algorithme

→ FICHES 34 à 36

Reprendre la question précédente avec la nouvelle valeur de ε et trouver un lien entre le temps de calcul et le nombre de tours de boucle.

CORRIGÉS

SE TESTER QUIZ

1 Machine de Turing

Réponses b et d. La machine (imaginaire, réponse **d** acceptable) de Turing a été inventée pour définir ce qui était calculable ou non. C'est un modèle théorique très utilisé.

2 Parcours séquentiels

Réponse c. Pour rechercher le maximum, il faut systématiquement parcourir toute la liste. Si elle est deux fois plus longue, il faut deux fois plus de temps.

3 Recherche dichotomique

Réponse b. En moyenne, c'est-à-dire dans la plupart de cas, elle sera beaucoup plus rapide que la recherche séquentielle.

4 Algorithmes de tri

1. Réponse c. C'est uniquement si la liste est déjà triée que le tri par insertion a un coût linéaire.

2. Réponse c. Pour le tri par sélection, la complexité est quadratique dans tous les cas.

3. Réponse a. Le tri par insertion est un tri stable, pas le tri par sélection.

MOT CLÉ
La complexité d'un algorithme est **linéaire** lorsque son temps d'exécution est proportionnel à la taille des données, **quadratique** s'il est proportionnel au carré de cette taille.

S'ENTRAÎNER

5 Calculer le successeur d'un entier avec une machine de Turing

a. L'algorithme est décrit dans l'énoncé.
On le met en œuvre avec l'automate suivant :

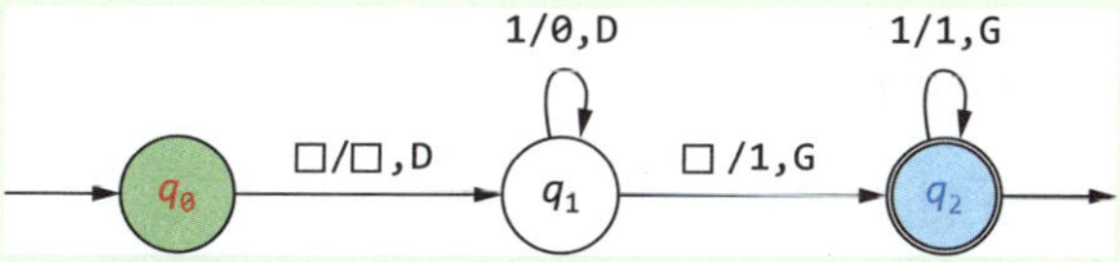

b. Dans le cas du prédécesseur, on est dans l'état 0 puis on passe à l'état 1 quand on rencontre le premier blanc et on va à droite.

Tant qu'on lit des 1 : on reste dans l'état 1, on se déplace vers la droite et si on lit un blanc, on passe à l'état 2 et on se déplace vers la gauche.
Dans l'état 2 : on lit un 1, on le remplace par un blanc, on se déplace vers la gauche et on passe à l'état 3.
Dans l'état 3 : on se déplace vers la gauche tant qu'on lit des 1. La machine s'arrête quand elle lit un blanc.

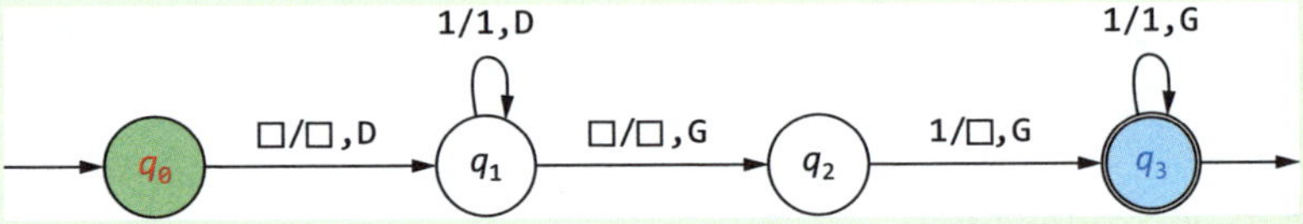

6 Rechercher une occurrence dans une liste

a. Il faut au minimum deux tests pour cette fonction, mais il est préférable d'en faire davantage.

```
assert recherche([1, 6, 10, 7, 19], 1) # début de liste
assert recherche([1, 6, 10, 7, 19], 19) # fin de liste
assert recherche([1, 6, 10, 7, 19], 7) # milieu de liste
assert not recherche([1, 6, 10, 7, 19], 14) # False
assert not recherche([1, 6, 10, 7, 19], -5) # False
```

b. Voici plusieurs codes possibles. Le second coupe la recherche si la valeur est trouvée. Le dernier utilise l'opérateur `in` de Python (cet opérateur n'est pas disponible dans tous les langages et son coût en temps n'est pas constant).

```
def recherche(liste, element):
    trouve = False
    i=0
    while not trouve and i < len(liste):
        if liste[i] == element:
            trouve = True
        else:
            i = i + 1
    return trouve
```

```
def recherche(liste, element):
    for elem in liste :
        if elem == element:
            return True
    return False
```

```
def recherche(liste, element):
    return element in liste
```

7 Vérifier qu'une liste est triée

a. Il faut au minimum deux tests pour cette fonction :

```
assert verifie_trie([1, 6, 10, 19, 24])
assert not verifie_trie([1, 6, 10, 9, 24])
```

b. Voici un code possible :

```
def verifie_trie(liste):
    """ indique si la liste est triée dans l'ordre croissant
    """
    for i in range(1, len(liste)):
        if liste[i - 1] > liste[i]:
            return False
    return True
```

8 Calculer une moyenne

a. Le tableau complété :

	i	lst_notes[i]	lst_coefs[i]	somme_pond	somme_coefs
#LA	X			0	0
#ICI	0	12	3	36	3
#ICI	1	5	2	46	5
#ICI	2	9	5	91	10
#ICI	3	23	1	114	11

b. L'exécution se passe correctement, mais la valeur 7 de la liste `coefficients2` n'est pas prise en compte.
c. L'exécution provoque une erreur : la liste des notes est plus longue que la liste des coefficients. On ne trouve donc pas le coefficient qui correspond à la note 23.
d. Voici une proposition de code (n'oubliez pas d'écrire au moins un test !).

```
def moyenne_ponderee(lst_notes):
    """
    lst_notes est une liste de tuples (note, coefficient)
    Renvoie la moyenne pondérée des notes (float)
    """
    somme_pond = 0
    somme_coefs = 0
    for (note, coeff) in lst_notes:
        somme_pond = somme_pond + note * coeff
        somme_coefs = somme_coefs + coeff
    return somme_pond / somme_coefs

assert moyenne_ponderee([(10, 3), (20, 5), (5, 2)]) == 14
```

9 Chercher un nombre d'occurrences

```
def frequence(chaine, lettre):
    """
    Renvoie le nombre d'occurrence de lettre dans chaine
    """
    compteur = 0
    for carac in chaine:
```

```
        if carac == lettre:
            compteur = compteur + 1
    return compteur
assert frequence("bonjour tout le monde", "o") == 4
assert frequence("salut !!", "o") == 0
```

10 Rechercher un extremum

a. On peut modéliser les données à l'aide d'une liste de tuples (point_de_passage, altitude). Avec l'exemple, cela donne :

```
exemple = [('Vervier', 212), ('Côte de Sart', 543),
('Stavelot', 317), ('Trois-Ponts', 251), ('Vielsalm', 361),
('Troisvierges', 479) ...]
```

b. Voici une proposition de code :

```
def point_le_plus_haut(etapes):
    """ etapes est une liste de tuples (point, altitude)
    Renvoie le point le plus haut
    """
    le_plus_haut, altitude_max = etapes[0]
    for (point, altitude) in etapes:
        if altitude > altitude_max:
            altitude_max = altitude
            le_plus_haut = point
    return le_plus_haut

assert point_le_plus_haut(exemple) == 'Côte de Sart'
```

c. Voici une proposition de code :

```
exemple_altitudes = [212, 543, 317, 251, 361, 479, 504, 319,
467, 499, 294, 370, 321, 414, 379]

def nombre_de_descentes(liste_altitudes):
    """ liste_altitudes est une liste de nombres
    Renvoie le nombre de descentes
    """
    compteur = 0
    for i in range(1, len(liste_altitudes)):
        if liste_altitudes[i - 1] > liste_altitudes[i]:
            compteur = compteur + 1
    return compteur

assert nombre_de_descentes(exemple_altitudes) == 6
```

11 Faire une recherche dichotomique dans une liste triée

1. a. L'appel `appartient([1, 3, 5, 17, 17, 19], 3)` renvoie `True`.

b. Tableau complété :

	gauche	milieu	droite	liste[milieu]	trouve
#AVANT	0	-	5	-	False
#ICI	0	2	5	5	False
#LA	0	2	1	5	False
#ICI	0	0	1	1	False
#LA	1	0	1	1	False
#ICI	1	1	1	3	False
#LA	1	1	1	3	True

c. On sort de la boucle car la variable trouve est à True.

2. a. L'appel appartient([1, 3, 5, 17, 17, 19], 4) renvoie False.

b. Voici le tableau :

	gauche	milieu	droite	liste[milieu]	trouve
#AVANT	0	-	5	-	False
#ICI	0	2	5	5	False
#LA	0	2	1	5	False
#ICI	0	0	1	1	False
#LA	1	0	1	1	False
#ICI	1	1	1	3	False
#LA	2	1	1	3	False

c. On sort de la boucle car gauche > droite.

3. a. L'appel appartient([1, 3, 5, 17, 17, 19], 27) renvoie False.

b. On passera 3 fois par la ligne # ICI.

4. Voici une proposition de code :

```
def indice(liste, element):
    """ Renvoie un indice i tel que liste[i] == element
    s'il y en a un, renvoie None sinon.
    """
    gauche = 0
    droite = len(liste) - 1
    indice = None
    while gauche <= droite and indice is None:
        milieu = (gauche + droite) // 2
        if liste[milieu] == element:
            indice = milieu
        elif liste[milieu] < element:
            gauche = milieu + 1
        else : # liste[milieu] > element
            droite = milieu - 1
```

```
    return indice

assert indice([1, 3, 5, 17, 17, 19], 3) == 1
assert indice([1, 3, 5, 17, 17, 19], 4) == None
assert indice([1, 3, 5, 17, 17, 19], 17) == 3 or \
       indice([1, 3, 5, 17, 17, 19], 17) == 4
```

12 Évaluer le nombre de déplacement des valeurs à trier

a. Dans le tri par sélection, à chaque tour de la boucle `for` principale, il y a systématiquement un échange de 2 valeurs. On peut compter qu'il y a 3 déplacements, car c'est ce qui est nécessaire pour faire un échange : on déplace `lst[i]`, puis `lst[mini]`, puis à nouveau `lst[i]` (qui était alors stocké dans `tmp`). Le nombre de déplacements de valeurs est donc toujours $3 \times n = \Theta(n)$.
On pourrait en déplacer un peu moins en n'échangeant effectivement les valeurs d'indice `i` et `mini` que si `i ≠ mini`.

b. Dans le tri par insertion, les valeurs sont déplacées lorsqu'on les décale, dans la boucle `while`, pour faire la place pour la nouvelle valeur à insérer. Dans le pire des cas, il faudra décaler toutes les valeurs (afin de faire une place tout au début). Lors du tour de boucle numéro `j`, il y a aura donc, dans le cas le pire, `j` valeurs à déplacer d'une case, et la case `j` à placer au tout début, ce qui donne `j + 1` déplacements au tour `j`.
Le nombre de déplacements total sera donc :

$$\sum_{j=1}^{n-1}(j+1) = \frac{n(n+1)}{2} - 1 = \Theta(n^2).$$

c. Le tri par sélection est plus efficace en terme de déplacements (le nombre de déplacements est linéaire) que le tri par insertion (le nombre de déplacement est quadratique). Dans un contexte particulier où les déplacements seraient coûteux, le tri par sélection serait préférable.

13 Étudier le tri à bulles

1. Proposition de programme de tri à bulles en Python :

```
def tri_bulles(lst):
    for i in range(len(lst) - 1):
        for j in range(len(lst) - 1):
            if lst[j] > lst[j + 1]:
                tmp = lst[j]
                lst[j] = lst[j + 1]
                lst[j + 1] = tmp
```

2. À la fin de la première passe, la plus grande valeur de la liste se retrouve nécessairement à la fin de la liste. Cette valeur étant plus grande que toutes les autres, elle est en effet systématiquement échangée (et remonte comme une bulle). En conséquence, après le premier tour de la boucle principale, le dernier élément est déjà à sa place. Il reste donc à trier les $n - 1$ premiers éléments seulement. La boucle intérieure peut donc s'arrêter un tour plus tôt (il est inutile de comparer les deux dernières valeurs). De même, après le second tour de la boucle principale, les deux

plus grandes valeurs seront à leur place. Il ne restera plus qu'à trier les $n-2$ premières valeurs. Enfin, après le $(n-1)$-ième tour de la boucle principale, il ne restera plus qu'à trier la première valeur seule, qui est déjà triée.

Le programme peut donc être réécrit ainsi :

```
1 def tri_bulles(lst):
2     for i in range(len(lst) - 1):
3         for j in range(len(lst) - 1 - i):
4             if lst[j] > lst[j + 1]:
5                 tmp = lst[j]
6                 lst[j] = lst[j + 1]
7                 lst[j + 1] = lst[j]
```

3. La boucle extérieure tourne $n-1$ fois. La boucle intérieure tourne $n-1-i$ fois. Le corps de la boucle intérieure contient une comparaison et un éventuel échange, dont le temps d'exécution peut être majoré par une constante c indépendante de la taille de la liste.

Le temps d'exécution dans tous les cas est donc :

$$\sum_{i=0}^{n-2} c \times (n-1-i) = c\sum_{i=1}^{n-1} i = \frac{cn(n-1)}{2} = \Theta(n^2).$$

4. Réponses a et b. Le tri à bulles est un tri en place. Il n'est en effet pas nécessaire de procéder à une copie de la liste pour la trier (la taille mémoire occupée, en plus de celle de la liste, est constante). Le tri à bulles est stable. Supposons, avant la ligne 4, que la liste contient deux valeurs identiques. Pour qu'après la ligne 7, ces deux valeurs ne soient plus dans le même ordre, la seule possibilité est qu'elles soient échangées l'une avec l'autre. Or l'échange a lieu uniquement si l'une est strictement plus grande que l'autre. Il n'aura donc pas lieu si elles sont identiques.

14 Programmer un tri par insertion dichotomique

a. On cherche la position d'insertion entre `gauche` et `droite`. À chaque tour de boucle, l'une des deux bornes `gauche` ou `droite` est modifiée. La fonction est directement inspirée de celle de la fiche 34 sur la recherche dichotomique.

```
def pos_insertion_tout(lst, x):
    gauche, droite = 0, len(lst) - 1
    while gauche <= droite:
        milieu = (gauche + droite) // 2
        if x < lst[milieu]:
            droite = milieu - 1
        else:
            gauche = milieu + 1
    return gauche
```

b. On sera amené à rechercher un point d'insertion dans une partie seulement de la liste. Cette nouvelle fonction prend donc en paramètre l'indice en deçà duquel la position d'insertion est recherchée.

```
def pos_insertion(lst, x, droite):
    gauche = 0
    while gauche <= droite:
```

```
        milieu = (gauche + droite) // 2
        if x < lst[milieu]:
            droite = milieu - 1
        else:
            gauche = milieu + 1
    return gauche
```

c. Procédure de tri par insertion utilisant la fonction pos_insertion() :

```
def tri_insertion(lst):
    for j in range(1, len(lst)):
        cle = lst[j]
        # Recherche de la position d'insertion
        i = pos_insertion(lst, cle, j - 1)
        # Décalage et insertion
        for k in reversed(range(i, j)):
            lst[k + 1] = lst[k]
        lst[i] = cle
```

d. Par rapport à l'algorithme de la fiche 35, la recherche de la position d'insertion est plus rapide. Mais il reste toutefois à opérer le décalage des valeurs. La boucle for intérieure tournera donc aussi un moyenne $\frac{j}{2}$ fois, et la complexité finale de l'algorithme sera toujours quadratique : le temps d'exécution variera donc aussi comme le carré de la taille de la liste à trier. Pour autant, on peut s'attendre à une amélioration de performance notable. Le nombre de comparaisons, par exemple, est ici inférieur au nombre de comparaisons de l'algorithme de la fiche 35. Pour j fixé, on avait en effet en moyenne $\frac{j}{2}$ comparaisons (jusqu'à trouver le point d'insertion). Ici, à chaque comparaison dans pos_insertion, le nombre de données à examiner est réduit de moitié. Le nombre de comparaisons est donc de l'ordre de $\log_2(j)$, ce qui est très inférieur à $\frac{j}{2}$ lorsque j est grand.

15 Rechercher le second plus petit élément d'un tableau

a. Proposition d'algorithme « naïf » :

```
def second_plus_petit(lst):
    if len(lst) == 0
        return None
    # Recherche du minimum
    vmin = lst[0]
    for v in lst[1:]:
        if v < vmin:
            vmin = v
    # Recherche d'un élément quelconque non minimum
    vmin2 = vmin
    for v in lst:
        if v != vmin:
            vmin2 = v
            break
    # Dans ce cas, il n'y a pas de second plus petit
    if vmin == vmin2:
```

À NOTER

En Python, pour tester si une liste est vide, on écrit plutôt :

```
if not lst:
    ...
```

```
17             return None
18         # Recherche du second plus petit
19         for v in lst:
20             if v < vmin2 and v != vmin:
21                 vmin2 = v
22         return vmin2
```

b. L'algorithme contient 3 parties distinctes. La première (lignes 4-8) parcourt presque toute la liste et a un temps d'exécution en $\Theta(n)$. Elle effectue exactement $n - 1$ comparaisons (ligne 7).

La seconde partie recherche depuis le début de la liste une valeur qui soit différente de vmax (lignes 9-14). La boucle s'arrête dès qu'une telle valeur est trouvée. Dans le cas le pire, la boucle devra parcourir toute la liste. Elle effectuera n comparaisons (ligne 12) et aura un temps d'exécution en $\Theta(n)$.

Enfin la dernière partie parcourt à nouveau toute la liste (lignes 18 à 21) et effectue 2 comparaisons (ligne 20) à chaque tour.

La complexité en temps totale, dans le cas le pire comme dans le cas moyen est donc $\Theta(n)$. Le nombre de comparaisons effectuées dans le cas le pire est $n - 1 + n + 2n = 3n - 1$.

OBJECTIF BAC

16 Résoudre numériquement une équation

1. Proposition pour la fonction iteration_dicho :

```
def iteration_dicho(f, a, b):
    """
    Paramètres:
      * f : fonction de R dans R continue sur [a ; b]
      * a, b : bornes min et max de l'intervalle
        contenant la racine
    Renvoie un tuple contenant les bornes du nouvel
      intervalle
    """
    m = (a + b) / 2
    if f(a) * f(m) <= 0:
        return (a, m)
    else:
        return (m, b)
```

2. Proposition pour la fonction dichotomie :

```
def dichotomie(f, a, b, eps):
    """
    Paramètres:
      * f : fonction de R dans R continue sur [a ; b]
      * a, b : bornes min et max de l'intervalle
        dans lequel on cherche la solution
      * eps : largeur de l'intervalle à atteindre
```

```
    Renvoie une racine de f ou None
    """
    if f(a) * f(b) > 0:
        return None
    while (b - a) > eps:
        (a, b) = iteration_dicho(f, a, b)
    return (a + b) / 2
```

3. L'utilisation de la fonction est immédiate :

```
>>> dichotomie(lambda x: (x-1)*(x+3)**2*(x-4), 0, 2, 1e-3)
0.99951171875
```

La racine exacte étant 1, la valeur que nous trouvons est suffisamment proche :

```
>>> abs(1 - 0.99951171875) < 1e-3 / 2
True
```

4. Là encore, il suffit d'appliquer la fonction `dichotomie` :

```
>>> import math
>>> dichotomie(lambda x: math.cos(math.sqrt(x)), 10, 30, 1e-6)
22.206610143184662
```

Une racine de $\cos(\sqrt{x})$ comprise entre 10 et 30 vaut donc approximativement 22,2066.

5. Supposons que la largeur de l'intervalle est $L = b - a$. Le milieu de l'intervalle est $m = \dfrac{a+b}{2}$. Après un tour de boucle, soit a, soit b deviendra égal à m. La largeur de l'intervalle vaudra donc $\dfrac{L}{2}$. Après un tour de boucle supplémentaire, la largeur de l'intervalle sera $\dfrac{L}{4}$. Au bout de n tours de boucle, la largeur de l'intervalle sera donc égale à $\dfrac{L}{2^n}$. Il reste à résoudre $L \times 2^{-n} \leqslant \varepsilon$. C'est-à-dire : $2^n \geqslant \dfrac{L}{\varepsilon}$. Ce qui est équivalent à $n \geqslant \log_2\left(\dfrac{L}{\varepsilon}\right)$.

Avec $L = 8$ et $\varepsilon = 10^{-2}$, on trouve $n \geqslant \log_2(800)$.
Puisque $\log_2(800) \approx 9{,}44$, il faut donc $n = 10$.
En conséquence, pour l'intervalle $[0\,;8]$ et la précision $\varepsilon = 10^{-2}$, 10 tours de boucle suffisent.

6. Si ε passe à 10^{-6}, on peut calculer le nouveau nombre de tours de boucle n_2 à partir du résultat de la question précédente : $n_2 \geqslant \log_2(8\,000\,000)$. Puisque $\log_2(8\,000\,000) \approx 22{,}94$, il faut donc $n_2 = 23$.
La complexité de l'algorithme est linéaire par rapport au nombre de tours de boucle (le temps d'exécution de `iteration_dicho` ne dépend pas des valeurs de `a` et `b`, et on néglige la durée du test `if f(a) * f(b) > 0` ainsi que le calcul arithmétique dans le `return`). Si 10 tours de boucle prennent 0,1 ms, 23 tours de boucle prendront environ 0,23 ms. Pour une précision de $\varepsilon = 10^{-6}$ le temps de calcul serait de l'ordre de 0,23 ms.

Quelques algorithmes avancés

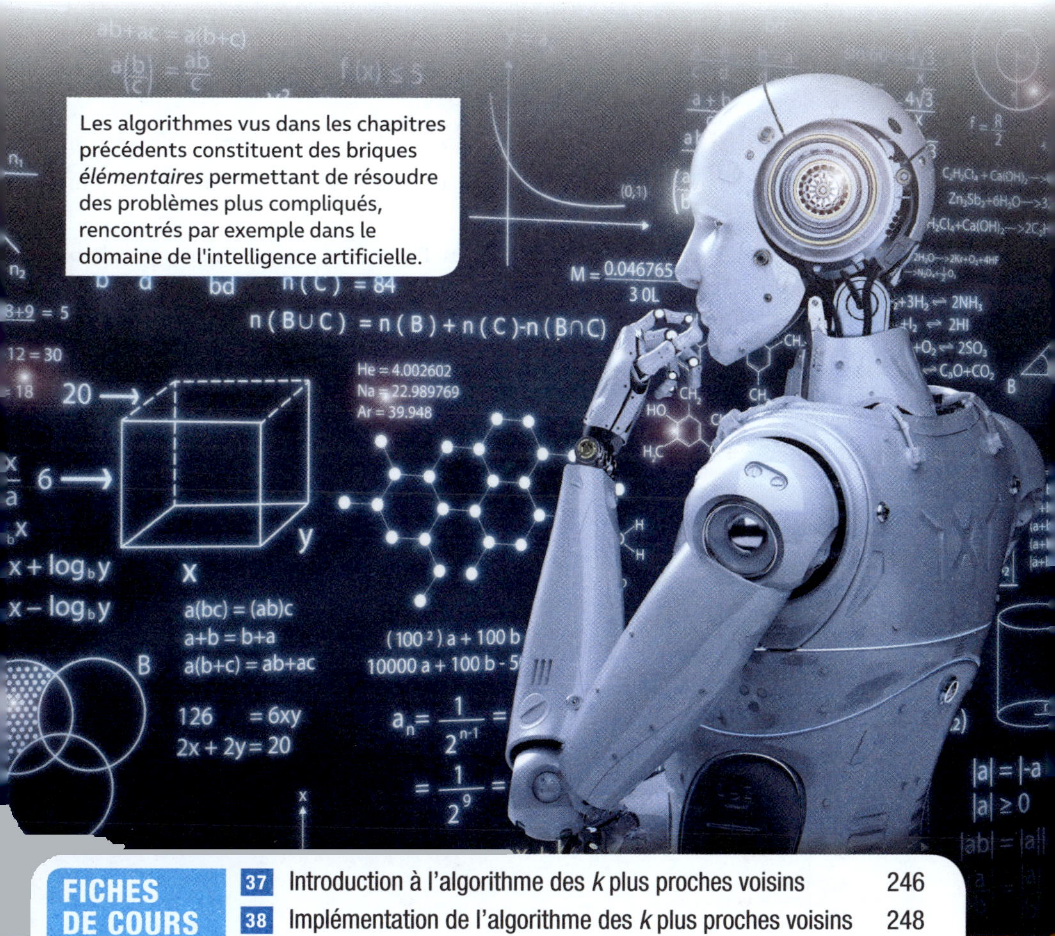

Les algorithmes vus dans les chapitres précédents constituent des briques *élémentaires* permettant de résoudre des problèmes plus compliqués, rencontrés par exemple dans le domaine de l'intelligence artificielle.

37 Introduction à l'algorithme des *k* plus proches voisins

En bref *L'algorithme des k plus proches voisins est l'un des algorithmes utilisés dans le domaine de l'intelligence artificielle. Il intervient dans de nombreux domaines de l'apprentissage automatique.*

I Un problème de classification

■ Voici un problème qui peut être résolu en utilisant l'algorithme des *k* plus proches voisins.

De façon très simpliste, admettons que les Pokémons ne possèdent que deux caractéristiques : leurs points de vie et leur valeur d'attaque. On suppose qu'ils se répartissent en deux types seulement : Eau et Psy.

Nom	Écayon	Deoxys	Éoko	Groret	Tarpaud
Points de vie	49	50	80	90	90
Attaque	49	95	45	75	75
Type	Eau	Psy	Psy	Psy	Eau

À TÉLÉCHARGER
Le fichier de l'échantillon pokemons.csv est disponible sur le site des éditions Hatier : hatier-clic.fr/19nsi01

■ À partir de cet échantillon, on veut pouvoir prédire la classification d'un Pokémon mystère à partir de la donnée de ses points de vie et de sa valeur d'attaque.

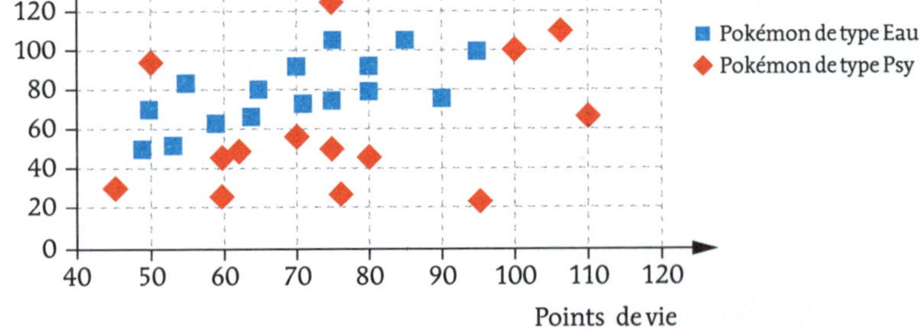

Classification d'un échantillon de 34 Pokémons

II Algorithme de prédiction

1 À l'aide d'un diagramme

■ À partir des données représentées sur le diagramme, on veut prédire la classe d'un Pokémon qui a 65 points de vie et 40 en attaque. On trouve dans l'échantillon les 6 plus proches voisins :

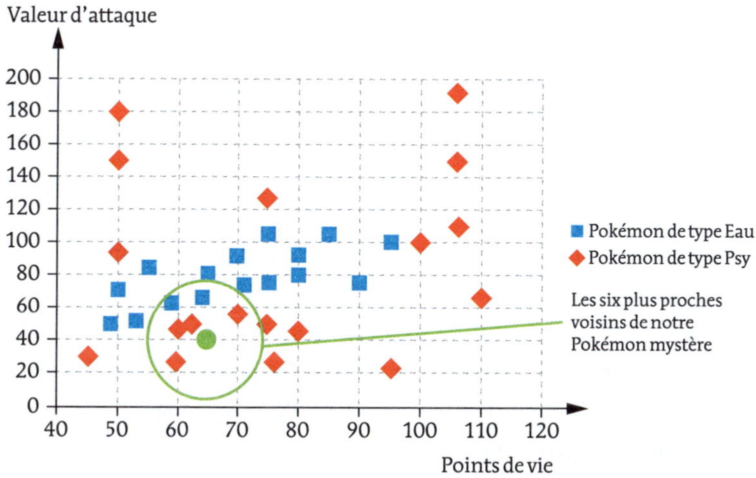

Voisins les plus proches du Pokémon mystère

■ Parmi ces 6 voisins, il y a deux Pokémons de type Eau et quatre de type Psy. Il est donc probable que notre Pokémon mystère soit un Pokémon de type Psy.

2 Formulation de l'algorithme de prédiction

■ Pour automatiser la classification, il faut formuler un algorithme de façon formelle. Pour prédire la classe d'un Pokémon donné, il faut des données :
- un échantillon de Pokémons ;
- un `Pokémon_mystère` dont on veut prédire la classification ;
- la valeur de k.

■ Une fois ces données modélisées, la formulation de l'algorithme de prédiction est assez simple.

Algorithme :

1. Trouver, dans l'échantillon, les k plus proches voisins de `Pokémon_mystère`.
2. Parmi ces `proches_voisins`, trouver la classification majoritaire.
3. Renvoyer la `classification_majoritaire`.

Remarque : La valeur $k = 6$ est ici un choix arbitraire. Cette valeur doit néanmoins être choisie judicieusement : trop faible, la qualité de la prédiction diminue ; trop grande, la qualité de la prédiction diminue aussi. Par exemple, dans l'exemple précédent avec $k = 34$, la prédiction sera toujours `Psy` (classe majoritaire dans l'échantillon).

38 Implémentation de l'algorithme des *k* plus proches voisins

En bref *L'algorithme des k plus proches voisins est un algorithme qui, à partir d'un jeu de données et d'une donnée « cible », détermine les k données les plus proches de la cible.*

I Algorithme naïf

Voici un algorithme qui permet de résoudre le problème.

Données :

- une table de données de taille `n` : `table` ;
- une donnée cible : `cible` ;
- un entier `k` plus petit que `n` ;
- une règle permettant de calculer la « distance » entre deux données.

Résultat : les `k` plus proches voisins de la `cible` ;

Algorithme :

1. Trier les données de la table selon la distance croissante avec la donnée cible.

2. `proches_voisin` est la liste des `k` premières données de la table triée.

3. Renvoyer `proches_voisins`.

II Implémentation en Python

On suppose donnée une fonction `distance` qui calcule la distance entre deux données. On peut alors implémenter en Python de la façon suivante :

```
def k_plus_proches_voisins(table, cible, k):
    # 1. Trier les données de la table selon la
    # distance croissante avec la donnée cible
    # On définit le critère de tri
    def distance_cible(donnee):
        """ renvoie la distance entre une donnée
        et la cible """
        return distance(donnee, cible)
    # on trie la table selon le critère choisi
    table_triee = sorted(table, key = distance_cible)
    # 2. Prendre les k premières valeurs de la table triée
    proches_voisins = []
    for i in range(k):
        proches_voisins.append(table_triee[i])
    # 3. Renvoyer proches_voisins
    return proches_voisins
```

III Choix de la distance

■ Le choix du mode de calcul de la distance entre deux données n'est pas anodin. En voici l'illustration avec un échantillon de 10 données (points bleu) et d'une cible (point rouge).

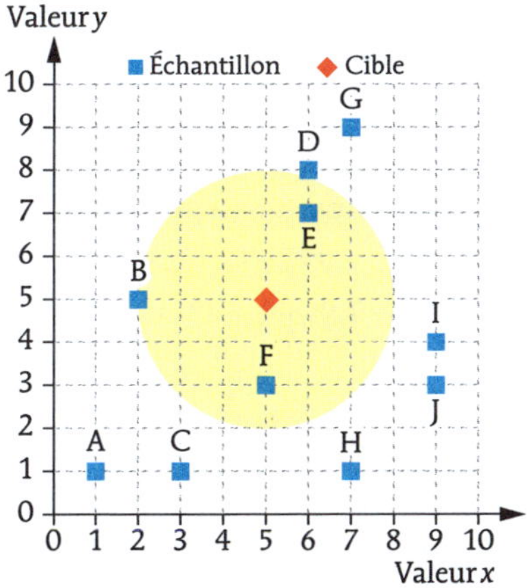

■ En utilisant la distance « naturelle », c'est-à-dire celle qui est donnée par une règle graduée, les trois plus proches voisins de la cible sont les points B, E et F. Dans un repère orthonormé, cette distance est donnée par la formule :

$$\text{distance}(\text{point1}, \text{point2}) = \sqrt{(x_1 - x_2)^2 + (y_1 - y_2)^2}.$$

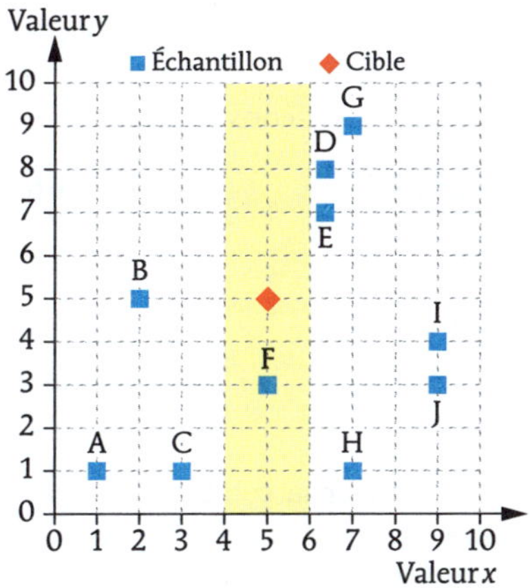

■ Si maintenant on considère que les valeurs sur l'axe des ordonnées n'ont pas d'intérêt, on utilise une distance qui ne dépend pas de y, par exemple :

$$\text{distance}(\text{point1}, \text{point2}) = |x_1 - x_2|.$$

Dans ce cas, les trois plus proches voisins de la cible sont les points D, E et F.

À NOTER

Dans la → FICHE MÉMO, vous trouverez trois exemples de calcul de distance.

39 Exemple d'algorithme glouton : le rendu de monnaie

En bref *En informatique, on rencontre souvent des problèmes d'optimisation comme celui mis en œuvre dans le rendu de monnaie. Les algorithmes gloutons sont couramment utilisés pour les résoudre.*

I Le rendu de monnaie

- On veut programmer une caisse automatique pour qu'elle rende la monnaie de façon optimale, c'est-à-dire avec le **nombre minimal** de pièces et billets.
- La valeur des pièces et billets à disposition sont : 1, 2, 5, 10, 20, 50, 100 et 200 euros. On dispose d'autant d'exemplaires qu'on le souhaite de chaque pièce et billet.

Exemple : Anaïs veut acheter un objet qui coûte 53 euros. Elle paye avec un billet de 100 euros. La caisse automatique doit lui rendre 47 euros.

La meilleure façon de rendre la monnaie est de le faire avec deux billets de 20, un billet de 5 et une pièce de 2 euros.

II Résolution du problème de rendu de monnaie

1 La force brute

- La solution naïve consiste à énumérer toutes les solutions possibles puis choisir la solution optimale, celle qui minimise le nombre de pièces et de billets. On peut totaliser 47 euros de différentes façons, par exemple :

Rendus de monnaie	Nombre de pièces et billets
47×1 €	47
45×1 € $+ 1 \times 2$ €	46
6×1€ $+ 3 \times 2$ € $+ 3 \times 5$ € $+ 2 \times 10$ €	14
7×1 € $+ 4 \times 10$ €	11

- Cette méthode permet de trouver la solution optimale globale au problème, mais le nombre de possibilités est très important. L'utilisation d'un tel algorithme ici est très coûteux en temps de calcul.

2 L'algorithme glouton

- **Le principe de l'algorithme glouton**

Utiliser un algorithme glouton consiste à optimiser la résolution d'un problème en utilisant l'approche suivante : on procède étape par étape, en faisant, à chaque étape, le choix qui semble le meilleur, sans jamais remettre en question les choix passés.

Application au rendu de monnaie

Dans l'exemple du problème de rendu de monnaie, on commence par rendre la pièce ou le billet de la plus grande valeur possible, c'est-à-dire dont la valeur est inférieure à la somme à rendre. On déduit alors cette valeur de la somme à rendre, ce qui conduit à un problème de plus petite taille. On recommence ainsi jusqu'à obtenir une somme nulle.

Données : la `somme` à rendre et la `liste` des pièces et billets à disposition.

Résultat : une liste des pièces et billets à rendre.

Algorithme :
- initialiser `monnaie` à la liste vide ;
- initialiser `somme_restante` à `somme` ;
- tant que la `somme_restante` est strictement positive :
  * on choisit dans liste la plus grande valeur qui ne dépasse pas la somme restante,
  * on ajoute cette valeur à `monnaie`,
  * `somme restante = somme restante - valeur choisie` ;
- renvoyer `monnaie`.

3 Solution du problème de rendu de monnaie

Dans notre exemple, on a :

```
somme = 47
liste = [1, 2, 5, 10, 20, 50, 100, 200]
```

L'algorithme permet de résoudre le problème étape par étape :

Initialisation	`monnaie = []`	`somme_restante = 47`
Étape 1	`monnaie = [20]`	`somme_restante = 27`
Étape 2	`monnaie = [20, 20]`	`somme_restante = 7`
Étape 3	`monnaie = [20, 20, 5]`	`somme_restante = 2`
Étape 4	`monnaie = [20, 20, 5, 2]`	`somme_restante = 0`

Résultat : [20, 20, 5, 2].

Un algorithme glouton permet de trouver une solution optimale locale au problème, mais pas toujours une solution optimale globale.

Par exemple, si notre caisse automatique doit rendre une somme de 63 euros, mais qu'elle ne dispose plus de billets de 5 euros ni de 10 euros.

```
somme = 63
liste = [1, 2, 20, 50, 100, 200]
```

L'algorithme glouton donne comme résultat :

```
resultat = [50, 2, 2, 2, 2, 2, 2, 1]
```

Alors que la solution optimale globale est :

```
solution_optimale_globale = [20, 20, 20, 2, 1]
```

40 Intelligence artificielle, *machine learning* et *deep learning*

En bref *L'histoire de l'intelligence artificielle (IA) et de ses évolutions récentes est très riche. Voici quelques-uns de ses principaux éléments.*

I Les précurseurs : créatures artificielles

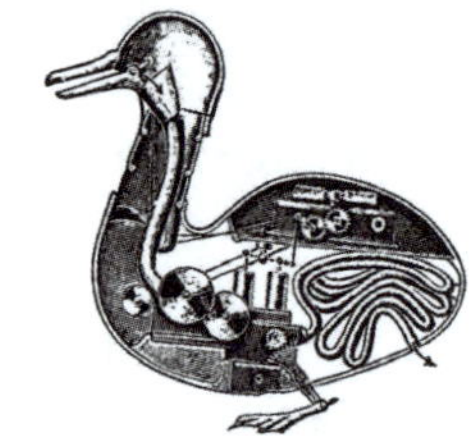

■ L'idée de reproduire des processus complexes du vivant est très ancienne comme l'illustrent les créations d'automates de Jacques Vaucanson au début du XVIIIe siècle qui jouent de la flûte ou encore son « canard digérateur ».

■ Le mythe de Frankenstein prendra bientôt le relais au XIXe siècle, mais des mythes anciens comme le Golem évoquaient déjà une créature artificielle dont l'homme craignait la puissance. Le cinéma s'empare de ce thème au XXe siècle, notamment dans *2001, l'Odyssée de l'espace* de Stanley Kubrick sorti en 1968.

II Les premiers pas de l'intelligence artificielle

1 Les neurones artificiels

■ L'une des premières pistes dans le développement d'intelligences artificielles est de recréer un « cerveau artificiel » composé d'unités de calcul très simples inspirées des neurones. En 1943 Mc Culloch et Pitts imaginent ainsi le premier « neurone artificiel » composé d'entrées binaires et d'une sortie binaire. La sortie s'active si un nombre suffisant d'entrées sont actives, et reste à zéro sinon.

■ En 1958, Frank Rosenblatt, améliore ce modèle de neurone artificiel en pondérant les entrées par des « poids » et en utilisant une fonction de seuil pour savoir si la sortie du neurone sera activée. Il combine 2 couches de ces neurones dans son modèle de **perceptron** qui permet les premières réalisations de classification comme la reconnaissance de chiffres.

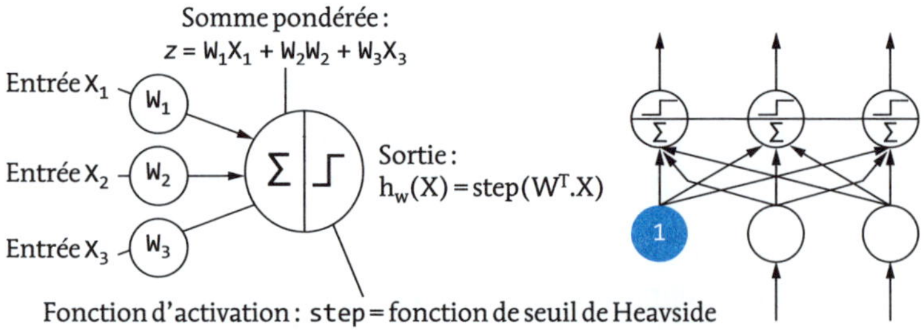

Neurone à seuil et perceptron simple composé de 2 couches de neurones

2 IA « classique »

■ Dès 1950, A. Turing propose son fameux test pour caractériser une intelligence artificielle. Un humain doit la confondre avec une intelligence humaine dans une conversation à l'aveugle. Ce test n'a toujours pas été passé sans ambiguïté.

■ En 1956, la conférence de Darmouth organisée par Marvin Minsky et John McCarthy représente l'acte de naissance « officiel » de intelligence artificielle, très marquée à ses origines par la logique mathématique et la théorie de l'information de Claude Shannon → CHRONOLOGIE. Elle débouchera notamment sur les « systèmes experts » puis les « systèmes multiagents ».

III Du perceptron au *deep learning*

1 Le *machine learning*

■ Le perceptron proposé par Rosenblatt en 1958 est le précurseur des algorithmes d'apprentissage actuels. À l'époque, les limites théoriques de ce modèle sont rapidement trouvées. Ces recherches sont laissées en jachère, jusqu'à ce que l'algorithme de la **rétropropagation** soit proposé par Rumelhart en 1986. Cet algorithme permet un calcul efficace des poids dans un réseau de neurones multicouches pour minimiser l'écart entre les sorties attendues et les sorties observées. Il marque la véritable naissance du *machine learning* ou **apprentissage automatique**.

■ L'apprentissage automatique utilise une panoplie de techniques allant des systèmes experts aux réseaux bayésiens pour, par exemple, détecter les spams dans les emails, en passant par les arbres de décision ou l'algorithme des *k* plus proches voisins → FICHE 38.

2 Le *deep learning*

À partir des années 2010, un renouveau important a lieu dans le domaine de l'intelligence artificielle. La puissance des machines, l'utilisation intensive de GPU (unités graphiques) pour les calculs permettent de mettre en œuvre des réseaux de neurones à plusieurs dizaines de couches. Cela se traduit par des avancées majeures en reconnaissance d'images, traduction automatique, chatbots, jeux (échecs, Go, Poker), conduite autonome ou même dans le domaine artistique, faisant refleurir les mythes de dépassement de l'homme par la machine.

À NOTER

Les acteurs de cette révolution, le Français Yann LeCun, le Canadien Yoshua Bengio et le Britannique Geoffrey Hinton ont été récompensés en 2019 par le prestigieux prix Turing.

MÉMO VISUEL

Les plus proches voisins selon la distance choisie

Les données sont en bleu, la cible en rouge et les plus proches voisins en vert.

Avec la distance euclidienne

distance(donnée$_1$, donnée$_2$) = $\sqrt{(x_1 - x_2)^2 + (y_1 - y_2)^2}$

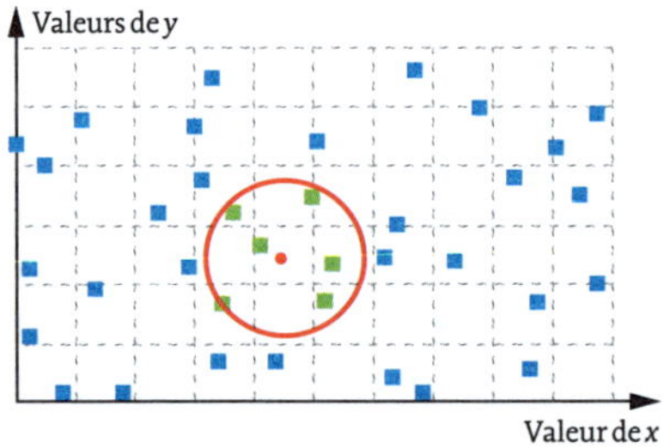

Avec la distance de Manhattan

distance(donnée$_1$, donnée$_2$) = $|x_1 - x_2| + |y_1 - y_2|$

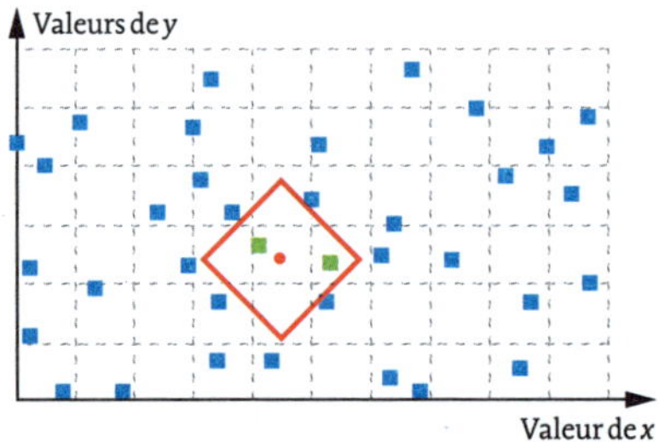

Avec la distance de Tchebychev

distance(donnée$_1$, donnée$_2$) = $\max(|x_1 - x_2|, |y_1 - y_2|)$

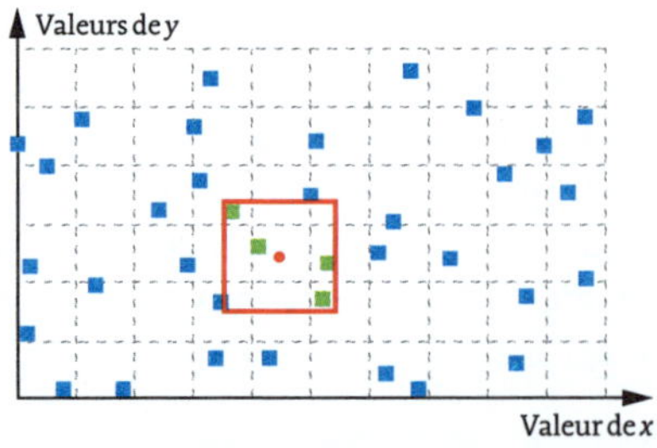

Chronologie de l'intelligence artificielle

1950 — 1960 — 1970 — 1980 — 1990 — 2000 — 2010 — 2020

INTELLIGENCE ARTIFICIELLE

Systèmes experts
Démonstration automatique
Calcul formel
Deep Blue vs Kasparov (échecs, 1996-97)
Watson Jeopardy (2011)
Systèmes multi-agents - Jeux vidéos

APPRENTISSAGE AUTOMATIQUE

Régression logistique
Filtres anti-spam (Bayes)
K plus proches voisins (KNN)
PageRank
Systèmes de recommandations
Algorithmes génétiques

DEEP LEARNING

Ok Google - Google Duplex
Google Photos
Reconnaissance faciale
Pl@ntnet
Tesla Auto Pilot
Alexa - Siri - Cortana
AlphaGo Zero (go, 2017)
Libratus (poker, 2017)
Aide au diagnostic médical

SE TESTER QUIZ

Vérifiez que vous avez bien compris les points clés des **fiches 37 à 40**.

1 Algorithme des *k* plus proches voisins

→ FICHE 37

On donne la représentation d'un échantillon (points bleus nommés A, B...) et d'une cible (point rouge).

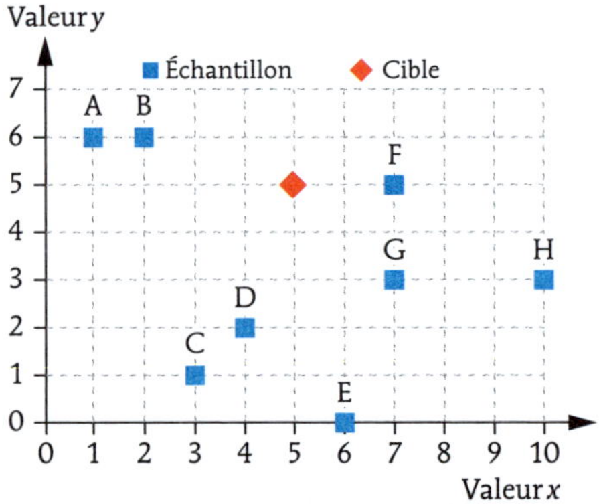

1. En utilisant la distance euclidienne, quels sont les deux plus proches voisins de la cible ?

☐ **a.** les points A et B ☐ **b.** les points F et G
☐ **c.** les points D et E ☐ **d.** les points B et F

2. On suppose que les valeurs de *y* ne sont pas pertinentes. En utilisant la distance entre les valeurs de *x* ($d = |x_1 - x_2|$), quels sont les deux plus proches voisins de la cible ?

☐ **a.** les points A et B ☐ **b.** les points F et G
☐ **c.** les points D et E ☐ **d.** les points B et F

2 Algorithme glouton (1)

→ FICHE 39

Dans le système européen, les valeurs des pièces sont : 1, 2 et 5 euros. On admet que le nombre de pièces de chaque sorte n'est pas limité. Avec ces pièces, on veut totaliser une somme de 13 euros en utilisant un nombre de pièces minimal.

1. Quelle est la solution donnée par l'algorithme glouton de rendu de monnaie ?

☐ **a.** [5, 2, 2, 2, 1] ☐ **b.** [5, 5, 2, 1]
☐ **c.** [5, 5, 1, 1, 1, 12, 6, 3] ☐ **d.** [5, 2, 1]

2. Quelle est la solution globale de ce problème ?

☐ **a.** [5, 2, 2, 2, 1]
☐ **b.** [5, 5, 2, 1]
☐ **c.** [5, 5, 1, 1, 1, 12, 6, 3]
☐ **d.** [5, 2, 1]

3 Algorithme glouton (2)

→ FICHE 39

Dans un pays imaginaire, les valeurs des pièces sont : 1, 3, 6, 12, 24 et 30 crédits. On admet que le nombre de pièces de chaque sorte n'est pas limité. Avec ces pièces, on veut totaliser une somme de 48 crédits en utilisant un nombre de pièces minimal.

1. Quelle est la solution donnée par l'algorithme glouton de rendu de monnaie ?

☐ **a.** [30, 12, 6]
☐ **b.** [24, 24]
☐ **c.** [30, 12, 6, 3]
☐ **d.** [24, 12, 6, 3, 2, 1]

2. Quelle est la solution globale de ce problème ?

☐ **a.** [30, 12, 6]
☐ **b.** [24, 24]
☐ **c.** [30, 12, 6, 3]
☐ **d.** [24, 12, 6, 3, 2, 1]

4 L'intelligence artificielle

→ FICHE 40

1. L'intelligence artificielle est née au XXIe siècle.

☐ **a.** Vrai
☐ **b.** Faux

2. Le *machine learning* utilise uniquement des techniques comme le perceptron.

☐ **a.** Vrai
☐ **b.** Faux

3. Dans quels domaines le *deep learning* est-il très utilisé ?

☐ **a.** la reconnaissance d'images
☐ **b.** les jeux de stratégie
☐ **c.** la conduite autonome
☐ **d.** le domaine artistique

S'ENTRAÎNER

5 Prédire la langue d'origine d'un mot

→ FICHE 37

On voudrait pouvoir prédire la langue d'origine d'un mot à partir d'un échantillon. Nous choisissons ici des mots français et allemands. Pour cette prédiction, on décide de tenir compte de deux paramètres : la longueur et le nombre de voyelles du mot (les mots sont écrits sans accent ni majuscule).

On veut prédire l'origine des mots suivants : anoure, ohrwurm et vitrine.

1. Compléter les tableaux suivants.

Mots	Longueur	Nombre de voyelles	Origine
hiver	5	2	français
loup			français
reines			français
nordique			français
winter			allemand
schloss	7	1	allemand
koniginnen			allemand
nordisch			allemand

Mots	Longueur	Nombre de voyelles
anoure		
ohrwurm		
vitrine		

2. Représenter les données de l'échantillon sur un graphique représentant le nombre de voyelles des mots en fonction de leur longueur.

3. En utilisant des arguments graphiques, donner, si possible, une prédiction quant à l'origine des mots anoure, ohrwurm et vitrine.

6 Déterminer les plus proches voisins d'un mot

→ FICHE 38

On reprend les données de l'exercice 5. Pour prédire la langue d'origine d'un mot à partir d'un échantillon, il est nécessaire de disposer d'un moyen de déterminer les plus proches voisins d'un mot à partir d'un échantillon. Le but de cet exercice est d'écrire une fonction qui résout ce problème.

Pour calculer la « distance » entre deux mots, on utilise les deux paramètres : la longueur du mot et le nombre de voyelles du mot.

On suppose que l'on dispose d'une fonction `nb_voyelles` (voir exercice 7) qui prend une chaîne de caractères en paramètre et renvoie le nombre de voyelles qu'elle contient.

• Voici un exemple d'échantillon modélisé en Python :

```
petit_echantillon = {
    "hiver":"fr", "loup":"fr", "reines":"fr",
    "nordique":"fr", "winter":"al", "schloss":"al",
    "koniginnen":"al", "nordisch":"al" }
```

• Voici le code de la fonction `proches_voisins` :

```
import math
def proches_voisins(echantillon, mot_mystere):
    def distance(mot):
        """ Renvoie la distance entre un mot
            et le mot_mystere """
        return math.sqrt(
            (len(mot)-len(mot_mystere))**2 +
            (nb_voyelles(mot)-nb_voyelles(mot_mystere))**2
            )
    mots_tries = sorted(echantillon, key = distance)
    voisins = {}
    for i in range(4):
        mot = mots_tries[i]
        voisins[mot] = echantillon[mot]
    return voisins
```

a. Quel est le type de `petit_echantillon` ?

b. Combien de voisins renvoie cette fonction ?

c. Quelle distance est utilisée ici ?

d. Quel est le type de retour de cette fonction ?

e. Décrire l'algorithme implémenté par la fonction `proches_voisins`.

7 Implémenter un algorithme de prédiction de la langue d'origine d'un mot

→ FICHE 38

On complète l'étude de la fonction de prédiction initiée aux exercices 5 et 6.

1. Voici le code d'une fonction, mais il est incomplet : ajouter la documentation et des tests.

```
def nb_voyelles(mot):
    nb = 0
    for lettre in mot:
        if lettre in "aeiuoy":
            nb = nb + 1
    return nb
```

2. Voici un algorithme de prédiction ainsi que son implémentation en Python. On dispose de la fonction `proches_voisins` définie exercice 6.

Algorithme de prédiction

Données :

- un echantillon de mots français et allemands ;
- un mot_mystere dont on veut prédire l'origine.

Résultat : l'origine probable du mot_mystere.

Algorithme :

- Trouver, dans l'echantillon, les quatre plus proches voisins du mot_mystere.
- Parmi ces proches_voisins, déterminer, si elle existe, une origine majoritaire.
- Renvoyer l'origine majoritaire ou None.

Implémentation en python

```
def prediction(echantillon, mot):
    """ Renvoie l'origine probable d'un mot à partir d'un
    echantillon ou None si l'origine est douteuse
    """
    voisins = proches_voisins(echantillon, mot)
    origine = origine_majoritaire(voisins)
    return origine
```

Compléter le code de la fonction origine_majoritaire suivante.

```
def origine_majoritaire(echantillon):
    """ Paramètre : echantillon est un dictionnaire dont les
    clés sont des mots et les valeurs sont 'fr' ou 'al'.
    Résultat : la valeur majoritaire ('fr' ou 'al').
    En cas d'égalité, cette fonction renvoie None.
    """
    # A COMPLETER
    pass

assert origine_majoritaire(petit_echantillon) is None
assert  origine_majoritaire({"hiver":"fr",  "winter":"al",
"reines":"fr"}) == "fr"
```

3. En utilisant la fonction prediction de la question **2.**, déterminer :

```
prediction(petit_echantillon, "anoure")
prediction(petit_echantillon, "ohrwurm")
prediction(petit_echantillon, "vitrine")
```

4. On peut ajouter de l'apprentissage en insérant ces deux lignes de code juste avant la dernière ligne (return origine) dans la fonction prediction :

```
    if not origine is None:
        echantillon[mot] = origine
```

Expliquer succinctement ce qu'apporte cet ajout.

5. Quelles seront les valeurs des variables ohrwurm, vitrine et petit_echantillon à l'issue du script suivant ?

```
petit_echantillon = {
    "hiver":"fr", "loup":"fr", "reines":"fr",
```

```
        "nordique":"fr", "winter":"al", "schloss":"al",
        "koniginnen":"al", "nordisch":"al" }
vitrine = apprentissage(petit_echantillon, "vitrine")
ohrwurm = apprentissage(petit_echantillon, "ohrwurm")
```

8 Prédire les recettes d'une société

→ FICHES 37 et 38

Zamano est un site commercial qui a deux types d'utilisateur : les utilisateurs « basiques » ne payent pas d'abonnement et les utilisateurs « premiums » qui payent un abonnement pour bénéficier de fonctionnalités supplémentaires.

Ce site souhaite anticiper les recettes du mois suivant en effectuant des prédictions sur le type d'abonnement que vont choisir les utilisateurs.

Voici les informations recueillies sur un échantillon :

Nom	Âge	Nombre de clics par jour	Type
Anaïs	16	16	Basique
Bilal	20	3	Basique
Chloé	20	7	Basique
David	21	16	Basique
Étienne	22	10	Premium
Farida	22	6	Basique
Gaël	25	5	Basique
Hermione	27	11	Premium
Isidore	29	2	Basique
Janine	31	22	Premium
Karim	32	17	Premium
Léa	33	9	Basique
Mathieu	33	24	Premium
Noé	35	7	Basique
Olivier	36	15	Basique
Phong	38	21	Premium
Quentin	40	20	Premium
Riad	41	14	Premium
Sophie	42	12	Premium
Thomas	45	8	Premium

1. Construire un graphique permettant de visualiser le nombre de clics par jour des utilisateurs en fonction de leur âge. On choisira comme unités : 0,5 cm pour 2 ans sur l'axe des abscisses ; 0,5 cm pour 1 clic par jour sur l'axe des ordonnées.

2. Trois nouveaux utilisateurs s'inscrivent sur le site : Valentine, 43 ans, qui effectuent en moyenne 18 clics par jour ; Xavier, 15 ans, qui effectue en moyenne 3 clics par jour ; Zoé a 32 ans et effectue en moyenne 12 clics par jour.

a. À l'aide du graphique, prédire le type d'abonnement (basique ou premium) que Valentine choisira.

b. Prédire le type d'abonnement que Xavier choisira.

c. Expliquer pourquoi le graphique seul ne permet pas de prédire le type d'abonnement que Zoé choisira.

3. La société Zamano décide d'utiliser la formule suivante pour calculer la distance entre deux personnes :

$$d(\text{personne1}, \text{personne2}) = |\text{âge1} - \text{âge2}| + |\text{clics1} - \text{clics2}|.$$

Par exemple, la distance entre Zoé et David est égale à :

$$d = |32 - 21| + |12 - 16| = 11 + 4 = 15.$$

Avec cette distance, quels sont les 5 plus proches voisins de Zoé ? Justifier la réponse. En se basant sur les abonnements choisis par les 5 plus proches voisins, prédire le type d'abonnement que Zoé choisira. Justifier la réponse.

4. Quelle serait la prédiction si on se base sur les abonnements des 7 plus proches voisins ?

9 Tester l'efficacité de l'algorithme des *k* plus proches voisins

→ FICHE 38

À partir d'un jeu de données et d'une donnée cible, on veut écrire une fonction en Python qui détermine les 5 données les plus proches de la cible.

On rappelle l'algorithme naïf qui permet de résoudre ce problème :

Données :
- une table de données de taille `n` : `table` ;
- une donnée cible : `donnee_cible` ;
- un entier `k` plus petit que `n` ;
- une règle permettant de calculer la « distance » entre deux données.

Résultat : les `k` plus proches voisins de la `donnee_cible`.

Algorithme :

1. Trier les données de la table selon la distance croissante avec la donnée cible.

2. `proches_voisin` est la liste des `k` premières données de la table triée.

3. Renvoyer `proches_voisins`.

1. Complexité

L'algorithme naïf a l'avantage d'être assez simple à implémenter en Python. Cependant, sa complexité est en $O(n \log n)$ qui est la complexité du tri. Cela peut éventuellement générer des problèmes de lenteur lorsque `n` est particulièrement grand.

Tant que k reste petit, il peut parfois être intéressant d'utiliser un algorithme qui est en temps linéaire $O(n)$.

a. Compléter le tableau suivant :

n	10	20	30	40	50	100	200	500	1 000	50 000
$n \log n$										

b. Avec l'algorithme naïf, de complexité $O(n \log n)$, on admet que le temps mis pour déterminer les 5 plus proches voisins d'une cible dans un échantillon de taille 10 est de 1 ms. Expliquer pourquoi le temps mis pour déterminer les 5 plus proches voisins d'une cible dans un échantillon de taille 200 sera d'environ 46 ms. Quel serait alors le temps mis pour déterminer les 5 plus proches voisins d'une cible dans un échantillon de taille 50 ? de taille 50 000 ?

c. Avec un algorithme en temps linéaire, de complexité $O(n)$, on admet que le temps mis pour déterminer les 5 plus proches voisins d'une cible dans un échantillon de taille 10 est de 2 ms. Expliquer pourquoi le temps mis pour déterminer les 5 plus proches voisins d'une cible dans un échantillon de taille 200 sera d'environ 40 ms. Quel serait alors le temps mis pour déterminer les 5 plus proches voisins d'une cible dans un échantillon de taille 50 ? de taille 50 000 ?

d. Il faut choisir l'algorithme à utiliser : l'algorithme naïf ($O(n \log n)$) ou l'algorithme en temps linéaire ($O(n)$). Dans notre exemple, pour un échantillon de taille 50, quel algorithme est-il plus intéressant d'utiliser ? Et pour un échantillon de taille 50 000 ? Justifier la réponse.

2. Un algorithme en temps linéaire

Voici un exemple d'algorithme qui permet de déterminer les k plus proches voisins en temps linéaire (à condition que k reste petit) :

Données :
- une table de données de taille n : `table` ;
- une donnée cible : `donnee_cible` ;
- un entier k plus petit que n ;
- une règle permettant de calculer la distance entre deux données.

Résultat : les k plus proches voisins de la `donnee_cible`.

Algorithme :

1. Initialiser `voisins` avec les k premières données de la table.

2. Pour chaque donnée de la table, on vérifie que la distance entre la donnée et la `donnee_cible` est inférieure à la distance entre chacune des données de `voisins` à `donnee_cible`.

Si ce n'est pas le cas :
- on supprime de `voisins` la donnée la plus éloignée de `donnee_cible` ;
- on met dans `voisins` la donnée examinée.

3. Renvoyer `voisins` qui contient les k plus proches voisins de `donnee_cible`.

En voici une implémentation incomplète (on suppose donnée une fonction `distance` qui calcule la distance entre deux données) :

```
1  def k_plus_proches_voisins(table, cible, k):
2      assert k < len(table)
3      # Initialiser voisins
4      voisins = initialiser(table, k)
5      # Pour chaque donnée de la table
6      for donnee in table:
7          # On vérifie que la distance entre la donnée et
8          # la donnee_cible est inférieure à la distance entre
9          # chaque élément de voisins et la donnee_cible.
10         verif = verification(donnee, cible, voisins)
11         # Si ce n'est pas le cas
12         if not verif:
13             a_supprimer = la_plus_eloignee(voisins, cible)
14             voisins.remove(a_supprimer)
15             voisins.append(donnee)
16     # renvoyer voisins
17     return voisins
```

a. La ligne 2 est une « précondition ». À quoi sert-elle ?

b. Compléter le code de la fonction `initialiser` :

```
def initialiser(liste, k):
    """ Renvoie les k premières valeurs de la liste
    # À COMPLÉTER
    pass

assert initialiser(["ff", "rr", "ee", "dd"], 2) == ["ff",
"rr"]
```

c. Le code de la fonction `verification` est mélangé. Le remettre dans le bon ordre :

```
    return True
        if distance(element, cible) > distance(donnee, cible):
            return False
    for element in voisins:
def verification(donnee, cible, voisins):
```

d. Proposer une implémentation de la fonction `la_plus_eloignee`. Ne pas oublier la documentation, mais on ne demande pas de test dans cette question.

À NOTER

On peut également améliorer l'efficacité de l'algorithme des *k* plus proches voisins en utilisant un arbre au lieu d'une liste comme structure de données. L'utilisation des arbres sera vue en Terminale.

10 Ranger les malles du Père Noël

→ FICHE 39

Le Père Noël est en plein préparatif de la grande nuit. Il doit ranger dans les malles de son traîneau les cadeaux destinés aux enfants. Il veut optimiser son rangement de façon à utiliser le moins de malles possible.

Pour simplifier, chaque cadeau est modélisé par son nom et sa taille.

Chaque malle est modélisée par une liste de cadeaux, et le traîneau sera modélisé par une liste de malles.

1. Exemple :

```
train = {"nom": "train", "taille": 18}
nours = {"nom": "peluche", "taille": 48}
stylo = {"nom": "stylo", "taille": 1}
velo = {"nom": "velo", "taille": 25}
liste_cadeaux = [train, nours, stylo, velo]
malle1 = [train, stylo]
malle2 = [velo, {"nom": "console", "taille":5}]
malle3 = [nours]
traineau = [malle1, malle2, malle3]
```

a. Combien de cadeaux y a-t-il dans `liste_cadeaux` ?

b. Combien de cadeaux y a-t-il dans `malle2` ?

c. Combien de malles y a-t-il dans `traineau` ?

d. Expliquer pourquoi on peut affirmer qu'il y a 5 cadeaux dans `traineau`.

2. On ajoute la contrainte suivante : chaque malle a une contenance maximale, les cadeaux qu'elle contient ne peuvent totaliser une taille supérieure à 50.

a. Montrer que la place occupée par les cadeaux dans `malle2` est égale à 30.

b. Quelle est la contenance disponible de `malle1` ?

c. Écrire le code de la fonction `place_occupee` qui prend en paramètre une malle et qui renvoie la place occupée par les cadeaux de cette malle. Écrire au moins un test. On ne demande pas la documentation dans cette question.

d. Écrire le code de la fonction `place_disponible` qui prend en paramètre une malle et qui renvoie la contenance disponible de cette malle. Écrire au moins un test. On ne demande pas la documentation dans cette question.

3. Pour minimiser le nombre de malles nécessaires, les lutins du Père Noël décident d'utiliser l'algorithme glouton suivant :

Données :
- une liste de cadeaux.

Résultat : un traîneau, c'est-à-dire une liste de malles.

Algorithme :

1. Initialiser `traineau` à une liste vide.

2. Initialiser `nouvelle_malle` à une liste vide.

3. Ajouter `nouvelle_malle` au `traineau`.

4. Pour chaque cadeau de la liste :

Si la taille du cadeau est inférieure à la contenance disponible de `nouvelle_malle` ajouter le cadeau à `nouvelle_malle`.

Sinon :
- créer une `nouvelle_malle` dans laquelle on mettra le cadeau ;
- ajouter cette `nouvelle_malle` au `traineau`.

5. Renvoyer `traineau`.

Que renvoie cet algorithme avec la `liste_cadeaux` donnée à la question **1.** ?

Montrer que, pour cet exemple, l'algorithme ne donne pas la solution optimale.

4. Proposez une implémentation en Python de l'algorithme des lutins. Écrire au moins un test. On ne demande pas la documentation dans cette question.

OBJECTIF BAC

11 Aidons le Choixpeau magique

70 min

À l'entrée à l'école de Poudlard, le Choixpeau magique répartit les élèves dans les différentes maisons (Gryffondor, Serpentard, Serdaigle et Poufsouffle) en fonction de leur courage, leur loyauté, leur sagesse et leur malice.

Le Choixpeau magique dispose d'un fichier CSV dans lequel sont répertoriées les données d'un échantillon d'élèves. Voici les 6 premières lignes de ce fichier :

Nom	Courage	Loyauté	Sagesse	Malice	Maison
Adrian	9	4	7	10	Serpentard
Andrew	9	3	4	7	Gryffondor
Angelina	10	6	5	9	Gryffondor
Anthony	2	8	8	3	Serdaigle
Arthur	10	4	2	5	Gryffondor

Et voici les élèves que le Choixpeau magique souhaite orienter :

Nom	Courage	Loyauté	Sagesse	Malice
Hermione	8	6	6	6
Drago	6	6	5	8
Cho	7	6	9	6
Cédric	7	10	5	6

L'objectif de cet exercice est d'aider le Choixpeau à déterminer la maison des nouveaux élèves.

Partie 1 Modéliser un élève

On décide de modéliser chaque élève par un dictionnaire avec les données à disposition. Par exemple :

```
adrian = {"nom": "Adrian", "courage": 9, "loyauté": 4,
"sagesse": 7, "malice" : 10, "maison": "Serpentard"}
hermione = {"nom": "Hermione", "courage": 8, "loyauté": 6,
"sagesse": 6, "malice" : 6}
```

1. Donner la modélisation de l'élève Anthony.

2. On décide d'utiliser la distance de Manhattan pour calculer la distance entre deux élèves, c'est-à-dire :

$$\text{distance}(\text{élève1}, \text{élève2}) = |c1 - c2| + |l1 - l2| + |s1 - s2| + |m1 - m2|.$$

a. Avec cette formule, vérifier que la distance entre Hermione et Adrian est bien égale à 8.

b. Quelle est la distance entre Arthur et Drago ?

c. Écrire le code d'une fonction `distance` qui prend deux élèves en paramètre et qui renvoie la distance entre ces deux élèves. Ne pas oublier de préciser la documentation et donner au moins un test.

Partie 2 Charger les données en table

Voici le code d'une fonction qui permet de récupérer les données des élèves d'un fichier CSV pour les stocker dans une liste :

```
def charger_table(nom_fichier):
    """ Permet de charger une liste d'élèves à partir d'un
    fichier CSV
    Paramètre : le nom d'un fichier CSV
    Résultat : la liste des élèves
    """
    table = []
    with open(nom_fichier, 'r',
              newline="",
              encoding="utf-8") as csvfile:
        eleve_reader = csv.reader(csvfile, delimiter=";")
        eleve_reader.__next__()
        for eleve in eleve_reader:
            table.append({ "nom": eleve[0],
                           "courage": int(eleve[1]),
                           "loyauté": int(eleve[2]),
                           "sagesse":int(eleve[3]),
                           "malice" : int(eleve[4]),
                           "maison" : eleve[5]})
    return table
```

L'instruction suivante permet de charger les informations dans une variable poudlard à partir d'un fichier choixpeauMagique.csv qui se trouve dans le répertoire courant.

```
poudlard = charger_table("./choixpeauMagique.csv")
```

1. Dans le code de la fonction charger_table, à la ligne 14, quel est le type de la variable eleve[0] ?

2. Quel est le type de int(eleve[0]) ? Pourquoi a-t-on besoin de la fonction int() ici ?

3. Quel est le type de la variable poudlard ?

À TÉLÉCHARGER
Le fichier choixpeauMagique.csv est disponible sur le site des éditions Hatier : hatier-clic.fr/19nsi01

Partie 3 Trouver la maison majoritaire

On souhaite écrire le code d'une fonction qui prend en paramètre une liste d'élèves et qui renvoie la maison la plus représentée dans cette liste. Pour cela, on propose d'utiliser une fonction auxilliaire dont le code est le suivant :

```
1  def frequence_des_maisons(table):
2      """ Paramètre: une liste d'élèves, chaque élève étant
3      modélisé par un dictionnaire
4      Résultat: un dictionnaire dont les clés sont les maisons
5      et les valeurs, le nombre de fois
6      où cette maison apparaît.
7      """
8      frequences={}
9      for eleve in table:
10         maison = eleve["maison"]
11         if maison in frequences.keys():
12             frequences[maison] = frequences[maison] + 1
13         else:
14             frequences[maison] = 1
15     return frequences
16
17 assert frequence_des_maisons(poudlard) == {'Serpentard': 12,
18 'Gryffondor': 17, 'Serdaigle': 11, 'Poufsouffle': 10}
```

1. Quelle est la signification du nombre 12 qui apparaît à la ligne 17 ?

2. Écrire le code de la fonction maison_majoritaire qui prend une liste d'élèves en paramètre et qui renvoie le nom de la maison la plus représentée. Ne pas oublier la documentation et au moins un test.

Partie 4 Sept plus proches voisins

1. Compléter la formulation de l'algorithme suivant.

Données :
- table : une liste d'élèves ;
- nouveau : un nouvel élève qui n'a pas encore de maison.

Résultat : les 7 plus proches voisins du nouveau.

Algorithme : (à compléter).

2. Implémenter cet algorithme en Python (on ne demande ni documentation, ni test dans cette question).

Partie 5 Attribuer une maison

Le Choixpeau magique décide d'utiliser un algorithme de prédiction pour choisir la maison qui sera attribuée aux nouveaux élèves. Voici cet algorithme :

Données :
- `table` est une liste d'élèves ;
- un nouvel élève qui n'a pas encore de maison.

Résultat : la maison du nouvel élève.

Algorithme :

1. Trouver dans la `table` les 7 plus proches voisins du nouvel élève.

2. Parmi ces `proches_voisins`, trouver la maison majoritaire.

3. Renvoyer la `maison_majoritaire`.

Implémenter cet algorithme en Python (on ne demande ni documentation, ni test dans cette question).

▶▶▶ LA FEUILLE DE ROUTE

Partie 1 Modéliser un élève

Pour calculer la distance entre deux élèves, on ne tient pas compte de leur maison : on ne prend en compte que les valeurs de courage, de loyauté, de sagesse et de malice.

En Python, la fonction valeur absolue est `abs`.

Partie 2 Charger les données en table

→ FICHE 16

La fiche 16 vous donnera plus de précisions sur la façon dont on lit un fichier CSV avec Python.

Partie 3 Rechercher un extremum

→ FICHE 32

On vous demande ici le code d'une fonction de recherche d'un extremum.

Partie 4 Sélectionner des voisins selon une distance donnée

→ FICHE 37

C'est une question de cours. Vous pouvez vous inspirer de l'algorithme donné dans la fiche 37.

Partie 5 Implémenter un algorithme de prédiction selon la méthode KNN

→ FICHE 38

Pensez à utiliser les fonctions écrites dans les parties précédentes.

CORRIGÉS

SE TESTER QUIZ

1 Algorithme des *k* plus proches voisins

1. Réponse b. Dans un repère orthonormé, la distance euclidienne est la distance naturelle. Ici, on peut répondre à la question en utilisant un compas. On peut également calculer les distances entre les points de l'échantillon et la cible :

Points	A	B	C	D	E	F	G	H
Distance avec cible	$\sqrt{17}$	$\sqrt{10}$	$\sqrt{20}$	$\sqrt{10}$	$\sqrt{26}$	$\sqrt{4}$	$\sqrt{8}$	$\sqrt{29}$

Les 2 plus proches voisins de la cible sont donc les points F et G.

2. Réponse c. Le calcul des distances entre les points de l'échantillon et la cible est assez simple :

Points	A	B	C	D	E	F	G	H
Distance avec cible	4	3	2	1	1	2	2	5

Les 2 plus proches voisins sont donc les points D et E.

2 Algorithme glouton (1)

1. Réponse b. Pour totaliser 13 euros, l'algorithme glouton de rendu de monnaie choisit, à chaque étape, la pièce de plus grande valeur possible. Le résultat sera donc [5, 5, 2, 1].

2. Réponse b. La solution globale de ce problème est celle qui totalise 13 euros avec le moins de pièces possible. C'est la même que la solution trouvée par l'algorithme glouton, c'est-à-dire [5, 5, 2, 1].

3 Algorithme glouton (2)

1. Réponse a. Pour totaliser 48 euros, l'algorithme glouton de rendu de monnaie choisit, à chaque étape, la pièce de plus grande valeur possible, le résultat sera donc [30, 12, 6].

2. Réponse b. Ici, la solution globale est différente de la solution trouvée par l'algorithme glouton, soit [24, 24].

4 L'intelligence artificielle

1. Réponse b. L'intelligence artificielle est née au XXe siècle, portée par un imaginaire qui existait déjà depuis des siècles.

2. Réponse b. Le *machine learning* utilise aussi les systèmes experts, les réseaux bayésiens, l'algorithme des *k* plus proches voisins, etc.

3. Réponses a, b, c et d. Le *deep learning* est aussi utilisé dans bien d'autres applications comme les *chatbots* ou la traduction automatique…

S'ENTRAÎNER

5 Prédire la langue d'origine d'un mot

1. Voici les tableaux complétés :

Mots	Longueur	Nombre de voyelles	Origine
hiver	5	2	français
loup	4	2	français
reines	6	3	français
nordique	8	4	français
winter	6	2	allemand
schloss	7	1	allemand
koniginnen	10	4	allemand
nordisch	8	2	allemand

Mots	Longueur	Nombre de voyelles
anoure	6	4
ohrwurm	7	2
vitrine	7	3

2. En mettant en abscisses la longueur des mots et en ordonnées le nombre de voyelles, on obtient le graphique suivant :

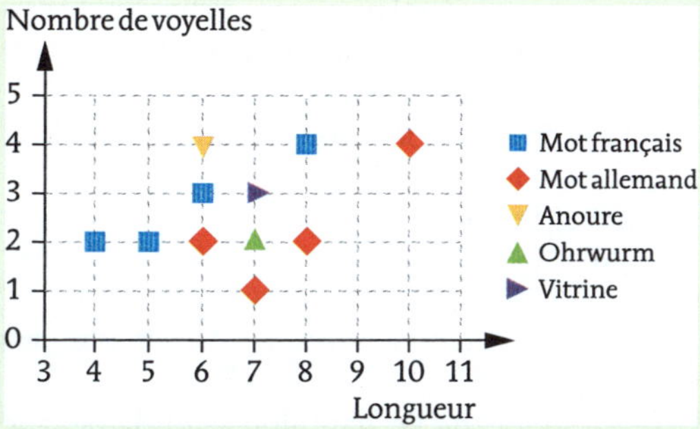

3. On peut grossièrement séparer le graphique en trois zones : une zone bleue des mots plutôt français, une zone rouge des mots plutôt allemands et une zone blanche pour laquelle le choix n'est pas immédiat.

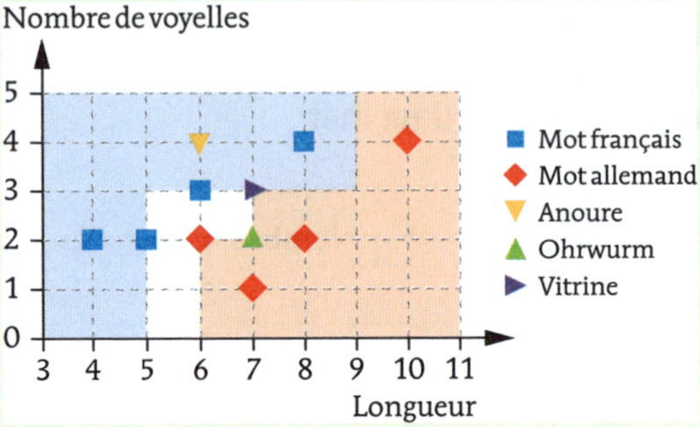

D'après ce graphique :
- le mot « anoure » semble plutôt français ;
- le mot « ohrwurm » semble plutôt allemand ;
- pour le mot « vitrine », l'origine est incertaine.

6 Déterminer les plus proches voisins d'un mot

a. `petit_echantillon` est un dictionnaire : les accolades et les deux-points ne laissent aucun doute.

b. La fonction `proche_voisins` renvoie quatre voisins. Ce nombre apparaît à la ligne 12.

c. La distance est calculée en utilisant la distance euclidienne :

$$\text{distance}(\text{point1}, \text{point2}) = \sqrt{(x_1 - x_2)^2 + (y_1 - y_2)^2}.$$

d. La fonction `proches_voisins` retourne la variable locale `voisins` qui est initialisée à la ligne 11. C'est un dictionnaire.
À la ligne 14, l'instruction `voisins[mot] = echantillon[mot]` confirme la réponse. On peut même ajouter que les clés sont des mots (`str`) et la valeur associée est l'origine de la clé (`"fr"` ou `"al"`).

e. On peut formuler l'algorithme de la façon suivante :
Données :
• un dictionnaire `echantillon` de la forme :
`{ mot (str) : origine ("fr" ou "al") }`
• un `mot_mystere`
Résultat : les 4 mots de `echantillon` les plus proches du `mot_mystere`
Algorithme :
1. Dans une liste, trier les mots de l'échantillon selon la distance croissante avec le mot mystère.
2. Créer `proches_voisins` comme le dictionnaire dont les clés sont les 4 premiers mots de la liste triée, et les valeurs, l'origine de ces mots (origine donnée dans l'échantillon).
3. Renvoyer `proches_voisins`.

7 Implémenter un algorithme de prédiction de la langue d'origine d'un mot

1. On peut compléter la fonction de la façon suivante :

```
def nb_voyelles(mot):
    """ Renvoie le nombre de voyelles d'un mot
    passé en paramètre """
    nb = 0
    for lettre in mot:
        if lettre in "aeiuoy":
            nb = nb + 1
    return nb

assert nb_voyelles("hiver") == 2
assert nb_voyelles("grmmmff") == 0
```

2. En s'inspirant du code de la fonction `nb_voyelles`, on peut facilement proposer un code :

```
def origine_majoritaire(echantillon):
    """
    Paramètre : echantillon est un dictionnaire dont les
    clés sont des mots, et les valeurs sont 'fr' ou 'al'.
    Résultat : la valeur majoritaire ('fr' ou 'al').
    En cas d'égalité, cette fonction renvoie None.
    """
    nb_fr = 0
    nb_al = 0
    for (nom, origine) in echantillon.items():
        if origine == "fr":
            nb_fr = nb_fr + 1
        elif origine == "al":
            nb_al = nb_al + 1
    if nb_fr > nb_al :
        resultat = "fr"
    elif nb_fr < nb_al :
        resultat = "al"
    else:
        resultat = None
    return resultat

assert origine_majoritaire(petit_echantillon) is None
assert  origine_majoritaire({"hiver":"fr",  "winter":"al",
"reines":"fr"}) == "fr"
```

3. L'algorithme de prédiction utilise les 4 plus proches voisins du mot à classer en utilisant la distance euclidienne.

• Les 4 plus proches voisins de `"anoure"` sont `{'reines': 'fr', 'nordique': 'fr', 'winter': 'al', 'hiver': 'fr'}`.

Ainsi `prediction(petit_echantillon, "anoure")` renvoie `"fr"`.

• Les 4 plus proches voisins de "ohrwurm" sont {'winter': 'al', 'schloss': 'al', 'nordisch': 'al', 'reines': 'fr'}.
Donc, prediction(petit_echantillon, "ohrwurm") renvoie "al".
• Les 4 plus proches voisins de "vitrine" sont {'reines': 'fr', 'nordique': 'fr', 'winter': 'al', 'nordisch': 'al'}. Il y a autant de mots français qu'allemands, donc prediction(petit_echantillon, "vitrine") renvoie None.

4. Les deux lignes ajoutées modifient le dictionnaire passé en paramètre : si l'origine trouvée est différente de None le mot est ajouté à l'échantillon avec comme clé l'origine probable trouvée.

5. Dans un premier temps, la variable vitrine prend la valeur None : on ne change rien. Ensuite, la variable ohrwurm prend la valeur "al". L'entrée "ohrwurm":"al" est ajoutée alors à l'échantillon. À l'issue du script, on a donc :

```
vitrine = None
ohrwurm  = "al"
petit_echantillon = {
      "hiver":"fr", "loup":"fr", "reines":"fr",
      "nordique":"fr", "winter":"al", "schloss":"al",
      "koniginnen":"al", "nordisch":"al",
      "ohrwurm":"al"}
```

8 Prédire les recettes d'une société

1. Graphique du nombre de clics en fonction de l'âge de l'utilisateur :

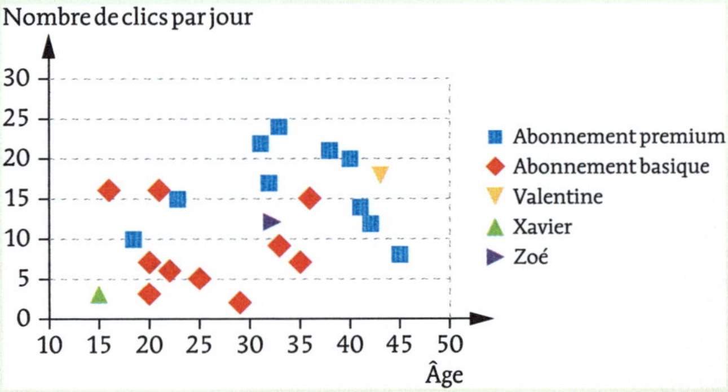

2. a. Sur le graphique, on voit que Valentine (en jaune) est clairement entourée d'abonnés premiums. Il est probable qu'elle prenne un abonnement Premium.
b. De même, Xavier (triangle vert) est clairement entouré d'abonnés basiques. Il est probable qu'il choisisse un abonnement basique.
c. Zoé n'est pas dans une zone facilement identifiable : elle a des voisins premiums et des voisins basiques. Il faut affiner l'analyse pour pouvoir faire une prédiction.

3. À l'aide de la formule de la distance, on peut compléter le tableau :

Nom	Type d'abonnement	Distance avec Zoé
Anaïs	Basique	20
Bilal	Basique	21
Chloé	Basique	17
David	Basique	15
Etienne	Premium	12
Farida	Basique	16
Gaël	Basique	14
Hermione	Premium	6
Isidore	Basique	13
Janine	Premium	11
Karim	Premium	5
Léa	Basique	4
Mathieu	Premium	13
Noé	Basique	8
Olivier	Basique	7
Phong	Premium	15
Quentin	Premium	16
Riad	Premium	11
Sophie	Premium	10
Thomas	Premium	17

Les 5 plus proches voisins de Zoé sont donc Léa (basique), Karim (premium), Hermione (premium), Olivier (basique) et Noé (basique). L'abonnement majoritaire est basique. On peut donc prédire que Zoé choisira l'abonnement basique.

4. Les 7 plus proches voisins sont donc Léa (basique), Karim (premium), Hermione (premium), Olivier (basique), Noé (basique), Sophie (premium) et Janine (premium). En se basant sur les 7 plus proches voisins, la prédiction change puisque l'abonnement majoritaire est premium.

9 Tester l'efficacité de l'algorithme des *k* plus proches voisins

1. Complexité

a. Avec le logarithme décimal, on trouve les valeurs arrondies suivantes :

n	10	20	30	40	50	100	200	500	1 000	50 000
$n \log n$	10	26	64	44	85	200	460	1 349	3 000	234 948

b. Avec une complexité en $O(n \log n)$, pour calculer le temps, il suffit de faire un tableau de proportionnalité en utilisant la ligne $n \log n$:

n	10	50	200	50 000
$n \log n$	10	85	460	234 948
Temps	1 ms	8,5 ms	46 ms	23 494 ms

Le temps mis pour déterminer les 5 plus proches voisins d'une cible dans un échantillon de taille 50 est de 8,5 ms, de taille 50 000 d'environ 23 s.

c. Avec une complexité en $O(n)$, pour calculer le temps, il suffit de faire un tableau de proportionnalité en utilisant la ligne n :

n	10	50	200	50 000
Temps	2 ms	10 ms	40 ms	10 000 ms

Le temps mis pour déterminer les 5 plus proches voisins d'une cible dans un échantillon de taille 50 est de 10 ms, de taille 50 000 de 10 s.

d. Dans notre exemple, avec un échantillon de taille 50, l'algorithme naïf est légèrement plus efficient que l'algorithme en temps linéaire (8,5 ms contre 10 ms). C'est donc celui qu'il faut choisir. En revanche, avec un échantillon de taille 50 000, l'algorithme naïf est 2 fois moins efficient que l'algorithme en temps linéaire (23 s contre 10 s). Si le temps de calcul est un critère important, il vaut mieux choisir ici l'algorithme en temps linéaire.

2. Un algorithme en temps linéaire

a. La précondition sert ici à vérifier que l'entier k est bien plus petit que n comme cela est précisé dans l'algorithme.

b. On peut utiliser une boucle pour implémenter la fonction `initialiser` :

```
def initialiser(liste, k):
    """ Renvoie les k premières valeurs de la liste
    passée en paramètre """
    premiers = []
    for i in range(k):
        premiers.append(liste[i])
    return premiers

assert initialiser(["ff", "rr", "ee", "dd"], 2) == ["ff",
"rr"]
```

c. Le code dans le bon ordre :

```
def verification(donnee, cible, voisins):
    for element in voisins:
        if distance(element, cible) > distance(donnee, cible):
            return False
    return True
```

d. La fonction `la_plus_eloignee` prend deux paramètres. Pour coder cette fonction, il est judicieux d'utiliser la fonction `max` en précisant le critère de tri avec `key` :

```
def la_plus_eloignee(voisins, cible):
    """ `voisins` est une liste.
    Cette fonction renvoie l'élément de la liste `voisins`
    qui est le plus éloignée de la cible
    """
    def d(element):
        return distance(element, cible)
    return max(voisins, key = d)
```

10 Ranger les malles du Père Noël

1. a. liste_cadeaux contient 4 cadeaux.

b. malle2 contient 2 cadeaux, dont un cadeau qui n'est pas identifié par un nom de variable.

c. traineau contient 3 malles.

d. malle1 contient 2 cadeaux, malle2 en contient 2 et malle3 en contient 1 seul. 2 + 2 + 1 = 5. Ainsi traineau contient bien 5 cadeaux en tout.

2. a. malle2 contient 2 cadeaux : un vélo de taille 25 et une console de taille 5. Les cadeaux occupent donc bien une place de 30 au total (25 + 5 = 30).

b. La place occupée par les cadeaux de la malle1 est égale à 19 (18 + 1 = 19). La place disponible est donc égale à 31 (50 – 19 = 31).

c. Voici un code possible pour la fonction place_occupee :

```
def place_occupee(malle):
    somme = 0
    for cadeau in malle:
        somme = somme + cadeau["taille"]
    return somme

assert place_occupee(malle2) == 30
```

d. Penser à utiliser la fonction place_occupee :

```
def place_disponible(malle):
    return 50 - place_occupee(malle)

assert place_disponible(malle1) == 31
```

3. Les lutins proposent de remplir les malles au fur et à mesure, et de changer de malle dès que la contenance est insuffisante.

```
Initialisation :
    - nouvelle_malle = []
    - traineau = [ [] ]
Étape 1 :
    - cadeau : train = {"nom" : "train", "taille": 18}
    - place_disponible dans la nouvelle malle (vide) = 50
    - traineau = [ [train] ]
Étape 2 :
    - cadeau : nours = {"nom": "peluche", "taille": 48}
```

```
    - place_disponible dans la malle = 32.
      C'est insuffisant pour la peluche : on ajoute
      une nouvelle malle dans laquelle on met la peluche.
    - traineau = [ [train], [nours] ]
Étape 3 :
    - cadeau : stylo = {"nom": "stylo", "taille": 1}
    - place_disponible dans la nouvelle malle = 2.
      C'est suffisant pour le stylo.
    - traineau = [ [train], [peluche, stylo] ]
Étape 4 :
    - cadeau : velo = {"nom": "velo", "taille": 25}
    - place_disponible dans la nouvelle malle = 1.
      C'est insuffisant pour le vélo : on ajoute une nouvelle
malle dans laquelle on met le vélo.
    - traineau = [ [train], [peluche, stylo], [velo] ]
Fin de l'algorithme
```

L'algorithme renvoie le traineau `[ [train], [nours, stylo], [velo] ]`.

b. On peut trouver une solution meilleure (c'est-à-dire une solution qui utilise moins de malles). Par exemple :

```
solution_meilleure = [ [train, velo], [nours, stylo] ]
```

4. Voici une implémentation possible de l'algorithme des lutins :

```
def traineau_range(liste_cadeaux):
    traineau = []
    nouvelle_malle = []
    traineau.append(nouvelle_malle)
    for cadeau in liste_cadeaux:
        if cadeau["taille"] < place_disponible(nouvelle_malle):
            nouvelle_malle.append(cadeau)
        else:
            nouvelle_malle = [ cadeau ]
            traineau.append(nouvelle_malle)
    return traineau

assert traineau_range(liste_cadeaux) == [ [train], [nours,
stylo], [velo] ]
```

OBJECTIF BAC

11 Aidons le Choixpeau magique

Partie 1 Modéliser un élève

1. La modélisation de l'élève Anthony est :

```
{"nom": "Anthony", "courage": 2, "loyauté": 8, "sagesse": 8,
"malice" : 3, "maison": "Serdaigle"}
```

2. a. Avec la formule donnée, la distance entre Hermione et Adrian est égale à :
$d = |8 - 9| + |6 - 4| + |6 - 7| + |6 - 10| = 1 + 2 + 1 + 4 = 8$.

b. La distance entre Arthur et Drago est égale à :
$d = |6 - 10| + |6 - 4| + |5 - 2| + |8 - 5| = 4 + 2 + 3 + 3 = 12$.

c. Voici un exemple de code de la fonction distance :

```
def distance(eleve1, eleve2):
    """ Renvoie la distance de Manhattan entre deux élèves
    """
    return abs(eleve1["courage"]-eleve2["courage"])
         + abs(eleve1["loyauté"]-eleve2["loyauté"])
         + abs(eleve1["sagesse"]-eleve2["sagesse"])
         + abs(eleve1["malice"]-eleve2["malice"])

assert distance(adrian, hermione) == 8
```

Partie 2 Charger les données en table

1. La variable `eleve[0]` est de type `String` comme toutes les variables lues à partir d'un fichier.

2. La variable `int(eleve[0])` est de type `int`. On a besoin de cette fonction pour « caster » la chaîne de caractères lue (`string`) en entier (`int`) car on veut effectuer des calculs avec les valeurs de courage, loyauté...

3. La variable `poudlard` est une liste de dictionnaires.

Partie 3 Trouver la maison majoritaire

1. La fonction `frequence_des_maisons` fabrique un dictionnaire des fréquences : les clés sont les noms des maisons qui apparaissent dans `poudlard` et la valeur associée est le nombre d'occurrences de chaque maison. Dans l'exemple donné, dans `poudlard` (ou encore dans le fichier CSV `choixpeauMagique.csv`) il y a exactement 12 élèves dont la maison est `Serpentard`.

2. Voici un code possible pour la fonction `maison_majoritaire` :

```
def maison_majoritaire(table):
    """ Paramètre: une liste d'élèves, chaque élève étant
    modélisé par un dictionnaire.
    Résultat: le nom de la maison la plus représentée
    dans cette liste.
    """
    frequences = frequence_des_maisons(table)
    maison_max = table[0]["maison"]
    for (maison, nombre) in frequences.items():
        if frequences[maison_max] < nombre:
            maison_max = maison
    return maison_max

assert maison_majoritaire(poudlard) == 'Griffondor'
```

Partie 4 Sept plus proches voisins

1. Voici un algorithme possible :

Données :

- `table` : une liste d'élèves ;
- nouveau : un nouvel élève qui n'a pas encore de maison.

Résultat : les 7 plus proches voisins du nouveau.

Algorithme :

1. Trier la liste des élèves selon la distance croissante avec le nouveau.

2. proches_voisin est la liste des 7 premières données de la liste triée.

3. Renvoyer proches_voisins.

2. En voici une implémentation en Python possible :

```
def sept_plus_proches_voisins(table, nouveau):
    # 1. Trier les données de la table selon la distance
    # croissante avec la donnée cible
    # on définit le critère de tri
    def distance_nouveau(eleve):
        """ Renvoie la distance entre un eleve et
        le nouveau """
        return distance(eleve, nouveau)
    # on trie la table selon le critère choisi
    table_triee = sorted(table, key = distance_nouveau)
    # 2. Prendre les 7 premières valeurs de la table triée
    proches_voisins = []
    for i in range(7):
        proches_voisins.append(table_triee[i])
    # 3. Renvoyer proches_voisins
    return proches_voisins
```

```
>>> print(sept_plus_proches_voisins(poudlard, hermione))
```

Partie 5 Attribuer une maison

Voici une implémentation possible de l'algorithme proposé :

```
def attribution(table, nouveau):
    voisins = sept_plus_proches_voisins(table, nouveau)
    maison =  maison_majoritaire(voisins)
    return maison
```

Projets informatiques

La gestion d'un projet passe par une étape d'analyse, puis de découpage en tâches élémentaires à répartir efficacement au sein de l'équipe. Ce travail collaboratif est facilité par des systèmes de gestion de versions tel Git.

41 Gestion de projet et travail collaboratif

En bref *La gestion de projet et le travail collaboratif ne sont pas des tâches qui s'improvisent. Voici quelques points de repère très limités mais importants.*

I La gestion de projet

1 Cahier des charges fonctionnel

■ Le **cahier des charges fonctionnel** ou CdCF est l'expression du besoin du client. Il peut être rédigé par le client ou par le prestataire du service. Il contient notamment :
- la présentation du **contexte** du projet : qui est demandeur, quel problème cherche-t-on à résoudre, avec quelles technologies, etc. ;
- les **objectifs** du projet et en particulier les critères qui permettent de juger de son aboutissement ;
- la **formalisation** du besoin du client : lister les cas d'utilisation, proposer quelques maquettes pour les écrans de l'application, etc. ;
- les **contraintes** : budget, délais, équipes.

■ Ce CdCF peut-être très complet dans les marchés importants de services informatiques mais peut aussi se réduire à la portion congrue dans certains cas, laissant à l'équipe de développeurs des ambiguïtés qu'il leur faudra lever tôt ou tard, en relation avec le client.

2 Analyse

■ Sur la base de ce cahier des charges, on mène une analyse qui permet d'élaborer des bases solides pour le développement de la solution. Cette analyse commence par s'assurer d'une bonne **compréhension du métier du client** et des **flux** d'informations ou de marchandises en question.

■ Des outils conceptuels comme Merise ou UML (*Unified Modeling Language*) permettent de formaliser cette analyse et de trouver :
- une bonne structuration des données et de leurs relations (appelée MCD ou modèle conceptuel des données en Merise) ;
- des diagrammes de cas d'utilisation ;
- une conception objet correspondant aux traitement à effectuer ;
- des maquettes de différents écrans de l'application.

À NOTER
Ces outils ne sont toutefois pas au programme de cette année mais il est intéressant d'avoir conscience de leur existence.

II Découper le travail en tâches élémentaires

1 Méthodes agiles et découpage des tâches

■ Une fois l'étape d'analyse effectuée, on peut commencer à découper le travail en tâches plus élémentaires pour pouvoir le répartir efficacement sur l'équipe du projet. Pour cela, les « méthodes agiles » peuvent être mises à contribution.

■ Les méthodes agiles fournissent un cadre de travail et de répartition des tâches qui dépasse celui de l'industrie logicielle. Retenons ici certains éléments importants comme on les trouve dans la méthode agile Scrum :
- le *backlog* : liste des sous-tâches contenant des fonctionnalités nouvelles à implémenter ou des bugs à corriger ;
- les tests ;
- les *sprints* ;
- le développement dirigé par les tests ;
- le versionnage du code.

2 Outils

On peut s'aider pour la répartition et le suivi des tâches d'un outil comme framaboard.org. Des outils installables comme kanboard.org ou openproject.org sont également disponibles mais nécessitent une certaine technicité pour leur installation et maintenance.

Pour le maquettage ou *wireframing* vous pouvez simplement utiliser du papier et des crayons et réaliser vos esquisses « à la main » ou utiliser l'un des nombreux outils disponibles sur le Web, souvent gratuits en utilisation personnelle ou académique.

À NOTER
Le plus important à retenir est la notion de *backlog* ou liste et répartition des tâches à effectuer, ainsi que le *wireframing* ou conception visuelles des différents écrans de l'application.

42 Systèmes de gestion de versions

En bref *Le travail collaboratif sur du code informatique passe aujourd'hui par la maîtrise de systèmes de gestion de versions dont Git est le plus couramment utilisé aujourd'hui.*

I Problématique

■ On souhaite conserver l'**historique des modifications** apportées chaque jour, si besoin revenir en arrière, mais aussi partager le développement entre plusieurs personnes et permettre un accès distant depuis diverses plateformes. Des problématiques de génie logiciel peuvent également se poser comme retrouver rapidement l'origine d'un bug en cas de « régression » ou gérer des distributions avec plusieurs branches maintenues simultanément.

■ Un logiciel de gestion de version permet d'agir sur une arborescence de fichiers, de mutualiser un développement. Il stocke toute évolution du code source et ajoute une nouvelle dimension au système de fichiers : **le temps**.

II Le modèle décentralisé de gestion de versions

■ Il existe deux modèles de gestion de version, les systèmes **centralisés**, du type SVN avec un seul dépôt de référence et la nécessité de disposer d'un serveur, et les systèmes **décentralisés** comme Git, Mercurial ou Bazaar. Ces derniers sont les plus employés aujourd'hui.

■ Les avantages des systèmes décentralisés sont nombreux comme de pouvoir bénéficier de plusieurs dépôts pour un même logiciel sans avoir besoin de serveur, en travaillant si besoin hors connexion. Chacun peut ainsi travailler à son rythme, de façon synchronisée ou non synchronisée avec les autres développeurs. On peut également participer à des développements de type *open source* en proposant des contributions sur un site dédié.

■ Un **dépôt** apparaît de l'extérieur comme un « système de fichiers » composé de répertoires au sein desquels on peut naviguer, lire et écrire selon les permissions dont on dispose.

■ Le **master** constitue la version principale du code du projet. À partir de celui-ci, on peut créer des « branches ».

■ Une **branche** constitue un développement secondaire généralement dédié à l'ajout d'une nouvelle fonctionnalité ou à une correction de bug.

Une branche peut ensuite soit être à nouveau fusionnée dans le master ou disparaître.

Une branche peut aussi donner lieu à un nouveau programme. On parle alors de *fork*.

III L'exemple de Git

1 Réglages globaux

On commence par enregistrer de manière globale (c'est-à-dire pour tous les projets Git) son identité et son éditeur de texte favori.

```
alan> git config --global user.name "Alan Turing "
alan> git config --global user.email "alan@turing.uk"
alan> git config --global core.editor atom
alan> git config -l
```

2 Aide de Git

La documentation de Git se trouve à http://git-scm.com. Une aide est également disponible localement, plus détaillée pour les sous-commandes de Git comme `init` ou `add` par exemple.

```
git --help
git help -a
git help init
```

3 Travailler localement avec Git

On demande à Git de créer un dossier vide versionné pour un travail :

```
git init monapp
```

Un dossier monapp avec un sous-dossier .git sont créés. Le dossier .git contient tout l'historique du code.

4 Un *commit*

- Un *commit* représente une opération atomique pour le dépôt Git. Il ne doit pas être trop gros ni trop petit et doit représenter une contribution unique.

Exemple : Si on ajoute un fichier "Readme" au dépôt :

```
git add Readme.md
git commit -m "Ajout du fichier Readme"
```

On peut visualiser la liste des *commits* en tapant :

```
git log
```

- Chaque *commit* est repéré par une chaîne unique, communément appelé son SHA1 (prononcer « chaouane »).

5 Status et index

Lorsque l'on fait un `git add`, le ou les fichiers concernés sont ajoutés à l'index qui représente un état temporaire où les modifications en cours sont stockées sans être encore officialisées par un *commit*. Pour voir où on en est, faire simplement : `git status` après chaque commande.

43 Réaliser un catalogue de films en PHP

En bref *Nous vous proposons ici d'utiliser et élargir les connaissances variées que vous avez acquises notamment en PHP, HTML et CSS pour réaliser une petite application de gestion de films.*

I Description générale du projet

1 Le besoin

Affichage d'un catalogue de films

Nous disposons d'un catalogue de films sous la forme d'un fichier YAML et nous souhaitons l'afficher dans une page web présentant l'affiche du film et quelques informations de base.

Compléter notre catalogue de films

Nous voulons aussi pouvoir compléter notre petit catalogue de films préférés. Ceci doit se faire *via* une interface web très simple où l'on pourra entrer un titre de film et qui renverra tous les films d'une base de données en ligne correspondant à ce titre avec les détails associés. L'utilisateur pourra choisir quels films il souhaite ajouter à son catalogue en cochant des cases.

2 Les principales étapes

Les données locales et leur affichage

Les données locales seront lues par un programme PHP puis affichées correctement dans une page web présentant nos films favoris. Elles comprennent notamment un lien vers l'URL de l'affiche du film.

Le format YAML est un format de stockage structuré comme XML ou JSON mais plus lisible, où la structuration est basée sur l'indentation comme en Python. Il est souvent utilisé pour des fichiers de configuration ou pour stocker des données.

Données collectées sur le Web

Pour collecter des données sur le Web, nous allons interroger une API comme celle de TMDB dont vous pouvez consulter la documentation :
http://www.themoviedb.org/documentation/api.

Ce n'est pas la seule API disponible et vous pouvez bien sûr en utiliser une autre ! Elle a l'intérêt d'être disponible pour tous et gratuite pour une utilisation personnelle.

Compléter les données locales

La page d'accueil de notre application `catalogue.php` affiche par défaut le contenu de notre catalogue de films.

Une autre page de découverte `searchFilm.html` permet de lancer une recherche sur l'API en entrant un titre de film puis de récolter les informations sur les films portant ce titre pour éventuellement augmenter notre catalogue local.

II Organisation du projet

Pour commencer à vous organiser voici les principales tâches à réaliser :
- mettre en place un dépôt pour le code du projet et sa documentation ;
- créer une page web de lecture du fichier YAML et d'affichage de notre catalogue de films en PHP avec un CSS adéquat ;
- étudier l'API de films pour récupérer les informations sur un film par son titre ;
- ajouter les informations obtenues à notre catalogue local.

Consultez la documentation de PHP sur http://www.php.net/manual/fr/ et un tutoriel comme http://www.univ-orleans.fr/iut-orleans/informatique/intra/tuto/php/ et regardez comment utiliser des « sessions » en PHP. Vous pouvez, par exemple, utiliser la librairie CSS Bootstrap pour réaliser un affichage de qualité de vos pages.

III Lire les données et les afficher en PHP

1 Les données

Notre catalogue de films est stocké dans un fichier YAML du type :

```
-
    real: ['Lana Wachowski', 'Lilly Wachowski']
    filmId: 603
    imgURL:  'https://image.tmdb.org/t/p/w500/
hEpWvX6Bp79eLxY1kX5ZZJcme5U.jpg'
    dateSortie: '1999-03-30'
    titreOriginal: 'The Matrix'
-
    real: ['Jean-Luc Godard']
    filmId: 269
    imgURL:  'https://image.tmdb.org/t/p/w500/
mBZ6BE7V9MCC7FzhAQPJ16K0634.jpg'
    dateSortie: '1960-03-16'
    titreOriginal: 'À bout de souffle'
-
    real: ['Jim Jarmusch']
    filmId: 535581
    imgURL:  'https://image.tmdb.org/t/p/w500/
ycMSfP8KRFsVUWfbSxSFpD97QfD.jpg'
    dateSortie: '2019-05-15'
    titreOriginal: 'The Dead Don''t Die'
```

Notez ici qu'il peut y avoir une liste de réalisateurs qui est fournie pour le cas où il y en a plusieurs pour un même film. Par commodité, les id et les images sont celles de l'API TMDB. De nombreuses autres informations pourraient être stockées, comme les genres du film.

2 Lire des données

■ Il faut lire les données depuis le fichier puis les afficher dans une page web joliment présentée.

■ Pour manipuler le format YAML, on peut utiliser la librairie yaml de Symfony qu'on installe avec l'outil Composer (voir http://getcomposer.org/ pour l'installer si besoin) :

```
composer require symfony/yaml
```

■ La lecture des films est très simple :

```
<?php
// fichier lireFilms.php
include 'vendor/autoload.php';

use Symfony\Component\Yaml\Yaml;
$films = Yaml::parseFile('./films.yaml');
var_dump($films); // affiche le contenu de $films
```

À NOTER
Vous pouvez tester ce code dans votre terminal : `php lireFilms.php`. Si votre fichier ne contient que du PHP, vous n'avez pas à fermer le code avec `?>`.

■ Les films sont stockés dans un tableau de tableaux où chacun des sous-tableaux représente un film.

3 Afficher les données

■ Pour l'affichage, il ne reste plus qu'à parcourir la liste des films avec une boucle puis fabriquer le tag image convenable pour chaque film en affichant en dessous les informations connues. Vous pouvez fabriquer votre propre CSS ou vous aider de la librairie Bootstrap pour une mise en page soignée.

■ Construisons une fonction qui va renvoyer le fragment HTML avec les styles adaptés de Bootstrap correspondant à l'affichage d'un film en utilisant la « bufferisation » avec les méthodes `ob_start` et `ob_get_clean`. `ob_start` démarre la bufferisation et `ob_get_clean` récupère le contenu d'affichage accumulé et nettoie le buffer. En utilisant Bootstrap 4, on a par exemple :

```
<?php
function afficheCatalogueFilm($film){
    $id = $film['filmId'];
    ob_start(); ?>
    <div class="col-sm-6">
        <div class="card">
            <?php  echo getCatalogueImage($film); ?>
        </div>
```

```
            <div class="card-body">
                <h5 class="card-title"> <?php $film['titreOriginal']
                ?> </h5>
                <h6 class="card-subtitle mb-2 text-muted">
                    Sorti le <?php  echo $film['dateSortie']; ?>
                </h6>
                <p class="card-text">
                    Réalisation :
                    <?php echo implode(",", $film['real']); ?>
                </p>
            </div>
        </div>
        <?php
        return ob_get_clean();
        }
    ?>
```

Notez l'usage de la fonction `implode` pour afficher les éléments d'un tableau dans une chaîne, séparés par des virgules.

- Ainsi que la fonction :

```
function getCatalogueImage($film){
    $poster = $film['imgURL'];
    $titreOri = $film['titreOriginal'];
    return  "<img  class=\"card-img-top\"  src=\"".$poster."\"
alt=\"".$titreOri."\" title=\"".$titreOri."\">";
}
```

Notez ici l'utilisation de la classe `card-img-top` pour l'image et la protection des guillemets à l'aide de \" pour les conserver autour des valeurs des attributs dans le code HTML résultant.

- Il reste à afficher le catalogue dans son ensemble :

```
<div class="container">
    <div class="form-group">
        <div class="row">
            <?php
                foreach ($films as $film){
                    echo afficheCatalogueFilm($film);
                }
            ?>
        </div>
    </div>
</div>
```

IV Interroger l'API

1 Les méthodes PHP utiles

■ L'adresse à interroger pour rechercher un film par son titre est du type :
`https://api.themoviedb.org/3/search/movie?api_key=XXXXXX&query=titre"`

Vous pourrez évidemment interroger d'autres API.

■ Nous utilisons les fonctions PHP suivantes pour effectuer cette recherche :

- `file_get_contents` qui lit une URL distante (ou un fichier) et récupère son contenu ;
- `json_decode` qui permet de lire un contenu JSON et de le renvoyer sous forme de tableau PHP si un 2e argument est fourni avec la valeur `true` ;
- `url_encode` pour encoder le titre du film s'il comporte des espaces ou des caractères spéciaux ;
- `var_dump` pour afficher le contenu d'une variable et faciliter le débogage.

2 Récupérer l'URL de l'affiche du film

Le code est le suivant pour récupérer l'URL de l'affiche du film et le titre original. Il peut y avoir plusieurs résultats que nous renvoyons tous dans un tableau.

```
<?php
    const API_KEY = "Votre clef d'API";
    const TMDB_URL = "https://api.themoviedb.org/3/search/
movie";
    function getFilms($titre, $api_key, $tmdb_url){
        $query_url=$tmdb_url."?api_key=".$api_key."&query=";
        $json = file_get_contents($query_url.
urlencode($titre), false);
        $body = json_decode($json,true);
        return $body->results;
    }
?>
```

3 Obtenir les crédits du film

■ Pour obtenir les crédits du film dont on connaît l'ID (comme les réalisateurs, acteurs, producteurs, etc.), il faut interroger une autre URL du type :
`https://api.themoviedb.org/3/movie/filmId/credits`.

Testez-la « à la main » (dans un navigateur, en n'oubliant pas de fournir la clef d'API sur l'URL). À nouveau, on récupère le résultat sous forme de tableau associatif PHP grâce à la fonction `json_decode()`.

■ On ajoute ensuite une fonction pour ne retenir que les réalisateurs (personnes dont le travail est *director*, en anglais) et on renvoie un tableau indexé par les ID des personnes trouvées dont la valeur est leur nom.

```
<?php
    function isDirector($individu){
    return $individu['job'] == 'Director';
    }

    function getRealisateurs($film,$api_key){
        $movie_id = $film['id'];
        $credits   =   json_decode(file_get_contents("https://
api.themoviedb.org/3/movie/" . $movie_id . '/credits'."?api_
key=".$api_key), true);
        $crew = $credits['crew'];
        $realisateurs = Array();
        foreach ($crew as $indiv) {
            if (isDirector($indiv)){
                $realisateurs[$indiv['id']] = $indiv['name'];
            }
        }
        return $realisateurs;
}
?>
```

V Ajout de films au catalogue

1 Formulaire d'ajout

■ Ce formulaire `searchFilms.html` est extrêmement simple et ne contient qu'un champ `input` de type `text` de nom `"titre"` contenant le titre du film recherché et un bouton de validation. Sa réponse est le fichier `searchFilms.php` qui est lui-même un nouveau formulaire présentant les différents films trouvés qui se rapportent à ce titre en demandant à l'utilisateur s'il souhaite ajouter ces films à son catalogue local.

■ C'est l'un des points techniques du projet. Nous stockons les films reçus dans une « variable de session » pour pouvoir mémoriser les informations correspondantes pour la page d'ajout `ajouterFilms.php` qui est la réponse à `searchFilms.php`. Le formulaire `searchFilms.php` transmet à sa réponse `ajouterFilms.php` les id des films à ajouter au catalogue.

■ La librairie Bootstrap est incluse dans la partie HTML. La première instruction `session_start` permet l'usage des sessions. On inclus un fichier séparé contenant toutes nos fonctions utiles pour communiquer avec l'API ou afficher les films. Le stockage des informations qu'on souhaite conserver dans la session se fait dans le tableau réservé `$_SESSION[]`.

```
<!doctype html>
<html>
    <head>
        <meta charset="utf-8">
        <title>Recherche de films</title>
        <link  rel="stylesheet"  href="https://stackpath.
bootstrapcdn.com/bootstrap/4.3.1/css/bootstrap.min.css">
    </head>
    <body>
<?php
session_start();
require('lib-tmdb-api.php');

if (empty($_GET['titre']))
    die("Veuillez donner un titre pour votre recherche !");
else {
    $titre = $_GET['titre'];
    $films = getFilms($titre, API_KEY, TMDB_URL);
    $_SESSION['films'] = Array();
    foreach ($films as $index=>$film){
        $_SESSION['films'][$film['id']]=Array(
            'real'  =>  array_values(getRealisateurs($film,
API_KEY)),
            'filmId' => $film['id'],
            'imgURL' => $poster = "https://image.tmdb.org/
t/p/w500/".$film['poster_path'],
            'dateSortie' => $film['release_date'],
            'titreOriginal' => $film['original_title']
        );
    }
?>
    <div class="container">
        <form action="ajouterFilms.php" method="GET">
            <div class="form-group">
                <div class="row">
                <?php
                    foreach ($films as $film){
                        echo afficheFilm($film);
                    }
                ?>
                </div>
                <button type="submit" class="btn btn-primary">
                Ajouter les films sélectionnés
                </button>
            </div>
        </form>
    </div>
<?php } // fin du else ?>
    </body>
</html>
```

2 Ajouts au fichier YAML

■ Pour ajouter des films au fichier YAML, le plus simple est de disposer d'un tableau contenant notre catalogue et de compléter ce tableau avec les nouvelles données à insérer qui se trouvent dans la session courante, puis de réécrire entièrement le fichier YAML et enfin de rediriger l'utilisateur vers le catalogue réactualisé :

```
<?php
    session_start();
    require('lib-tmdb-api.php');
    // on inclut les fonctions nécessaires
    // pour utiliser le composant Yaml
    include 'vendor/autoload.php';
    use Symfony\Component\Yaml\Yaml;
    // on teste la variable de session
    if (!empty($_SESSION['films'])) {
        $catalogue = Yaml::parseFile('./films.yaml');
        foreach ($_GET as $id => $film){
            // on ajoute le film sélectionné
            array_push($catalogue, $_SESSION['films'][$id]);
        }
        // on remet le catalogue au format YAML
        $yaml = Yaml::dump($catalogue);
        // avant de le sauvegarder
        file_put_contents('films.yaml', $yaml);
    }
    session_destroy();
    // on redirige vers le catalogue réactualisé
    header("Location: catalogue.php");
?>
```

■ Notez l'usage de la fonction `array_push` pour ajouter un élément à la fin d'un tableau et celui de la fonction `session_destroy` pour supprimer toutes les variables de session.

■ On peut encore gérer les erreurs, les genres, améliorer l'ergonomie globale...

À TÉLÉCHARGER
Le code complet du projet est disponible sur le site des éditions Hatier :
hatier-clic.fr/19nsi01

44 Créer des questionnaires d'évaluation

En bref *Nous vous proposons ici d'utiliser des connaissances variées que vous avez acquises notamment en Python, HTML et JavaScript pour réaliser une application de quiz.*

I Description générale du projet

1 Le besoin

- On souhaite réaliser un nouveau logiciel qui va aider les enseignants à fabriquer des quiz d'autoévaluation pour leurs élèves.
- L'interface pour les enseignants sera un programme Python qui fonctionnera en ligne de commande. Ce programme va permettre la saisie de deux types de questions : les questions ouvertes et les questions à choix multiples comportant une ou plusieurs bonnes réponses.
- Les questions seront saisies avec leurs réponses possibles, les bonnes réponses, les scores correspondants, puis sauvegardées dans un fichier au format JSON.
- Ce fichier sera ensuite lu depuis une page web par un programme en JavaScript qui permettra aux élèves de passer le quiz dans cette page HTML et d'évaluer leur score en affichant des commentaires éventuels sur leurs réponses.

2 Les deux modules principaux de l'application

- L'application complète est ainsi composée de deux modules distincts : le module Python et le module web qui vont communiquer par l'intermédiaire du fichier JSON de sauvegarde d'un questionnaire.
- Le module Python demande à l'enseignant qui met au point son questionnaire les énoncés des questions, les différentes réponses possibles, lesquelles sont correctes, le score global de la question et le cas échéant les fractions de ce score attachées aux différentes réponses possibles. Ce module fonctionne en ligne de commande et permet de créer des questions à choix multiples ou à réponse ouverte. Lorsque les saisies sont terminées, le questionnaire est sauvegardé dans un fichier JSON.
- Le module web prend en entrée le nom du fichier JSON contenant les questions du quiz, le charge et présente les questions à l'élève qui souhaite s'autoévaluer dans un formulaire web. Les questions ouvertes seront affichées avec des `input` HTML de type `text` tandis que les questions à choix multiples seront traitées avec des `checkbox`.

3 Le format de stockage des questions du questionnaire

■ Le format JSON, communément employé sur le Web pour les échanges clients/serveur et facile à manipuler tant en Python qu'en JavaScript, a été choisi pour sauvegarder le quiz et toutes ses données. Le modèle suivant vous est proposé pour stocker les questions ouvertes ou à choix multiples, vous pourrez le compléter si besoin :

```
{
    "questions": [
        {
            "enonce": "Ou se trouve la Tour Eiffel ?",
            "score": 3,
            "reponses": [
                {
                    "fraction": 0,
                    "text": "A Londres"
                },
                {
                    "fraction": 100,
                    "text": "A Paris"
                },
                {
                    "fraction": 0,
                    "text": "A Rome"
                }
            ],
            "type": "multiple"
        },
        {
            "enonce": "Combien font 2+2 ?",
            "score": 1,
            "reponses": [
                {
                    "text": "4"
                }
            ],
            "type": "ouverte"
        }
    ]
}
```

À NOTER

On omet ici les accents dans les questions et réponses pour ne pas alourdir l'affichage du fichier JSON. En effet les caractères accentués sont encodés spécialement.

■ Dans les questions à choix multiples, les fractions de score correspondent à des pourcentages dont la somme est de 100. Dans un premier temps, on peut ignorer le champ « score » des questions en le laissant à 1 pour toutes les questions !

II Déroulement du projet

Il y a deux grandes tâches à traiter que vous pouvez répartir entre les membres du groupe : le module Python et le module web.

1 Le module Python

■ Le module Python peut se subdiviser en sous-tâches (correspondant à des fonctions) :
- concevoir le menu de l'application qui permet à l'enseignant de saisir des nouvelles questions (gestion avec une boucle de saisie demandant si on veut saisir une nouvelle question et, si oui, de quel type) ;
- ce menu va appeler des fonctions auxiliaires qui vont respectivement s'occuper de saisir une nouvelle question à choix multiples et une nouvelle question ouverte ;
- d'autres fonctions auxiliaires de moindre importance pourront éventuellement alléger le code pour lire une réponse, lire un entier, etc.

À NOTER
N'essayez pas de traiter tous les détails dans le premier jet de votre programme, vous pourrez compléter certains aspects ultérieurement comme par exemple le traitement d'erreur.

■ Utilisez le format du fichier JSON fourni en le complétant si besoin (nom et descriptif du quiz par exemple). La sauvegarde de fichiers se fait comme dans la → FICHE 17 mais il vous faut traiter en plus la sauvegarde d'un dictionnaire Python en JSON (et donc aussi réinvestir ce que vous avez vu → FICHE 15).

2 Le module web

■ Le module web va vous permettre de réinvestir les connaissances HTML/JS acquises → FICHES 20 à 22 et d'en acquérir de nouvelles comme le chargement d'un fichier JSON et la manipulation de son contenu pour insérer de nouveaux éléments HTML dans la page web.

■ Il peut aussi se découper en sous-tâches :
- le programme principal va charger le fichier JSON ;
- une fonction principale `affichage()` va procéder à l'insertion des questions dans la page web en lui fournissant le questionnaire en paramètre ;
- la fonction `affichage()` appellera des fonctions spécialisées selon le type de question (ouverte ou à choix multiples) qui ajouteront les champs HTML `input` adaptés dans le formulaire présent dans la page web initiale.

À NOTER
Partagez le travail entre vous et mettez en place un dépôt partagé pour le code et la documentation du projet.

III Réaliser le module Python

1 Le menu de saisie des questions

Le menu de saisie est assez simple. On entre dans une boucle de saisie de questions qui demande si on veut saisir une nouvelle question et, si oui, de quel type, puis on délègue aux fonctions spécialisées l'insertion des différents types de question. Toutes les questions sont stockées dans un dictionnaire.

2 Sauvegarder un dictionnaire en JSON en Python

- Pour sauvegarder un dictionnaire Python en JSON on utilise la méthode `json_dump()` du module `json` :

```
import json

quiz = dict()
quiz['questions'] = []
question = dict()
question['enonce'] = '2+2 = ?'
question['reponses'] = ['4']
question['type'] = 'ouverte'
quiz['questions'].append(question)

with open('quiz.json','w') as quest:
    json.dump(quiz,quest,sort_keys=True, indent=4)
```

- Le code précédent produit le fichier :

```
{
    "questions": [
        {
            "enonce": "2+2 = ?",
            "reponses": [
                "4"
            ],
            "type": "ouverte"
        }
    ]
}
```

Il s'agit ici d'un quiz contenant une seule question de type ouverte et une seule réponse associée.

IV Réaliser le module web

Le module web déclenche une fonction JavaScript qui charge le fichier JSON contenant le quiz, puis l'affiche proprement dans le formulaire web. Une fonction auxiliaire `score()` appelée par un clic sur un bouton calcule le score de l'élève et l'affiche.

1 La page web initiale

La page web qui affiche les questions est très réduite au départ, les affichages de questions se font ensuite dynamiquement en JavaScript, par le chargement du fichier JSON puis l'insertion des questions qui s'y trouvent dans la page. Tout le code JS se trouve dans le fichier `loadQuiz.js`.

```
<!doctype html>
<html>
    <head>
        <meta charset="utf-8"/>
        <link rel="stylesheet" href="form.css"/>
        <title>Questions</title>
    </head>
    <body>
        <header>
            <h1>Questionnaire</h1>
        </header>
        <section>
            <form>
                <fieldset id="quest"><br/>
                    <legend>Questionnaire</legend>
                </fieldset>
            </form>
        </section>
        <script src="loadQuiz.js"></script>
    </body>
</html>
```

2 Le chargement du fichier JSON

■ Pour le chargement du fichier JSON, on utilise des fonctionnalités plus avancées de JavaScript, à savoir des promesses (*promises*) et la construction `fetch/then` comme ceci :

```
// On charge le quiz JSON
    fetch("quiz.json")
    .then(response => response.json())
    .then(json => affiche(json.questions));
}
```

Il s'agit d'un **appel asynchrone** également appelé « Ajax ». La flèche => permet de coder une **fonction anonyme** de manière plus concise. Le premier `then` reçoit la réponse du `fetch` et retourne son contenu JSON, tandis que le second transmet la liste de questions à la fonction `affiche()` qui est le programme principal du module web. Cette fonction va s'occuper d'afficher les questions qu'elle reçoit en paramètre dans notre page web initiale.

■ Ce code devra être exécuté sur un serveur web pour fonctionner sur tous les navigateurs sans déclencher une erreur sur l'origine du fichier. Pour cela, on va lancer le serveur web embarqué de Python depuis un terminal ouvert dans notre dossier web :

```
python3 -m http.server
```

Ceci lance un serveur web sur le port 8000 de localhost qui sert les fichiers du dossier courant. On modifie le premier `fetch` en conséquence :

```
// On charge le quiz JSON depuis localhost
    fetch("http://localhost:8000/quiz.json")
```

Il faut aussi ouvrir notre site depuis localhost en tapant dans la barre d'URL du navigateur : http://localhost:8000/quiz.html et pas simplement en cliquant sur le fichier.

3 Insérer les questions dans ce formulaire

■ Voici le début de la fonction `affiche()` qui va passer en revue les questions trouvées dans le fichier JSON puis utiliser un aiguillage de type `switch` (plus lisible qu'un enchaînement de `if/else`) et appeler la fonction dédiée à l'ajout d'une question du type indiqué dans le fichier JSON, en lui passant en paramètre la question et un numéro d'ordre qui sert d'« id » dans la page web.

```
function affiche(questions){
    for (let i=0;i<questions.length;i++){
        switch (questions[i]['type']) {
            case 'ouverte':
                insere_nouvelle_question_ouverte(questions[i],i);
                break;
            case 'multiple':
                insere_nouvelle_question_
                multi(questions[i],i);
                break;
            default:
                console.log('Désolé, type '+questions['type']+
'inconnu !');
        }
    }
}
```

Cette fonction cible l'endroit de la page à partir duquel seront ajoutées les nouvelles questions (ici le `fieldset` d'id `"quest"` dans le formulaire), puis crée pour chaque question un paragraphe contenant un `label` contenant l'énoncé de la question puis un `input` de type `text` pour la réponse.

Pour cela, on utilise les fonctions JS qui permettent de manipulation du DOM (*Document Object Model* = structure arborescente de la page) → FICHE 20 :

- `getElementById()` pour cibler un élément par son id ;
- `createElement()` pour créer un nouvel élément HTML ;
- `createTextNode()` pour créer un contenu texte pour un élément ;
- `appendChild()` pour ajouter un fils à un élément ;
- `setAttribute()` pour ajouter un attribut avec une valeur à un élément HTML.

```
function insere_nouvelle_question_ouverte(question,i){
    const formulaire = document.getElementById('quest');
    const para = document.createElement('p');
    const label = document.createElement('label');
    label.setAttribute('for', i);
    constenonce=document.createTextNode(question['enonce']);
    label.appendChild(enonce);
    para.appendChild(label);
    formulaire.appendChild(para);
    input = document.createElement('input');
    input.setAttribute('type', 'text');
    input.setAttribute('id', i);
    para.appendChild(input);
}
```

4 | Le calcul du score

La fonction `score()` va évaluer le nombre de réponses correctes (chaque question est notée sur 1 point pour le moment).

Pour lancer cette fonction, placez à la fin de la fonction `affiche()` ce code qui ajoute le bouton permettant de lancer `score()`. On fournit à cette fonction la liste des questions (avec les bonnes réponses). Il faut les comparer aux réponses entrées par l'élève dans la fonction `score()` proprement dite qu'il vous reste à coder.

```
    const formulaire = document.getElementById('quest');
    const bouton = document.createElement('input');
    bouton.setAttribute('type', 'button');
    bouton.setAttribute('value', 'Envoyer réponses');
    bouton.onclick = function(){
        score(questions);
    }
    formulaire.appendChild(bouton);
```

5 Pour terminer le projet

■ Il faut ensuite :
- coder la fonction `insere_nouvelle_question_multi()` qui va créer une nouvelle question à choix multiples présentant les différentes alternatives avec des `checkbox` ;
- compléter la fonction `score()` ;
- ajouter des styles dans un fichier CSS.

■ Il est aussi possible de compléter cet ensemble :
- ajouter des commentaires des réponses aux questions et l'affichage des bonnes et mauvaises réponses avec des couleurs adaptées ;
- ajouter des questions de type vrai/faux ;
- revoir votre code pour essayer de le simplifier et de le rendre plus lisible ;
- ajouter des tests.

À TÉLÉCHARGER
Le code fonctionnel du projet est disponible sur le site des éditions Hatier :
hatier-clic.fr/19nsi01

45 Réaliser un logiciel de traitement d'images

En bref *De nombreux programmes sont accompagnés d'interfaces graphiques. L'objectif de ce projet est de construire une telle interface, pour un logiciel de traitement d'images.*

I Description générale du projet

■ Le **projet** consiste en la réalisation d'un petit logiciel de traitement d'images, permettant d'appliquer différents types de filtre, et possédant une interface graphique.

■ Cette **interface** sera réalisée avec Tkinter et contiendra trois zones :
- une image de départ, sur la gauche ;
- une série de bouton, au centre ;
- une image résultat, sur la droite.

■ Les différentes **fonctionnalités** à implémenter sont :
- charger une image sur laquelle travailler (elle s'affichera à gauche) ;
- choisir un filtre à appliquer à l'image de gauche en cliquant sur un bouton, l'image résultat s'affichera sur la partie droite ;
- disposer d'un bouton qui copie l'image de droite à gauche, ce qui permettra de chaîner les filtres.

II Déroulement du projet

1 Cahier des charges

■ Le contenu et les possibilités sont déjà cadrées dans le résumé du projet. Toutefois, si on souhaite s'écarter de cette description, il convient, en amont, de bien lister les fonctionnalités attendues.

■ La liste de ces fonctionnalités donnera des éléments utiles à la conception :
- combien d'images stockées en mémoire (ici deux, celle de gauche et celle de droite) ;
- disposition de l'interface (des boutons au centre sont convenables si on a une dizaine de transformation, mais il faudrait peut-être des menus s'il y en a plus).

2 L'écriture d'un squelette

■ Les fonctionnalités complexes et un peu techniques sont :
- la gestion de l'affichage ;
- le stockage des images. Il y a l'image affichée, l'image en mémoire, l'image de travail…

Il est fondamental d'écrire un premier jet soigné contenant l'affichage des deux images et un bouton qui déclenche une action.

■ Ce squelette doit être écrit très proprement et servira de base de travail saine à la suite :
- écrire une fonction qui renvoie une image B, résultat d'un filtre appliqué à l'image A ;
- écrire une procédure qui affiche dans l'interface graphique le contenu des images A et B (car ce dernier point sera commun à toutes les transformations implémentées, il faut donc le coder à part).

3 Ajout des fonctionnalités

L'ajout des fonctionnalités est très simple si la base de travail est saine :
- ajout d'un bouton ;
- ajout d'une procédure qui implémente la transformation (de l'image A vers l'image B) ;
- connexion du bouton à la procédure, et rafraîchissement de l'affichage.

III Éléments techniques

1 L'interface Tkinter

■ La conception d'une interface Tkinter peut s'avérer assez complexe. Toutefois, dans le cadre du projet proposé ici, nous avons simplement besoin de :
- créer une fenêtre ;
- créer des objets de type `Frame` (des cadres qui contiennent d'autres objets graphiques) ;
- appliquer différents types de *layouts* dans ces fenêtres et *frames* ;
- créer des objets de type `Canvas` (qui accueilleront les images) ;
- créer des objets de type `Button`, auxquels on associera des actions.

■ La création d'interfaces Tkinter peut être faite en utilisant ou non la programmation orientée objet.

2 La gestion des images

■ En ce qui concerne la gestion des images, voici quelques pistes pour le choix des modules à utiliser :
- le module PIL permet de charger et de sauvegarder à peu près tous les formats d'image ;
- PIL permet de convertir des images au format Tkinter, qu'on pourra ensuite afficher ;
- on peut accéder rapidement aux pixels des images avec la classe `PixelAccess` de PIL (utile pour les filtres).

■ Une autre possibilité est d'utiliser `numpy` : les images PIL peuvent être converties de et vers `numpy` et ce dernier module permet de réaliser des opérations vectorielles (ce qui n'est pas le cas de `PixelAccess`).

■ Pour résumer, PIL peut être utilisé car il permet de charger et sauvegarder de nombreux formats d'image. Il permet en outre d'obtenir facilement des images affichables par Tkinter. Pour l'écriture des filtres, on peut utiliser l'une des deux options : `numpy` ou la classe `PixelAccess` de PIL. Nous utiliserons ici la seconde option.

■ Attention ! Lorsqu'on donne une image à Tkinter pour qu'il l'affiche, le programmeur doit prendre soin de conserver une référence vers cette image, sans quoi, elle pourra être effacée de la mémoire, provoquant ainsi un bug assez complexe à détecter.

■ À chaque instant, le programme aura donc en mémoire une « version PIL » des deux images à gauche et à droite (sur lesquelles faire opérer les filtres) ainsi qu'une référence vers les deux images (de type `PhotoImage`) que Tkinter affiche.

3 La manipulation des images avec PIL et PixelAccess

■ On décide d'écrire des filtres qui prennent une image en paramètre (ce sera l'image représentée à gauche), puis créent une autre image et la renvoient (c'est l'image qui sera affichée à droite). En aucun cas le filtre ne devra modifier l'image d'entrée.

■ Voici un exemple de filtre qui montre comment on parcourt une image (double boucle), et comment on supprime, par exemple, la composante rouge :

```
def filtre_suppr_rouge(im1):
    """ Entrée : PIL.Image
        Retour : PIL.Image
    """
    im2 = im1.copy()
    # Utilisation de PixelAccess pour utiliser la
    # notation avec [.] et un accès plus rapide
    # aux valeurs des pixels.
    pim1 = im1.load()
    pim2 = im2.load()
    # Double boucle pour parcourir tous les pixels
    for x in range(im1.size[0]):
      for y in range(im1.size[1]):
        (r, v, b) = pim1[x, y]
        pim2[x, y] = (0, v, b)
    return im2
```

■ Le filtre précédent est une fonction qui prend en paramètre une image et renvoie une image modifiée. On pourra plutôt éventuellement (mais le choix fonctionnel est à privilégier) écrire des procédures qui opèrent sur les deux variables globales représentant les images de gauche et droite. Cette dernière façon de procéder donnera un code plus facile à intégrer à l'interface graphique (mais moins bien conçu et plus difficile à débugger).

4 La manipulation des images avec numpy

Dans le cas où l'on souhaiterait utiliser numpy, voici comment s'écrirait le même filtre (attention, avec numpy, la première coordonnée est le numéro de ligne, pas l'abscisse).

```
def filtre_suppr_rouge(im1):
    """ Entrée : numpy.array 2D
        Retour : numpy.array 2D
    """
    im2 = im1.copy()
    # Double boucle pour parcourir tous les pixels
    for i in range(im1.shape[0]):
      for j in range(im1.shape[1]):
        (r, v, b) = im1[i, j]
        im2[i, j] = (0, v, b)
    return im2
```

IV Structure du programme

Tous les éléments précédents pris en compte, nous proposons la structure de code suivante, répartie dans deux fichiers :
- `filtres.py` qui contient les fonctions associées à chaque filtre réalisé ;
- `interface_filtres.py` qui contient l'interface graphique et fera le lien avec les filtres du module `filtres.py`.

1 Le fichier interface_filtres.py

```
import tkinter as tk
from tkinter import filedialog
from PIL import ImageTk, Image
import filtres

# Variables globale
image_gauche = None # image de gauche
image_droite = None # image de droite
# Éléments de l'interface
dict_tkinter = {"img_g": None, "img_d": None}

# Fonctions utilitaires
def mise_a_jour_images():
    """ Cette procédure doit être appelée après toute
    modification de image_gauche ou image_droite.
    Elle a pour effet de :
      - convertir les 2 images en images tkinter
      - effacer les images éventuellement présentes
        dans les canvas
      - afficher à leur place les 2 images tkinter
        (en gardant une référence).
    """
    pass

def ouvrir_fichier():
    """ Procédure qui ouvre un sélecteur de fichier.
    L'utilisateur choisit une image : elle devient
    l'image de gauche de l'interface
    """

def applique_filtre_gris():
    """ Procédure appliquant le filtre à l'image de gauche
    de l'interface.
    """
    global image_droite
    image_droite = filtres.filtre_gris(image_gauche)
    mise_a_jour_images()
```

```
def creation_interface(root):
    """ Cette procédure place les éléments de l'interface
    et leur associe des actions.
    """

root = tk.Tk()
creation_interface(root)
root.mainloop()
```

À TÉLÉCHARGER
Une version plus complète du fichier `interface_filtres.py` est disponible sur le site des éditions Hatier : hatier-clic.fr/19nsi01

2 Le fichier filtres.py

```
from PIL import Image

def filtre_gris(img1):
    """ Fonction qui prend une image en paramètre et renvoie
    une autre image, transformation de la première en image
    en niveaux de gris.
    """
```

À TÉLÉCHARGER
Une version plus complète du fichier `filtres.py` est disponible sur le site des éditions Hatier : hatier-clic.fr/19nsi01

V Les filtres à implémenter

Il est possible d'implémenter une grande quantité de filtres. En voici quelques exemples.

1 Inverse vidéo

L'inverse vidéo d'une couleur de composantes (r, v, b) est la couleur de composantes (255 - r, 255 - v, 255 - b). Lorsqu'on réalise un inverse vidéo, le blanc devient noir, le bleu devient jaune, etc.

2 Passage en niveau de gris

Une couleur de composantes (r, v, b) est du gris si ses trois composantes sont égales. Pour transformer une couleur en niveau de gris, il faut donc trouver une valeur unique, entre 0 et 255 (qu'on placera dans chacun des 3 composante), qui reflète la luminosité de la couleur de départ. La moyenne des 3 composantes est une première approche. Quelques recherches permettent de voir que, l'œil étant plus sensible au vert qu'aux autres couleurs, cette « moyenne » est généralement pondérée.

3 Floutage d'une image

Pour flouter une image, il suffit de remplacer la couleur de chaque pixel par la moyenne des couleurs des pixels environnants. Plus le voisinage sur lequel on calcul la moyenne est grand, plus l'effet de flou est prononcé.

4 Détection de contours

Le problème de la détection de contours est difficile. Il existe de nombreuses méthodes qui marchent plus ou moins bien selon les images. L'idée générale est de déceler des ruptures de couleur. Souvent les filtres de détection de contours détectent les contours verticaux, ou horizontaux, et sont ensuite combinés pour détecter tous les contours. Un moyen de détecter des contours horizontaux sur un pixel particulier est d'additionner les couleurs de pixels situés au-dessous (sud, sud-est, sud-ouest) et de retrancher les couleurs de 3 pixels situés au-dessus (nord, nord-est et nord-ouest). La valeur absolue du résultat de ce calcul est d'autant plus grande que le point considéré est situé sur un contour.

5 Transformée du Photomaton

La transformée du photomaton est particulièrement intéressante si on l'applique sur des images carrées dont la longueur du côté est une puissance de 2. Elle consiste à reconstruire 4 imagettes de l'image de départ, toutes les 4 différentes. Un imagette contiendra les pixels des lignes paires et de colonnes paires, une autre les pixels des lignes paires et des colonnes impaires... La transformation étant bijective, en l'appliquant plusieurs fois, (ci-contre, 1 et 3 fois) on retrouve l'image d'origine. Pour une image de taille 256 × 256, il faut l'appliquer 8 fois.

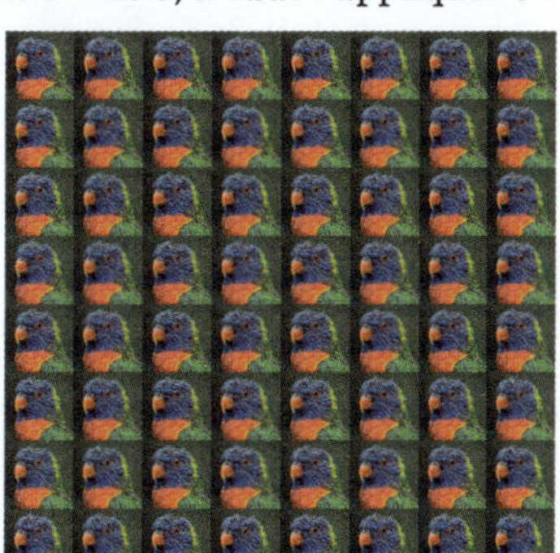

Annexes

CHRONOLOGIE DE L'HISTOIRE DE L'INFORMATIQUE

- 3000 Premiers systèmes de numération.

Vers - 350 Euclide publie les *Éléments*, contenant notamment un algorithme de calcul du plus grand commun diviseur (PGCD) de deux nombres.

Ier siècle Héron d'Alexandrie publie une méthode d'extraction des racines carrées dans son ouvrage *Metrica*.

Vers 800 Al-Khwarizmi publie deux ouvrages. L'un favorisera l'adoption du système de numération positionnel des Indiens en Orient, l'autre présente les premiers algorithmes de calcul (résolution d'équations).

Vers 1200 Léonard de Pise, dit Fibonacci, contribue largement à l'adoption de la numération arabe en Europe avec son ouvrage *Liber Abacci*.

Vers 1620 Horloge à calculer de Wilhelm Schickard.

1642 Machine à calculer de Pascal.

1801 Jacquard met au point un métier à tisser programmable avec des cartes perforées.

1821 Charles Babbage présente un prototype de sa machine à différences.

Vers 1834 Charles Babbage conçoit les plans de la machine analytique, qu'il ne pourra achever de construire.

1843 Ada Lovelace travaille en collaboration avec Babbage et publie des longues notes dont une contient le premier programme informatique de l'histoire : le calcul des nombres de Bernoulli sur la machine analytique.

1847 George Boole propose un mode de calcul permettant de traduire des raisonnements logiques par des opérations algébriques.

1931 Implantation de la société Bull en France

1936 Travaux du Britannique Alan Turing sur la calculabilité.

1938 Claude Shannon prouve que des circuits électriques peuvent résoudre tous les problèmes que l'algèbre de Boole peut résoudre.

1938 Konrad Zuse achève le Z1, un ordinateur mécanique qui utilise le système binaire.

1941 Konrad Zuse achève le Z3, premier ordinateur complètement automatique lisant son programme sur une bande perforée.

1944 Le Colossus II, premier ordinateur électronique, est mis en service par les Britanniques Max Newman et Tommy Flowers. L'existence de cette machine, dédiée à déchiffrer le code de Lorenz utilisé par les Allemands durant la seconde guerre mondiale ne sera révélée qu'en 1970.

1944 Inspiré par Babbage, Howard H. Aiken construit le Mark I, un ordinateur électromécanique de 5 tonnes. Le Mark I lit ses données sur une bande perforée.

1945 John William Mauchly et John Presper Eckert Jr. achèvent l'ENIAC, constitué de 18 000 tubes à vide. Il a longtemps été considéré comme le premier ordinateur électronique, l'existence du Colossus n'ayant été révélée que plus tard.

1947 Invention du transistor qui remplacera petit à petit, et définitivement, les tubes à vide peu fiables et encombrants.

1948 Travaux de Mauchly, Eckert et von Neuman sur les machines à programme enregistré, qu'on peut donc considérer comme des ancêtres directs des ordinateurs actuels.

1948 Ordinateur Baby, premier ordinateur électronique à programme enregistré fonctionnel, mais très limité.

1949 Ordinateur britannique EDSAC à programme enregistré.

1950 Article d'Alan Turing dans la revue Mind, *Computing Machinery and Intelligence*. Prémisses de l'intelligence artificielle.

1951 Machine américaine à programme enregistré, l'UNIVAC.

1951 Travaux de Grace Hopper sur les langages et la compilation. Langage A-0.

1954 Spécification du langage Fortran par John Backus.

1956 Moniteur pour IBM-704 : première ébauche d'un système d'exploitation par General Motors.

1956 Le premier disque dur pèse une tonne et permet de stocker 5 mégaoctets.

1956 Naissance de la discipline intelligence artificielle, alternant succès et déceptions.

1957 Invention du Perceptron, un réseau de neurones artificiels, par Frank Rosenblatt.

1958 Premier circuit intégré.

1958 Développement du langage Lisp par John McCarthy.

1959 Langage Cobol.

1967 Premier système embarqué de pilotage pour la mission Apollo.

1968 Développement du langage Pascal.

1969 Système Unix.

1969 Naissance du réseau ARPANET (ancêtre d'Internet) aux États-Unis

1970 Edgar Frank Codd invente le modèle relationnel, largement utilisé dans les bases de données actuelles.

1971 Premier microprocesseur : Intel 4004.

1971 En France, une équipe dirigée par Louis Pouzin invente la commutation de paquets pour son réseau informatique Cyclades. Cette idée sera reprise aux États-Unis pour développer Internet.

1972 Développement du langage C par Dennis Ritchie.

1974 Création des protocoles TCP/IP, fondement d'Internet, par Vinton Cerf et Bob Kahn.

1975 L'Altair 8800, considéré comme l'un des premiers micro-ordinateurs grand public est basé sur le microprocesseur Intel 8080.

1975 Création de la société Microsoft.

1975 Premier prototype d'appareil photo numérique chez Kodak : il pèse 3,6 kg et fait des photos de 100 × 100 pixels.

1976 Création de la société Apple.

1977 Apple II.

1978 Lancement du premier satellite GPS, le système de positionnement américain.

1979 Dan Bricklin publie Visicalc, un tableur pour Apple II, qui contribuera à répandre la micro-informatique chez les professionnels.

1981 IBM se lance sur le marché grand public avec l'IBM PC.

1981 MS DOS, le premier système d'exploitation de Microsoft qui équipera les IBM PC.

1983 ARPANET adopte le protocole TCP/IP, les connections entre différents réseaux sont possibles : c'est la naissance d'Internet.

1983 Apparition du Langage Ada (ainsi nommé en l'honneur d'Ada Lovelace).

1984 La bourse de Vancouver a accumulé 2 ans d'erreurs de troncature, conduisant à une valeur totalement fausse de son indice.

1984 Premier Apple Macintosh.

1984 Richard M. Stallman commence le projet GNU, donnant ainsi naissance au mouvement du logiciel libre.

1985 Windows 1.0, surcouche graphique à MS-DOS.

1985 Algorithme de rétropropagation du gradient (Yan LeCun, David Rumelhart) qui permet l'apprentissage dans les réseaux de neurones multicouches.

1986 Apparition de C++, suite aux travaux de Bjarne Stroustrup commencés au début des années 1980.

1990 Tim Berners-Lee propose le langage HTML pour baliser les documents contenant des liens hypertextes et le protocole HTTP (avec Robert Cailliau) pour accéder à ces documents. C'est la naissance du Web.

1991 Mauvais fonctionnement d'un antimissile Patriot (bug d'arrondi) provoquant la mort de 28 personnes.

1991 Publication du langage Python.

1994 Linux 1.0 est rendu public par Linus Torvalds.

1994 Création du World Wide Web Consortium (W3C) par Tim Berners-Lee.

1994 Les premiers moteurs d'indexation automatique du Web font leur apparition.

1995 Publication des langages Java, JavaScript et PHP.

1996 La fusée Ariane V doit être détruite en vol suite à un bug de conversion de nombre (dépassement de capacité).

1997 Le programme Deep Blue (IBM) bat le grand maître d'échecs Gary Kasparov.

1998 Fondation de Google.

2000 On commence à parler du « Big Data ».

2003 Création de MySpace, un des premiers réseaux sociaux à succès, à destination des artistes essentiellement.

2004 Création de Facebook, de Google Maps, et du système de cartographie collaborative OpenStreetMap.

2006 Naissance de Twitter. Les tweets étaient alors limités à 140 caractères.

2007 Lancement de l'iPhone par Apple.

2010 Ère de l'apprentissage profond rendu possible par la conjonction de progrès algorithmiques sur les réseaux de neurones, de progrès techniques sur les machines de calcul et de la disponibilité de données d'apprentissage en très grande quantité.

2012 L'Internet mobile se développe avec la 4G.

2013 Edward Snowden dénonce la surveillance de masse organisée par la NSA.

2014 Publication de la norme HTML 5 par le W3C, consortium qui gère les standards du Web.

2015 Il y a environ 15 milliards d'appareils autonomes connectés à Internet.

2015 AlphaGo, un programme jouant au jeu de go et utilisant des techniques d'apprentissage profond, bat le champion européen de go Fan Hui. Ce sera le début de plusieurs succès de l'IA dans de nombreux domaines (jeu, reconnaissance de la parole, traduction automatique, véhicules autonomes...).

2016 Lancement de Galileo, le système de positionnement par satellite européen.

2016 Le programme AlphaGo bat le champion du monde Lee Sedol au jeu de go.

2018 Entrée en vigueur du règlement général sur la protection des données (RGPD).

2019 On compte 2 milliards de sites web.

INDEX

CRÉDITS PHOTOS

4-h ph © gorodenkoff/iStock/Getty Images Plus
4-b ph © kikujungboy - stock.adobe.com
5-h ph © by frank mckenna on Unsplash
5-m ph © semisatch - stock.adobe.com
6-h Doc. Creative Commons
6-b ph © Christopher Stokes/iStock/Getty-images
7-h ph © PhonlamaiPhoto/iStock/Getty-images
7-b ph © Westend61/Gustafsson/iStock/Getty-images
9 ph © gorodenkoff/iStock/Getty Images Plus
45 ph © kikujungboy - stock.adobe.com
47 Coll. Science Museum, London
83 ph © by frank mckenna on Unsplash
111 ph © semisatch - stock.adobe.com
146 ph © Rick Friedman/Corbis *via* Getty Images
171 Doc. Creative Commons
213 ph © Christopher Stokes/iStock/Getty-images
245 ph © PhonlamaiPhoto/iStock/Getty-images
252 Coll. Archives Hatier
266 © pottermoremania.eklablog.com
281 ph © Westend61/Gustafsson/iStock/Getty-images
283 ph © WavebreakmediaMicro - stock.adobe.com
302-g © https://unsplash.com/@manifredo (Manfred Goetz)

Iconographie : Hatier Illustration

IMPRIM'VERT
Votre imprimeur agit pour l'environnement

PAPIER À BASE DE FIBRES CERTIFIÉES

FOUCHER s'engage pour l'environnement en réduisant l'empreinte carbone de ses livres. Celle de cet exemplaire est de :
1.2 kg éq. CO_2
Rendez-vous sur www.editions-foucher-durable.fr

Achevé d'imprimer par L.E.G.O. S.p.A. - Lavis (TN) - Italie
Dépôt légal n° 05230-7/03 - Août 2020